教育部人文社会科学研究规划基金项目
国家留学基金访问学者项目

福克纳小说的文学地理学研究

Faulkner's Literary Geographies in His Novels

王海燕 著

SPM 南方出版传媒 广东人民出版社
·广州·

图书在版编目（CIP）数据

福克纳小说的文学地理学研究 / 王海燕著. —广州：广东人民出版社，2022.1

ISBN 978-7-218-15312-4

Ⅰ. ①福… Ⅱ. ①王… Ⅲ. ①福克纳（Faulkner, William 1897–1962）—小说研究 Ⅳ. ①I712.074

中国版本图书馆CIP数据核字（2021）第211158号

FUKENA XIAOSHUO DE WENXUE DILIXUE YANJIU

福克纳小说的文学地理学研究

王海燕 著

出 版 人： 肖风华

策划编辑： 王俊辉
责任编辑： 李展鹏
装帧设计： 书窗设计
责任技编： 吴彦斌

出版发行： 广东人民出版社
地　　址： 广东省广州市海珠区新港西路204号2号楼（邮政编码：510300）
电　　话：（020）85716809（总编室）
传　　真：（020）85716872
网　　址： http://www.gdpph.com
印　　刷： 广州市人杰彩印厂
开　　本： 787毫米×1092毫米 1/16
印　　张： 18.75　**字　　数：** 230千
版　　次： 2022年1月第1版
印　　次： 2022年1月第1次印刷
定　　价： 78.00元

如发现印装质量问题，影响阅读，请与出版社（020-85716808）联系调换。

目录

Contents

前 言

海德格尔在哲学的层面讨论人如何诗意地栖息在大地上；[①]中国古代文论家刘勰说："屈平所以能洞监风骚之情者，抑亦江山之助乎！"[②]文学地理学研究的核心问题是人如何在大地栖息，包括文学家与地理、文学作品与地理、读者与地理的相互关系。相对于空间批评的泛化和地域文学研究过于聚焦文化的缺陷来讲，文学地理学批评有其自身的特殊性，它立足于文本中的文学与地理之间的相互关系。

首先，人地关系是文学地理学批评关注的焦点之一。人的在世是"此在"，此在的人与空间最为本质的关系是定居。它是指人类在与世界的交往中不断寻找自己的家园，人通过自身的努力与空间之间确立一种稳定的关系，使空间能够安放人的身体和灵魂。在此意义上的空间与地方，属于同一概念。分析文本中人物与地方的相互作用，既可以加深对人物心理、性格甚至命运等终极主题的深层理解，又能够从人文这个软性层面对地方形成的内在机制做出令人

---

① 海德格尔：《海德格尔谈诗意地栖居》，丹明子译，北京：中国工人出版社2011年版。

② 刘勰著，范文澜注：《文心雕龙注·物色》，北京：人民文学出版社1958年版，第695页。

信服的考察。

其次，地理叙事是文学情境化的必要手段。任何一部文学作品，“必须在涉及一种明确的历史构造和历史投射的同时，还必须涉及一种明确的地理构造和地理投射”。[①]小说作为一种“时空体”建构，故事的展开其实就是一种情境化的过程，在文学地理学批评中，情境化的过程表现为地理叙事。作为一种本质上的空间叙事，地理叙事与时间线性叙事最大的区别，在于取消了线性叙事的内在逻辑性，消解了时间叙事的垄断话语权。地理叙事以空间建构作为其情境化的手段，具有片段性、内在性等叙事特征。

再次，小说文本中建构的地理意象、地理景观和地方等空间元素，是文学地理学批评关注的主要焦点。具体可感的地理意象、地理景观和地方具有丰富的象征意义，它们与人类的文化建构、作家价值观的表达等有机结合，可以避免西方空间批评的泛化和抽象化。通过对地理叙事的审美感知，在艺术上实现对地理叙事的整体把握，在思想上还可以上升到对普遍性的追问，提升文学地理空间建构的审美意义和思想价值。文学地理批评以内为主，但同时能做到内外兼顾。比如从文本出发联系文本所建构的地理空间来考察作家所生活的地理空间与作品所虚构的地理空间，看看作家是如何对地理空间进行想象与建构的，探讨文学虚构空间如何对真实空间进行重构再现和超越，最后在联系文本传播的地理空间，揭示文本的创作与传播对认知和改造环境所带来的启示和意义。如此一来，地理批评超越了纯粹的学术研究范畴，具有一定的社会参与性和实践指导意义。

---

① 爱德华·W. 苏贾：《后现代地理学：重申批判社会理论中的空间》，王文斌译，北京：商务印书馆2004年版，第36页。

在美国极富地域特色的小说世界中，威廉·福克纳的“约克纳帕塔法”与薇拉·凯瑟笔下的内布拉斯加、马克·吐温的密西西比、舍伍德·安德森的俄亥俄温斯堡小镇以及罗伯特·弗罗斯特的新英格兰农村一起，从东到西、从南到北，成为美国二十世纪文学中现象级的文学地理叙事。这些注重地域特色的小说叙事对美国文学乃至世界文学产生了何种影响？福克纳的小说创作与以上同类型的作家之间究竟有何不同？他的作品与同时代其他作家的作品究竟有何不同，有何与众不同的特色？

基于对这些问题的思考，本书采用文学地理学批评方法，以福克纳长篇小说中的地理空间为研究对象，重点探讨其长篇小说中的主要地理意象、地理景观和地方形态等地理空间元素，在小说的叙事艺术、人物塑造以及主题表达等方面所产生的重要意义。福克纳长篇小说中地理空间的具象性特征，为本课题的分析研究与展开论述提供了坚实的基础，从而可以由此关注到作者在地理空间建构中人物形象以及主观体验的多样性和丰富性，使得地理空间建构的艺术价值和思想价值得到独到的揭示。从小说文本的具体地理空间的分析入手，再回归到文学作品的审美内涵，这种基于文学本体的研究，与文学审美本质的联系更加直接。不仅如此，文学地理学批评的运用，可以有效克服地域文化研究的狭隘性、西方空间批评的抽象性以及忽视地方主观经验的弊病，从而推进现代小说的独特性研究。

本书首先从福克纳本人的成长经历、福克纳长篇小说的地域性特征和美国独特的地域文学传统出发，结合国内外研究现状进行了综合性的分析与探讨，阐明文学地理学批评方法对于福克纳长篇小说研究的适用性及研究价值。其次，主要运用文学地理学的相关概念，并结合空间批评的部分理论，对小说文本进行了具体而深入的分析，对地理空间形态进行了大致的分类，分析了不同空间形态的叙事功能及其修辞艺术特点；再次，探讨小说中地理空间的特征与人物心理状态之间的构建关系，在地理空间中所进行的人物创伤心理的表达，分析其背后所隐藏的文化根源；再次，分析福克纳小说中的不同的地理空间建构方式与主题表达之间的关联；最后，提炼福克纳长篇小说中的地理空间建构体现出的作家的美学思想及其重大文学和文化价值。

具体来讲，本书的第一章导论部分对相关文学地理学批评的发展现状以及相关术语进行介绍和辨析，奠定本书的理论基础。

第二章分析福克纳不同小说文本中地理空间的层级建构及其叙事功能，其中地理空间的层级建构主要由以地理意象为基础的微观空间、以建筑景观为主的家族空间、以法人湾为中心的乡村空间、以杰弗生镇为中心的小镇空间以及以“约克纳帕塔法”为原点的宇宙空间构成。微观意象、家族景观、乡镇空间等不同空间元素，在其长篇小说叙事中分别起到了标识时间、引导叙事逻辑和推进叙事进程等叙事功能，其空间叙事策略打破了传统的因果线性叙事模式，具有独特的审美意义。有些空间元素本身就是时间的标志物，有些元素通过流动、变易等手段自然取代时间，推进整个的叙事进程；地理空间的变换、闪回、重复等节奏，与意识流、内心独白等现代技法相得益彰，提升了地理空间的审美意义，反映出作者对于叙事艺术创新的自主追求。

第三章聚焦分析福克纳长篇小说中地理空间特征与人物塑造之间的关系。福克纳作为一个现代主义小说家，深知文学作品“向内转”的时代需求和人物内心刻画的重要性。其长篇小说中的人物心理状态呈现出迷失、压抑、绝望等特征，与文本中的地理空间的特性形成了相互建构的关系：《喧哗与骚动》中的昆丁、《我弥留之际》中的本德伦们、《八月之光》中的克里斯默斯，在流动的地理空间中展现了的迷失感；《我弥留之际》中的棺材、《八月之光》中的伯顿大宅和《押沙龙，押沙龙!》中罗沙小姐的房间具有封闭性的特点，与两位女性人物的压抑感密不可分；《我弥留之际》中达尔的火烧棺材、《八月之光》中克里斯默斯的焚尸逃亡以及《押沙龙，押沙龙!》中托马斯命丧昔日萨德本百里地等灾难性的地理空间，表达了人物最深层的绝望感。

第四章讨论福克纳长篇小说中地理空间建构方式与主题表达之间的关系。福克纳在其长篇小说中通过地理空间的变易、并置、切换等建构手段，使人物不断打破边界甚至自我流放，在碎片化的地理空间不断闪回，或在异质空间里不断游走，与某些反复出现的地理意象或地理景观紧密相随，把南方社会中农耕文化的没落、“南方淑女”价值体系的崩溃以及“白色神话”的破灭等层面一一展现出来。福克纳的长篇小说通过空间建构，从各个层面对“南方神话”进行解构。“南方神话”的破灭与“新南方”的构建，在福克纳小说中同时进行。地理空间特征成功描写了“南方神话”的破灭所造成的心理创伤，而地理空间建构的技法进一步揭示了创伤背后的文化根源。

在第五章结语部分中，根据福克纳长篇小说地理空间的构成形态、地理空间与人物形象的生存关系、地理空间与叙事艺术之关联性，进一步深入分析福克纳长篇小说创作的美学追求如何诉诸地理思想，以及其小说独特的空间建构整体的架构所取得的艺术成就及对于其他作家的影响，从而揭示地理叙事在其长篇小说艺术中的思想价值和美学意义，进一步揭示它对于美国文学乃至世界文学发展所产生的重要意义和价值。

福克纳是一位多产作家，其作品包括诗歌、长篇小说、中篇小说、短篇小说、散文还有剧本创作等。根据福克纳作品本身地理空间的建构特色，本书主要选取以下十二部长篇小说作为研究对象：《喧哗与骚动》（1929）、《我弥留之际》（1930）、《圣殿》（1931）、《八月之光》（1932）、《押沙龙，押沙龙！》（1936）、《没有被征服的》（1938）、《野棕榈》（1939）、《村子》（1940）、《去吧，摩西》（1942）、《大森林》（1955）、《小镇》（1957）、《大宅》（1959）等。

第一章 导 论

第一节 福克纳的文学地理空间与国内外研究综述

一、福克纳的文学地理空间

本书选择文学地理学批评方法对福克纳长篇小说地理空间进行研究，主要出于福克纳小说创作的地理语境、其小说独特的空间形态建构、美国独特的地域文学传统以及当下文学批评话语的适当性等方面的考量。首先，福克纳长篇小说创作的地理语境与福克纳自身的成长经历以及美国文学丰富的地域小说时代特征有着深厚的渊源。1897年9月，福克纳出生在美国南方密西西比州，是新奥尔巴尼当地的名门之后。福克纳周岁时，由于父亲的工作变动，全家迁往里普利，四年之后再次迁居到四十英里之外的奥克斯福镇。福克纳的家乡地处密西西比州北部的丘陵地带，那里土地肥沃，水草丰茂，自然灾害很少，是美国土著印第安人和“西进运动”时所谓的“上帝应许之地”。密西西比州与福克纳曾祖父的出生地田纳西州是美国南方文化传统的所在之地，都属于“老南方”（The Deep South）。福克纳居住地周围不远处，就有人迹罕至的森林、河流以及多种动植物栖息之地。所有这些自然景观深得福克纳喜爱，为他提供了丰富的想象空间。小时候的福克纳就经常为小伙伴和家人编故事，成为他日后文学创作原始素材的重要来源。

家族对福克纳文学创作所产生的影响，也不容忽视。其曾祖父威廉·克拉克·福尔克纳，时称“老上校”，可谓是其家族甚至当地的传奇人物。“老上校”是美国开拓边疆、南北战争、战后重建等重大历史事件的见证者和参与者，他一生多才多艺，曾钻研法律，写小说，投资土地，修建铁路，竞选议员。曾祖父的辉煌成就和传奇经历，拓展了福克纳对南方贵族家族甚至对整个南方的想象空间。“老上校”以墨西哥战争为背景写了诗歌*The Siege of Monterey*（1851），他的旅行书《快速游览欧洲》（1882）和马克·吐温的旅行书有相似之处；他还写了三部小说《孟菲斯的白玫瑰》（1881）、《小砖教堂》（1882）、《奥利维亚女士》（1895），其中《孟菲斯的白玫瑰》最为成功。曾祖父在文学方面取得的成就更是激发了福克纳成为作家的志向，据说福克纳小时候就声称要成为像曾祖父那样的作家。福克纳是以其德高望重的曾祖父命名的，两人都叫威廉，为此福克纳深感骄傲。甚至曾祖父成了福克纳第三部小说中的“英雄父亲”约翰·沙多里斯的原型。福克纳的祖父“小上校”约翰·福尔克纳也非等闲之辈，他延续了福尔克纳家族的荣光：扩修铁路，当选州议员，致力于土地买卖，开办奥克斯福第一家国家银行。后来因无暇顾及太多，他卖掉了福尔克纳家族的铁路公司。在“老上校”和“小上校”两辈的光环笼罩下，福克纳的父亲莫里·福尔克纳作为家族长子却相形见绌，家族的荣光没能在他手里延续下去。莫里性格木讷寡言，转战各种职场只为谋生之计，投资无数次均无甚回报。但是，莫里喜欢带孩子们到森林和农场中骑马、打猎，这对小时候的福克纳影响至深，那时的很多场景都被福克纳写进了自己的作品里。但是福克纳从小时候起就不得父亲的宠爱，加上父亲的平庸、酗酒等因素，福克纳总是把父亲当做他作品中的反面人物。

福克纳的母亲莫德与无能和弱势的父亲莫里，形成了强烈的反差。莫德个头矮小，但是意志坚定，非常强势。莫德喜欢文学，在她的影响下，少年福克纳走进了《格林童话》和狄更斯的小说世界。并且莫德一直坚信，跟她一样个头矮小的长子福克纳，日后肯定能出人头地。这对缺乏父亲肯定的福克纳来说，无疑是一种极大的安慰和鼓励。对福克纳的日后创作产生潜移默化作用的，还有他的外祖母以及黑人女仆卡洛琳·巴尔等人。外祖母的艺术天赋和卡洛琳关于内战和三K党的故事，后来都成为福克纳小说中的故事情节。福克纳的妻子埃斯特尔曾是他青梅竹马的恋人，但是在与福克纳结婚之前，迫于家族的意愿和她对福克纳感情的游移现实，埃斯特尔嫁给他人并生育了两个孩子后，又回到了福克纳的身边与他结为夫妻。福克纳情爱上的受挫和波折使得他后来与妻子的婚姻生活中，矛盾不断，他们的婚姻成为互相折磨的手段，但是谁也没有下定决心从中逃离出来。在福克纳的多部作品中，隐约可见埃斯特尔的影子，包括她的身材特征以及性格特征等等。朱迪思·森斯巴在其传记作品《福克纳与情爱：影响其艺术成就的女人们》（*Faulkner and Love: The Women Who Shaped His Life*，纽黑文：耶鲁大学出版社，2009）以及菲利普·韦恩斯坦都一致认同莫德、卡洛琳嬷嬷和埃斯特尔对于福克纳艺术作品的直接或间接的影响。

福克纳七岁时开始接受正规的学校教育，可谓是名副其实的学霸，由一年级跳级到三年级。可是从四年级起开始叛逆，他对循规蹈矩的传统课堂教学非常反感，因此经常逃课而神游在祖父的藏书里。很多著名作家如司各特、大仲马、巴尔扎克、莎士比亚、康拉德等的优秀作品，进入了少年福克纳的阅读视野。在这一时期，他还听到了大量关于蓄奴、内战以及自己家族的传奇故事。

福克纳的创作之路可谓充满了艰辛。1916年，福克纳从高中退学后，在一家银行供职，开始了他对社会的探索。早在1919年下半年，中学毕业未能考取大学的福克纳因为退伍士兵的特殊身份，得以进入密西西比大学就读。在此期间，青梅竹马的初恋情人远嫁他人，福克纳在早期的《大理石牧神》《密西西比诗集》《海伦：一次求爱》《春时幻景》等诗集中抒发失恋的痛苦，开始了自己的文学创作之路。在随后六年间，福克纳在密西西比大学的三种校刊上陆续发表了诗歌、戏剧、文学评论、小说、随笔、绘画等各类作品共计41种。福克纳早期创作的诗歌，虽然在题材选用、主题表达和语言风格上明显带有维多利亚时代色彩，主要模仿史文朋等著名作家，但是他在诗中赞扬康拉德·艾肯的“非个人化”和“使用各种变体”；在文学评论中他批评W. A. 帕西“闭眼不看‘黑暗的现代性’”；[①]在剧本《提线木偶》中，他试验非线性讲述，与同时代的安德森、德莱塞等现实主义和自然主义的文学阵营保持了相当的距离。这些体现在福克纳早期创作中的现代主义萌芽显示了福克纳敏锐超前、与众不同的艺术眼光。

在其早期的文学探索之路上，他先后遇到了还在哈佛读大学的菲尔·斯通和已经成名的舍伍德·安德森。菲尔·斯通是福克纳文学之旅的领路人和支持者。他们经常讨论美国南方历史和社会现实问题，对福克纳的创作无疑是一种极大的鼓励。后者则从语言的使用、叙事技巧和创作素材的选择上，不遗余力给予福克纳专业性指导，并且为他提供实质上的帮助。在安德森的建议下，福克纳的

① 弗莱德里克·R. 卡尔：《福克纳传》，陈永国等译，北京：商务印书馆2007年版，第156页。

创作方向由诗歌转向小说，决定在他“家乡的那块邮票般大小的土地”上建构属于自己的“约克纳帕塔法”王国。福克纳出生在南方，生长在南方，一生在外游历的地方也不算少，但是他对家乡故土的风土人情和与外地的文化差异谙熟于胸，毕生的感情不曾离开过自己的家乡，说他热恋自己的家乡也不为过。经历了美国内战和第一次世界大战的美国南方，从十九世纪下半叶开始到二十世纪上半叶，一直处于深刻的社会变革之中。奴隶制的废除和北方工业资本主义价值观念的无孔不入，对美国南方传统的农业社会造成了极大的冲击。南方一大批文学家，对南方人所经历的由剧烈的社会变革带来的内心冲突，给予高度的重视，他们利用诗歌、戏剧或小说的形式进行反思。福克纳就是美国“南方文艺复兴”的杰出代表。可以说，福克纳在小说主题的选择上，是一位不折不扣“向后看”的南方作家，但是他现代主义的创作理念和艺术手法，却是其他南方作家不可企及的。福克纳“不懈地探索新手法，只不过是为了能更准确地表达他对传统观念解体后的现代世界的整体看法，或者用他的话说，是为了更准确地表达他眼中的‘真实’”。[①]天时地利再加上福克纳在戏剧创作上的实践，以及他对美术、建筑的热爱，培养了他对地理空间的感受力和繁复变换的空间建构能力。

不可否认的是，福克纳作为现代主义小说家的创作之路，是在1924年年底与舍伍德·安德森的交往之后开启的。安德森当时已经是美国名气很大的作家，在他的介绍下，福克纳参加了若干次文学聚会，康拉德、艾略特、乔伊斯的文学著作以及弗洛伊德、弗雷泽和柏格森等人的哲学思想，进入了福克纳的视野。更为重要的是在

① 肖明翰：《威廉·福克纳研究》，北京：外语教学与研究出版社1997年版，第5页。

安德森的建议下，福克纳的创作兴趣由诗歌转向了小说。安德森明确地告诉福克纳："你是个乡下孩子，你所熟悉的就是你家乡密西西比北部的那一小块地方"。[①]安德森的话开启了福克纳小说创作的地域意识，让他意识到文学的地方性和世界性是并行不悖的。福克纳最早的两部小说《士兵的报酬》（1926）和《蚊群》（1927）出版后，读书界和评论界反应平平。1929年，"约克纳帕塔法"（Yoknapatawpha）的名字第一次出现在小说《沙多里斯》里，"约克纳帕塔法"世系小说的神话王国初现雏形。"约克纳帕塔法"的灵感，来自福克纳所熟悉的家乡密西西比州的拉菲耶特县，熟悉的南方社会使他拥有了坚实的地域根基。从此以后，福克纳一发不可收拾，深深扎根于他"那块邮票般大小的土地"，先后创作出版了《喧哗与骚动》（1929）、《我弥留之际》（1930）、《圣殿》（1931）、《八月之光》（1932）、《押沙龙，押沙龙！》（1936）、《未被征服的》（1938）、《村子》（1940）、《去吧，摩西》（1942）等长篇小说和多部中短篇小说。其间他还创作了两部不属于"约克纳帕塔法"系列的小说：《标塔》（1935）和《野棕榈》（1940）。从1942年到1947年的六年间，福克纳迫于经济压力，在好莱坞创作电影剧本，因此在长篇小说创作方面无甚收获。此后《坟墓的闯入者》（1948）、《修女安魂曲》（1951）、《寓言》（1954）、《小镇》（1957）、《大宅》（1959）、《掠夺者》（1962）相继发表，这些作品构成了福克纳小说创作的第二个高峰。1962年福克纳去世之后，《坟墓里的旗帜》（1973）、《圣殿：原始文本》（1981）两部长篇小说和《五朔节》（1977）、

---

① William Faulkner, "Sherwood Anderson: An Appreciation", *Sherwood Anderson: A Collection of Critical Essay*, ed. Walter Rideout, Englewood Cliffs: Prentice Hall Inc, 1974: 169.

《父亲亚伯拉罕》（1983）以及书信集、散文集也相继整理出版。福克纳一生著作等身，特别是包含了十五部长篇和若干短篇的“约克纳帕塔法”世系小说，其主题宽广厚重，心理刻画深刻，还触发了人们对于美国南方的重新认识，乃至对人类普世精神价值的一再追问与探索。

美国文学自身所具有的深厚地理传统，对福克纳的影响也是不容忽视的。“美国小说中最好的作品向来都是地域性的。这些小说的崛起大致呈现了从新英格兰向中西部地区，再向南方移动的趋势；任何地方的人民只要有共同的经历，有一种认同感，有可能以共同的眼光阅读一部小小的历史，最佳之作就会转移到那里，就会在那里停留得最长久”。[①]美国众多作家对地域之情的关注，形成了美国文学的一大特征：詹姆斯·库珀的西部草原、马克·吐温的密西西比、布莱特·哈特的加利福尼亚、朱厄特的缅因州、薇拉·凯瑟的“内布拉斯加系列”、舍伍德·安德森的“俄亥俄州的温士堡小镇”等地理书写，对福克纳来说无疑是很好的借鉴，赋予了福克纳创作以丰富的灵感。地域小说的流行，对于美国文学本土化发展无疑是一种强大的推力，这一从爱默生和惠特曼开启和发展起来的文学传统，在福克纳小说中体现为独特而深厚的美国南方文学的地域性特征。

福克纳小说大部分故事取材于美国南方，作品通过建构多个富于时代特征和地方色彩的地理空间，讲述发生在这片土地上的故事，具有显著的南方地域特色。这些故事刻画的人物内心代表了当时南方社会集体性的心理特征，它们通过地理空间的建构、交织、

---

① Flannery O'Connor, *Mystery and Manners: Occasional Prose*, eds. Sally and Robert Fitzgerald, New York: Farr, Straus, and Giroux, 1969: 58.

越界和变易等手法，得以深刻地表达。福克纳在其小说中通过构建大量具有象征意义的地理意象、地理景观和地方等，来实践其现代主义艺术思想。即用一个个相对稳定的意象和动态的地理空间，结合重复、并置、切换、对照等手段来结构小说，使小说的叙事打破了传统线性叙事的单调与沉闷，呈现出一种片段性、向内转的叙事特征。由意象、景观以及地方构成的地理空间，不再只作为叙事中静态的背景存在，而成为积极推动小说进程的结构性力量，并且充满了隐喻与象征的内涵。福克纳在其作品特别是其“约克纳帕塔法”世系中的地理空间建构，不仅实现作者小说叙事艺术的创新目的，也使叙事内容得以更为深刻有力地表达，福克纳在地理空间建构取得的艺术成就，进一步提升了其小说的艺术意义和文化意义。其中福克纳对时空关系的处理，对于小说创作的重要性不言而喻。福克纳在其小说中特别注重空间的建构及其价值：他将所讲述的故事和人物，都置于特定的时代之中进行表述，同时更是置于特定的地理空间中进行呈现。这特定空间就是南北战争前后的美国南方，特别是他邮票大的故乡及其扩展地域。库切认为“The territory on which Faulkner the novelist deployed his best resources was a South that bears a strong resemblance to the real South of his day”。①

以空间表现时间，以地理空间中的人物和事件来表现南方的历史与文化，以地理空间为基础来创造小说的艺术审美时空，福克纳让读者总是沉浸在自己的小说世界中，遨游在他所建构起来的富有魅力的艺术时空中，正好体现了福克纳独到的艺术构思和美学选择。可以说，福克纳是以“南方人的故事为寓言，透析的是现代人

① J. M. Coetzee, “William Faulkner and His Biographers”, *The Dixie Limited: Writers on William Faulkner and His Influence*, ed. M. Thomas Inge, Jackson: University Press of Mississippi, 2016: 298.

类所遭遇的道德堕落与精神危机，表达出现代主义的人文情怀”。[①]福克纳的长篇小说在地理空间建构上所具有的鲜明特点与优势可以更好地阐释这一点。因此，以文学地理学批评的视角对福克纳长篇小说进行研究，是符合福克纳文学创作历史与小说文本现实的一种明智选择。

二、国外福克纳研究综述

威廉·卡斯伯特·福克纳（William Cuthbert Faulkner，1879-1962）是美国二十世纪最伟大的现代主义小说家之一，也是世界文坛上最具影响力的小说家之一。福克纳一生共创作19部长篇小说、130多篇中短篇小说、5部诗集以及书信集、散文集多种。在其代表作“约克纳帕塔法”世系小说中，福克纳使用独特的意识流手法，成功描写了美国南方人在社会剧变时期深刻的精神创伤，1950年他因此获得了诺贝尔文学奖。获诺奖后，来自美国国内及他国家的各种奖项和荣誉接踵而至：豪威尔斯小说奖、法国总统颁发的荣誉勋章、美国国家图书奖、普利策奖以及希腊科学院颁给他的银质奖章等。从1954年8月起，福克纳还作为美国的文化大使，奉国会之命出访日本、菲律宾、意大利、法国、希腊、委内瑞拉等国。由于斐然的文学成就以及诸多文学荣誉，威廉·福克纳获得了“美国的莎士比亚”的美誉。[②]福克纳的许多杰出作品，吸引了大量的读者和研究者。著名批评家哈罗德·布鲁姆非常看好薇拉·凯瑟的“内布拉斯加系列”小说，认为她是与同时代的德莱塞、海明威以及菲茨杰拉

① 李维屏、张琳等：《美国文学思想史》，上海：上海外语教育出版社2017年版，第5页。

② *A William Faulkner Encyclopedia*, eds. Robert W. Hamblin and Charles A. Peck, Greenwood Publishing Group, 1999: ix.

德并驾齐驱的重要作家，但是布鲁姆同时强调指出："在与她完全同代的作家里，只有福克纳的成就超过了她"。[①]福克纳研究学者诺埃尔·波克也认为他是后辈南方作家"要么穿过、要么超过、要么绕过"[②]的制高点，这充分肯定了福克纳对于美国南方文艺复兴的重要作用。

第一次世界大战后，与福克纳同时代的海明威、帕索斯、菲茨杰拉德等年轻作家闪耀在美国文坛上。他们大多在海外战场有着亲身经历，其作品准确反映了战后年轻人迷惘、绝望等心态。海明威的《太阳照常升起》、帕索斯的《三个士兵》、菲茨杰拉德的《人间天堂》分别确立了他们在主流文坛上的地位。然而，作为同龄人的福克纳，虽然内心无比渴望成为一名参战军人，但机缘巧合注定他无缘亲历战场。其早期小说作品《士兵的报酬》（1926）、《蚊群》（1927）发表后，除了南方作家伊芙琳、司各特和部分重农派对其评价较好，总的来说反应冷淡。重农派批评家唐纳德·戴维森将福克纳与现代派作家约翰·多斯·帕索斯和詹姆斯·乔伊斯相提并论；甚至在1929年福克纳的《沙多里斯》出版后，他立即发现了福克纳作为一个职业作家的天赋，并且意识到福克纳不再仅仅是一个正在发展进步的现代主义者，而且预测福克纳将来势必要在南方为南方发声。唐纳德·戴维森对于《八月之光》受到批评家的差评感到很失望；但是对于《圣殿》（1932）这部小说，唐纳德完全走到了对立的立场，他认为《圣殿》是他"读过的最残酷的一部小

① Harold Bloom, *Genius: A Mosaic of One Hundred Exemplary Creative Minds*, New York: Grand Central Publishing, 2002: 631.

② Eudora Welty, *Eudora Welty on William Faulkner*, Jackson: University Press of Mississippi, 2003: 75.

说……让我感到恶心”。[1]显然这样的评价对于福克纳的后期创作以及该小说的接受、传播或多或少有些负面影响。

在大洋彼岸的欧洲，福克纳的作品却受到了不少批评家的认可和读者的欢迎。1930年，《士兵的报酬》得到英国作家理查德·休斯和阿诺德·贝纳特的肯定，得以在英国出版。1932年，由勒内·艾诺尔·兰姆保翻译的《圣殿》在法国出版；同年，由莫里斯·埃德加·库安德鲁翻译的短篇小说《献给爱米丽的一朵玫瑰花》的法文版也顺利出版。值得注意的是，法国著名学者萨特于1939年在《新法兰西评论》发表了重要评论《〈喧哗与骚动〉：福克纳小说中的时间》。萨特对福克纳《喧哗与骚动》中时间的哲学性分析真正引起了美国学界对福克纳小说的关注，并由此引发了美国国内批评界对福克纳作品批评态度的根本转变。同年，拉康德·艾肯在其文《论福克纳小说的形式》中盛赞福克纳独特的意识流和多层视点转换的艺术手法，甚至把他提高到了跟当时享有盛名的亨利·詹姆斯一样的地位。乔治·马里恩·奥唐奈的《福克纳的神话》把福克纳全部作品作为一个体系来评价：他认定福克纳为一个“地道的传统道德家”，南方的社会经济伦理传统作为一个统一的要素构建了一个神话王国，传统主义与反传统主义之间发生的种种冲突则建构了一系列神话故事。

马尔科姆·考利在1946年主编了《袖珍福克纳作品集》，他收集了福克纳作品中的部分短篇小说和部分长篇小说的节选，组成了一个有序的约克纳帕塔法故事集。并且，考利在该袖珍集的导言部分强调说明福克纳的作品是一个统一的整体，福克纳用虚构的约

① M. Thomas Inge, *Conversations with William Faulkner*, Jackson: University Press of Mississippi, 1999: 54.

克纳帕塔法县建构了一个完整的神话："在奥克斯福镇，福克纳用我们这个时代无法匹敌的想象力和双倍的劳动，虚构了密西西比州一个县，它犹如神话王国一般，但是所有的细节构成了它的完整性和鲜活性；并且他将约克纳帕塔法县的故事变成了所有老南方的传奇"。[①]他还将这个袖珍集列为每个福克纳研究者的必读之选，并且宣称福克纳是另一个巴尔扎克。考利早在二十世纪四十年代早期就意识到福克纳的文学才能并且认为福克纳应该得到与之匹配的文学地位。通过编撰《袖珍海明威作品集》，考利发现并推出海明威；同样，他编撰的《袖珍福克纳作品集》对福克纳的文学地位和成就起到决定性的推动和肯定作用。如果没有这个袖珍集，福克纳能否获得诺贝尔文学奖还真值得重新考量。

《袖珍福克纳作品集》出版四年后，福克纳于1950年获得1949年度的诺贝尔文学奖，此奖奠定了他在美国文坛和世界文坛的地位。此后，美国的福克纳研究日益升温。一些学术杂志开始推出有关福克纳研究的特刊或专刊。1951年，《威廉·福克纳：二十年来的评论》论文集出版，对福克纳的南方、语言、单篇小说或故事的研究做了比较全面的收录，是研究福克纳必不可少的参考书。更为重要的是该论文集开创了福克纳研究的一个传统，形成了有关福克纳研究的"十年系列"，迄今为止已经有《福克纳评论二十年》《福克纳评论三十年》《福克纳评论四十年》和《福克纳评论六十年》等。在密西西比大学一年一度举行的福克纳学术研讨会，已然成为世界各地福学研究者交流的盛会。

二十世纪五六十年代，福克纳研究的专著陆续出版。欧文·豪在《福克纳批评研究》中，从福克纳的南方身份角度对其生活经

---

① *The Portable Faulkner*, ed. Malcolm Cowley, New York: Viking, 1946: viii.

历与创作展开分析；[①]但是他并不认为福克纳只是一个地域主义作家，他将福克纳与托马斯·哈代相提并论，因为这两位作家一样，都“可以写一个小地方，然而赋予这个小地方一种普遍的意义”。[②]奥尔加·维克莱在《福克纳的小说》（1959）中对福克纳作品的意义和主题结构进行了详尽解读分析。此书1964年再版，成为福克纳研究学者们非常有用的资料。[③]1962年福克纳去世，人们对他的兴趣仍然很浓厚。二十世纪六七十年代这一阶段的研究主要围绕福克纳小说的主题、形式以及南方文化进行，以新批评、结构主义神话原型的研究方法为主。在当时的社会条件下，足以摧毁人类文明的原子弹等新技术的阴影使得批评家们转向秩序、安全以及希望等方面的追求和探索。而福克纳作品中表现出的这些主题与新批评的追求不谋而合，也可以说新批评派的声名鹊起与福克纳日渐上升的名望是步调一致的。新批评的绝大多数批评家就是从美国南方二三十年代的“逃亡派”、后来的重农派作家和批评家转型而来。他们普遍注重福克纳作品中的道德价值。其中早期比较有代表性的是沃尔特·斯拉托夫1960出版的《探索失败：福克纳研究》。“Insofar as there is any single key to undertand both Faulkner's mind and work, it is, I believe, his notion and feeling that what is important about life is the act of trying and that completion or success or resolution would mean both

---

① Irving Howe, *William Faulkner: A Critical Study*, Chicago: University Press of Chicago, 1951.

② Taylor Hagood, *Following Faulkner: The Critical Response to Yoknapatawpha's Architect*, Rochester: Camden House, 2017:15.

③ Olga Vickery, *The Novels of William Faulkner: A Critical Interpretation*, Baton Rouge and London: Louisiana State University Press, 1959.

an end to trying and a sign that not enough had been tried”。[①]新批评派中最有影响力者，非柯林斯·布鲁克斯莫属。他先后出版了三本关于福克纳的批评专著：《威廉·福克纳：约克纳帕塔法神话王国》（*William Faulkner: The Yoknapatawpha Country*，1963）、《威廉·福克纳：走近约克纳帕塔法及之外》（*William Faulkner: Toward Yoknapatawpha and Beyond*，1978）、《威廉·福克纳：初次相遇》（*William Faulkner: First Encounters*，1983）。在第一本专著里，布鲁克斯强调了福克纳作品中的共同体理念，其中的分层结构和细节需要读者仔细地理解。“就像维吉尔引导但丁游览地下世界一样，布鲁克斯通过其细致的文本分析，犹如一个全知全能的解说者，引导读者领略福克纳作品中蕴涵的审美力量”。[②]另外，米尔盖特的《福克纳的成就》（1963年出版，1966年再版）目的在于“为福克纳整体成就提供一个评论，推动福克纳每一部长篇小说和短篇小说集的独立分析，把每一部作品放在福克纳职业生涯的整体语境中来研究”，并且他大胆断言“只有在整个西方传统的语境下，而不是美国语境更不是南方语境下，福克纳作为一个伟大小说家的成就才能得到充分的评估”。[③]

传记作品和访谈类作品也成为福克纳研究的一个重要的分支。从最早的《福克纳的私人世界》（*The Private World of William Faulkner*，1953）开始，有关福克纳的传记陆续出版。卡伦的《福

---

① Walter J. Slatoff, *Quest for Failure: A Study of William Faulkner*, Ithaca: Cornell University Press, 1960: 260.

② Taylor Hagood, *Following Faulkner: The Critical Response to Yoknapatawpha's Architect*, Rochester: Camden House, 2017: 32.

③ Michael Millgate, *The Achievements of William Faulkner*, New York: Random House, 1966: vii, 292.

克纳家乡的旧时光》（*Old Times in the Faulkner Country*，1961）、《奥克斯福镇的福克纳》（*William Faulkner of Oxford*，1965）、《我的哥哥比尔》（*My Brother Bill*，1963）、《花园里的狮子：福克纳访谈录》（*Lion in the Garden: Interviews with William Faulkner, 1926–1962*，1968）、《威廉姆·福克纳：自我发现之旅》（*William Faulkner: The Journey to Self-discovery*，1969）、《福克纳传记》（*Faulkner: A Biography*，1974）、《福克纳在大学》（*Faulkner in the University: Class Conferences at the University of Virginia 1957–1958*，1959）、《威廉姆·福克纳：经历与工作》（*William Faulkner: His Life and Work*，1980）、《美国作家威廉·福克纳传记》（*William Faulkner, American Writer: A Biography*，1989）、《福克纳生平》（*The Life of William Faulkner: A Critical Biography*，1994）、《有关福克纳：吉米·福克纳和其他人谈福克纳》（*Talking About William Faulkner: Interviews with Jimmy Faulkner and Others*，1996）《伟大时代：福克纳的一生》（*One Matchless Time: A Life of William Faulkner*，2004）、《福克纳：小说的一生》（*Faulkner: Une Vie en Romans*，2007）、《福克纳与情爱：影响其艺术成就的女人们》（*Faulkner and Love: The Women Who Shaped His Life*，2009）、《成为福克纳：威廉·福克纳的艺术与生活》（*Becoming Faulkner: The Art and Life of William Faulkner*，2010）、《我和我的世界：威廉·福克纳传》（*Myself and the World: A Biography of William Faulkner*，2016）等。这些传记类作品和访谈类作品不仅提供了有关福克纳生平的翔实材料，也体现每个传记作家或访谈者对于福克纳个人的看法及对其作品的评价，是后继的福克纳研究者们必不可少的参考资料。其中，布洛特纳的《福克纳传记》（1974）、杰伊·帕里尼的《伟大时代：福克纳的一生》（1994）以及安德烈·布雷卡斯滕的《福克纳：小说的

一生》（2007）为读者提供了有关福克纳个人生活和作品产生的翔实资料，但是就两者之间的关系并没有做深入的研究。就像菲利普·韦恩斯坦认为的那样，“传记通常致力于提供一堆生活的枝杈、树干的详尽剖析，却很少展示它们可能生成的熊熊火焰”。在其《成为福克纳：威廉·福克纳的艺术与生活》中，韦恩斯坦宣称，要从福克纳个人生活及其作品的“无数的枝杈”中解析出其作品“辉煌、篝火般的炙热”。[①]“篝火”与“生活”的强制联姻反倒使福克纳的个人生活经历成为其作品解读的负担和枷锁，作品本身在某种程度上丧失了独立自主性。在其他的作品中，福克纳的个人生活与其作品通常被处理成平行、对立或对照的关系模式。确实，读者从上述作品中，能够看出福克纳的伟大艺术成就与其个人生活的混乱之间形成的强烈反差，但是这些反差形成的真正原因却被悬置一边，并没有得到深入研究。而且，从这些传记作品和访谈类作品不难看出，福克纳的所有作品，包括其早期创作的诗歌、成就其名的小说以及中后期的散文都根植于他的个人生活、家庭和家乡。在此意义上，选择文学地理学视角来研究福克纳小说有利于对福克纳的创作思想做更深入的研究，从而更好地理解其作品本身。

从二十世纪七十年代开始，福克纳研究的视角开始走向新历史主义、意识形态批评及叙事分析，这与五六十年代较多排斥历史和政治视角的文本批评形成对照。七八十年代，不管是在英国、法国还是美国，研究的焦点更多的还是福克纳的现代艺术创新手法比如意识流这方面。八九十年代以后，福克纳研究进入了各种新兴批评理论的视野。叙事批评、结构主义和解构主义、后结构主义理论方

① 菲利普·韦恩斯坦：《成为福克纳：威廉·福克纳的艺术与生活》，晏向阳译，南京：南京大学出版社2018年版，第17、13页。

法，精神分析学、女性主义批评、种族批评、文化批评、现代主义与后现代主义批评等，在福克纳研究上均取得了不俗的成绩。除此之外，对福克纳小说的现代性和后现代性的研究也成为热点。值得注意的是，新世纪的福克纳研究开始借用其他学科的理论，如生态学、社会学、政治学、伦理学等，呈现出跨学科、跨文化的特点。

从文学地理学的角度研究福克纳的小说，一些批评家做了一些有益的尝试。比如在福克纳获得诺贝尔文学奖后，《福克纳研究》（1952—1954）这本杂志里的一些文章对福克纳小说中出现的地方进行了归类编目，比如就真实的密西西比州的奥克斯福镇与小说中虚构的杰弗生镇之间的联系进行了讨论。“在这些文章中，福克纳对于他生活的地方的亲密感，被考利认为是（他创作）很重要的因素，并且这一点应该值得继续强调”。[①]柯林斯·布鲁克斯主要从福克纳小说的结构和形式、被“神话化”了的小说世界、小说中的反讽和悖论等几个方面进行探讨，认为福克纳小说中的“南方”与真正的“南方”是两个不同的概念，从而明确了福克纳文本中想象与现实、文学与历史之间的界限。[②]埃里克·雷比肯认为福克纳的《喧哗与骚动》最佳的叙事方式是空间性的而不是时间性的。[③]埃里克·桑德奎斯特在其著作*Faulkner: The House Divided*中，从美国特别是美国南方历史和政治的角度探讨福克纳六部代表作品的主题、结构及其与南方神话之间的关系，其中第五章使用“破裂之屋”这一

① Taylor Hagood, *Following Faulkner: The Critical Response to Yoknapatawpha's Architect*, Rochester: Camden House, 2017:16.

② Cleanth Brooks, *William Faulkner: The Yoknapatawpha Country*, Baton Rouge: Louisiana State University Press, 1963.

③ Eric S. Rabkin, "Spatial Form and Plot", *Spatial Form in Narrative*, eds. Jeffrey R. Smitten and Ann Daghistany, Ithaca: Cornell University Press, 1981.

典型的地理意象，探讨了它的建构对整个南方所产生的文化意义。[①]迈克尔·米尔盖特在其专著*Faulkner's Place*中分别就福克纳创作的历史条件、职业作家生涯的发展、“约克纳帕塔法”系列的发展和第一、第三部曲等问题进行了探讨，对哈代的西撒克斯和福克纳的约克纳帕塔法进行了横向比较。[②]泰勒·哈古在*Faulkner's Imperialism: Space, Place, and the Materiality of Myth*中应用互文性理论，分析福克纳小说中的地方和空间有压迫性帝国叙事和反抗性帝国叙事的功能，具有动态变化和灵活多样的特征。[③]查尔斯·艾肯在*William Faulkner and the Southern Landscape*中，把福克纳小说中虚构的“约克纳帕塔法”王国与真实的南方县城拉斐叶县进行对比，揭示了南方真实的地方和历史对福克纳创作的影响以及福克纳小说成就对于真实南方的再造意义。[④]丹尼尔·J. 辛格的《威廉·福克纳：成为一个现代主义者》中的第四章“发现约克纳帕塔法”和第八章“南方历史的幽暗之宅”，从地理空间的角度分析了约克纳帕塔法的构建对于福克纳艺术成就的意义以及《押沙龙，押沙龙！》中的萨德本百里地对于揭示南方历史真相的意义。[⑤]上述研究大多属于实实在在的地理叙事研究，并且兼顾了小说文本的外部研究和内部研究；也有部分涉及

---

① Eric Sundquist, *Faulkner: The House Divided*, Baltimore and London: Johns Hopkins University Press, 1983.

② Michael Millgate, *Faulkner's Place*, Athens: The University of Georgia Press, 1997.

③ Taylor Hagood, *Faulkner's Imperialism: Space, Place, and the Materiality of Myth*, Baton Rouge: Louisiana State University Press, 2008.

④ Charles S. Aiken, *William Faulkner and the Southern Landscape*, Athens: The University of Georgia Press, 2009.

⑤ Daniel J. Singal, *William Faulkner: The Making of a Modernist*, Chapel Hill and London: University of North Carolina Press, 1997.

的是抽象的文本空间形式的研究，或者空间的再生产意义的研究。

三、国内福克纳研究综述

在国内，福克纳的小说很早就受到中国学者的关注。远在二十世纪三十年代，福克纳还未成名，他的短篇小说《伊莱》就被译介到了中国。陶洁考证出“福克纳的名字第一次出现在中国的杂志上是在1934年”。[①]早期福克纳研究的代表学者有凌昌言和赵家璧等人。凌昌言将福克纳的成名归因于当时“罪恶和病狂”的美国社会，以及频繁的视角转换与错杂的篇章布局等新技巧。他分析了《士兵的酬饷》（后又译为《士兵的报酬》）中的蒙太奇、《喧哗与骚动》中的时空倒置与多重聚焦叙事、《我弥留之际》中细微的心理描写等各种“新作风”。凌昌言身处中国特殊时代，其审美立场难免受到时代影响，然而作为福克纳研究的先行者，他对福克纳小说叙事艺术的分析可谓精准犀利。赵家璧在其专著《新传统》中，专章讨论了《士兵的报酬》《沙多里斯》《喧哗与骚动》《我弥留之际》《圣殿》和《八月之光》等六部小说的创作背景、写作手法和文体特征，认为福克纳是一个比海明威更有发展前景的人物。赵家璧在二十世纪三十年代对福克纳作品的介绍、分析以及肯定，代表了当时福克纳研究的水平。几近二十年后福克纳名扬世界文坛，说明赵家璧具有敏锐的学术评价眼光。

福克纳长篇小说首次译介到中国，却是在二十世纪八十年代。《喧哗与骚动》被李文俊译介到国内以后，中国文学界掀起了“福克纳热”。以李文俊、陶洁为代表的研究者在福克纳作品的译介与

---

① 陶洁：《福克纳在中国》，李文俊编：《福克纳的神话》，上海：上海译文出版社2008年版，第332页。

研究方面取得了重要的突破。在二十世纪八十年代，福克纳其他的作品如《夕阳》《殉葬》《福克纳中短篇小说选》等相继被翻译到中国。在译《喧哗与骚动》时，译者李文俊加了很多注解，有助于读者对福克纳作品的理解。李文俊主编出版了《福克纳评论集》，收录了国外福克纳研究者们的重要论文，其中就包括萨特、乔治·奥唐奈、考利、路易斯等学者的研究成果。这标志着中国的福克纳研究开始借鉴国际视野。

二十世纪八十年代，从综合性的评介到具体文本的主题和人物分析，再到作品艺术特色的分析，显示出中国福克纳研究者越来越明显的开放心态。李文俊分析了福克纳六部经典长篇小说中的艺术特点以及人物内心冲突的表现。[①]孔耕蕻比较了福克纳“约克纳帕塔法”世系小说与巴尔扎克《人间喜剧》在叙事手法、人物塑造与时序处理上的异同。[②]程光炜、王丽丽将沈从文的湘西与福克纳的约克纳帕塔法县进行比较研究，揭示出两个系列作品中所展现出的乡村生活与近代文明的相互缠绕纠结，体现了两位作家对动乱时局中普通人命运的人文观照。[③]韩海燕将《喧哗与骚动》中的凯蒂与《红楼梦》中宝钗、黛玉进行比较，分析了两部作品中权贵大家族的没落。[④]

二十世纪九十年代，有关福克纳的译介、传记与专著接连发

---

① 李文俊：《约克纳帕塔法的心脏：福克纳六部重要作品辨析》，《国外文学》1985年第12期，第1–21页。

② 孔耕蕻：《“人间喜剧”与“约克纳帕塔法世系”：论福克纳与巴尔扎克》，《外国文学评论》1988年第12期，第97–104页。

③ 程光炜、王丽丽：《沈从文与福克纳创作视角比较》，《信阳师范学院学报（哲学社会科学版）》1985年第1期，第54–60页。

④ 韩海燕：《威廉·福克纳和曹雪芹作品中的年轻女性》，《求是学刊》1985年第2期，第64–70页。

表。译文出版社、漓江出版社、百花文艺出版社、河北教育出版社等，陆续组织翻译出版了福克纳的《我弥留之际》（1990）、《熊》（1990）、《福克纳作品精粹》（1990）、《去吧，摩西》（1996）、《坟墓的闯入者》（1996）、《圣殿》（1997）、《八月之光》（1998）和《掠夺者》（1999）等。大卫·敏特所著福克纳传记*William Faulkner: His Life and Works*有两个中译本，即《圣殿中的情网：小说家威廉·福克纳传》（赵杨译，1991）和《福克纳传》（顾连理译，1994）；学术专著有黄运亭的《在〈喧哗与骚动〉中沉思：福克纳及其作品》（1993）、潘小松的《福克纳——美国南方文学巨匠》（1995）、肖明翰的《威廉·福克纳：骚动的灵魂》（1999）以及李文俊的《福克纳评传》（1999）等。后两部兼顾了传记和作品研究的性质。

各种综合专著在二十世纪九十年代也相继出版：肖明翰的《大家族的没落：福克纳和巴金家庭小说比较研究》（1994）、《威廉·福克纳研究》（1997）、陶洁的《福克纳的魅力》、廖彩胜的《福克纳小说中的语言文化标志》与刘洊波的《南方失落的世界》等。肖明翰的《威廉·福克纳研究》是国内第一部全面、系统、深入研究福克纳的学术专著，从西方历史文化背景着手，阐述了美国南方的社会历史、文化传统，特别是以加尔文教为核心的新教对福克纳所产生的影响。福克纳的经典长篇小说《喧哗与骚动》和短篇小说《献给爱米丽的一朵玫瑰花》等保持了长期持久的研究热度；而《押沙龙，押沙龙!》《我弥留之际》和《八月之光》等经典作品也受到了学者们的关注。重要的是福克纳研究者们跳出了对文本的主题与艺术特色的固定分析模式，他们开始利用新的研究方法，并将研究视角延伸到时空观、种族与女性观、南方文化、神话与历史、自然与地域观等方面。

中外学者的合作也推动了福克纳研究在中国的发展。在1982年的福克纳年会上，美国学者斯通·贝克介绍了中国翻译研究福克纳的情况；斯通·贝克还帮助《福克纳短篇小说集》的中译本甄选篇目，该集1985年在中国得以顺利出版。随着中美学术交流的进一步拓展和深化，美国非常有影响力的福克纳研究专家，如詹姆斯·梅利韦瑟、托马斯·英奇、詹姆斯·卡洛瑟斯等相继来华访问讲学，在很大程度上开拓了中国福克纳研究者们的视野。1990年，李文俊出席福克纳年会时细致介绍中国的福克纳研究，引起了来自世界各地与会者的极大兴趣。中国学者密切关注福克纳研究的国际动态，切实推动福克纳研究在中国的发展，分别在1992年和1997年主办了两届福克纳国际研讨会。

进入二十一世纪以来，随着中国学者对各种批评理论的接受，国内福克纳研究者在横向和纵向两个维度都有所发展，横向表现在研究视野的不断开阔，纵向表现在对所研究问题的纵深拓展。这两个方面不仅涉及福克纳单部作品的研究深度，还涉及福克纳与中国作家的比较研究以及对福克纳作品的整体性研究。在译介方面，福克纳的很多作品，如《福克纳短篇小说集》（2001）、《押沙龙，押沙龙!》（2004）、《坟墓的闯入者》（2004）、《福克纳随笔》（2008）、《野棕榈》（2009）、《大森林》（2015）、《村子》（2015）、《没有被征服的》（2015）等汉译本先后出版。弗雷德里克·卡尔的《福克纳传》（2007）和杰伊·帕里尼的《福克纳传》（2007）两本传记翻译出版。李文俊的《福克纳的神话》（2008）在《福克纳评论集》的基础上新添了不少有价值的资料，同年还出版了李文俊翻译的《福克纳随笔》。由宋慧翻译的福克纳散文集《一个旅客的印象》（2013）和由隋刚等翻译的埃里克·桑德奎斯特的著作《福克纳：破裂之屋》（2013）也相继出版。

在这一时期，西方的心理分析批评、美国黑人批评、女性主义、生态批评等都进入了研究者们的视野，显示出福克纳研究向纵深发展。刘建华探讨了福克纳笔下的“他者”——妇女、黑人、穷白人等，揭示出作家在其作品中蕴藏的深厚历史情感以及对社会各阶层命运的深切关怀。[①]朱振武从心理美学视域对福克纳小说的隐含形式与内在机制进行了探究，提供了新的研究范例。[②]朱宾忠梳理了福克纳和莫言各自的创作历程，对两者的文艺观念、创作主题、人物塑造以及艺术特色等几个方面进行了平行比较研究。[③]鲍忠明认为福克纳在黑人主题上的毕生努力是“最辉煌的失败”，是福克纳自己的“冲突的心灵”戏剧化地表现无数“冲突的心灵”的结晶。[④]李常磊、王秀梅结合宏观的理论研究，对福克纳作品中的过去、现在和未来的形式、性质、内容以及三者之间的关系进行了探讨，可以说在广度与深度方面都对国内福克纳研究起到了极大的推动作用。[⑤]蔡勇庆将福克纳作品中所体现出的生态意识、身份认同、时间意识等层面，纳入生态神学的批评视野进行了探讨。[⑥]陶洁的《福克纳研究》（2013）对福克纳的生平和部分作品做了详细的分析，对于世

---

① 刘建华：《文本与他者：福克纳解读》，北京：北京大学出版社2002年版。

② 朱振武：《在心理美学的平面上：威廉·福克纳小说创作论》，上海：学林出版社2004年版。

③ 朱宾忠：《跨越时空的对话：福克纳与莫言比较研究》，武汉：武汉大学出版社2006年版。

④ 鲍忠明：《最辉煌的失败：福克纳对黑人群体的探索》，北京：北京理工大学出版社2008年版。

⑤ 李常磊、王秀梅：《传统与现代的对话：威廉·福克纳创作艺术研究》，北京：外语教学与研究出版社2010年版。

⑥ 蔡勇庆：《生态神学视野下的福克纳研究》，北京：中国社会科学出版社2012年版。

界各地的福克纳研究做了扎实的统计，这对于中国的福克纳研究无疑是起到了很好的借鉴作用。[①]王钢从基督教文化的角度建立了福克纳小说文本与宗教思想之间具体的审美关系，把文学文本的细读与基督教话语的丰富内涵聚合为文化诗学的阐释。[②]武月明从历史辩证的角度对美国南方特定历史条件下人与自然、与社会、与他人、与自我的伦理关系做出了符合历史实际的解释。[③]朱振武从美学、心理学、文化学等角度对福克纳的创作机制进行梳理，对其作品的主题和艺术特征进行综合性评价，并对中国的研究者和创作者对福克纳的接受和影响进行了深入的讨论。[④]李常磊、王秀梅分析了拉康镜像理论和福克纳作品的关联性，认为福克纳的时间艺术具有主体性，其价值在于利用美国南方的未来延伸到人类精神的建构。[⑤]张曦从语言、视角、结构等层面结合“约克纳帕塔法”世系小说的架构，对福克纳作品的叙事艺术做了系统性研究。[⑥]研究的文本对象从经典篇目到系列作品，研究的范围兼具内部研究和外部研究，并且有了跨学科研究的尝试和探索。

此外，福克纳研究不再局限于福克纳前期的经典作品，后期作品也得到了研究者们的重视，生态批评、叙事研究成为主要的研究

---

① 陶洁：《福克纳研究》，上海：上海外语教育出版社2013年版。

② 王钢：《文化诗学视域下的福克纳小说人学观》，天津：南开大学出版社2013年版。

③ 武月明：《爱与欲的南方：福克纳小说的文学伦理学批评》，南京：南京大学出版社2013年版。

④ 朱振武：《福克纳的创作流变及其在中国的接受和影响》，北京：人民文学出版社2015年版。

⑤ 李常磊、王秀梅：《镜像视野下威廉·福克纳时间艺术研究》，北京：外语教学与研究出版社2015年版。

⑥ 张曦：《威廉·福克纳小说叙事艺术研究》，北京：中国社会科学出版社2017年版。

方法，并且有较为明显的向多学科跨文化研究倾斜的趋势。程锡麟对《献给爱米莉的玫瑰》的叙述者和叙述声音进行了分析，探讨了小说的叙事时间和标题的名与实的问题。[①]朱新福认为《熊》探讨了人与自然的关系以及造成生态危机的原因，描绘了资本主义发展对大自然的破坏，反映了作者要求善待自然、尊重自然的生态意识。[②]武月明从生态伦理学批评入手解读福克纳的“大森林三部曲”，认为作者将人与大自然作为作品的主角，后者甚至超越了前者，她将福克纳作品中的人与自然的关系上升到伦理的高度，体现了福克纳前瞻性的生态主义伦理观。[③]

二十一世纪，福克纳研究吸引了更多的年轻学者，更多的作品进入了研究者的视野，并且研究方法和视角上都得到了拓展和深入，这些研究成果对于我们理解福克纳的作品都做出过重要贡献。但是不足之处也很明显：上述研究成果涉及福克纳小说内容和形式方面的诸多问题，由于不同的视角及批评者的个人喜好，福克纳的有些作品被过度阐释。仅以“《喧哗与骚动》”为关键词在“中国知网”上搜索，1985年到2021年5月与该作品相关的中文研究文献有1005篇，但相当一部分属于简单的重复研究；有些作品比如福克纳前期、后期的作品得到的关注度不高，研究成果不够系统，缺乏对福克纳小说的整体性把握。

二十世纪后期出现“空间转向”后，一些学者开始从空间叙事

① 程锡麟：《献给爱米莉的玫瑰在哪里？：〈献给爱米莉的玫瑰〉叙事策略分析》，《外国文学评论》2005年第3期，第67–73页。

② 朱新福：《经典重读：也谈小说〈熊〉的生态启示》，《苏州大学学报》2008年第4期，第90–93页。

③ 武月明：《论福克纳的生态主义伦理观》，《四川外语学院学报》2006年第3期，第9–12页。

角度解读福克纳作品。在中国，使用文学地理学的相关理论对福克纳的长篇小说进行研究，尚处于初步尝试的阶段。杨瑞仁的《沈从文·福克纳·哈代比较论》[①]和李萌羽的《多维视野中的沈从文和福克纳小说》[②]，从比较文学的角度对福克纳和其他具有地域特征的作家进行了平行研究，揭示了各自的创作特点、文化意蕴与文本价值。龙迪勇认为艾米丽小姐的屋子不仅显示了“‘过去’与‘现在’或传统与现代的关系”，而且也是“艾米丽小姐这个特定人物性格特征的空间表征物”；他还分析认为《押沙龙，押沙龙！》中的房屋嵌进了人物的命运。[③]代晓丽的《福克纳小说叙事修辞艺术》分析了《押沙龙，押沙龙!》中物理场景和地理场景的叙事性；[④]葛纪红的《跨越时空的叙事：福克纳小说研究》分析了地理意象叙事的诗性特征；[⑤]朱振武的论文《威廉·福克纳小说的建筑理念》分析了福克纳在不同作品中对房屋的描写，指出福克纳“借助建筑使读者集中和聚焦于小说的叙事，以达到更好地刻画人物和表达创作主旨的目的”。[⑥]上述从文学地理学的角度对福克纳小说所进行的研究，表明中国学者开始意识到福克纳小说中独特的地理审美意义，但是

---

① 杨瑞仁：《沈从文·福克纳·哈代比较论》，北京：中国文联出版社2002年版。

② 李萌羽：《多维视野中的沈从文和福克纳小说》，济南：齐鲁书社2009年版。

③ 龙迪勇：《空间叙事研究》，北京：生活·读书·新知三联书店2014年版。

④ 代晓丽：《福克纳小说叙事修辞研究》，北京：中国社会科学出版社2014年版。

⑤ 葛纪红：《跨越时空的叙事：福克纳小说研究》，镇江：江苏大学出版社2015年版。

⑥ 朱振武：《威廉·福克纳小说的建筑理念》，《四川外语学院学报》2005年第3期，第4–9页。

它们聚焦的对象是笼统的美国南方地域文化特征，或是单一的地理意象的叙事特征，或是某部作品的单一地理要素特征，缺乏整体系统性的地理研究。

其他相关的研究成果主要聚焦于福克纳小说中的结构空间，比如：朱婷婷分析了《押沙龙，押沙龙!》中时间的停滞与空间的平衡同步生成的问题；[①]管建明认为，福克纳在其作品中使用一些现代性的艺术手段，比如时序错置、意识流、多角度叙事和多线索叙事等，有利于表现真实生活的复杂性，并且在小说结构上形成一种并列对照，这充分证明福克纳独特的叙事艺术与其小说美学思想之间的关系密不可分。[②]王欣、石坚在其论文《时间主题的空间形式：福克纳叙事的空间解读》中，聚焦于福克纳小说的空间形式，从空间并置、人物的空间存在和纯粹时间三个层面进行分析，认为福克纳叙事中的空间形式不仅体现出作家对现代小说形式本身的执着追求，也反映出作家对哲学问题比如时间的深刻思索。上述研究不足之处在于涉及的作品多为《喧哗与骚动》，观点无甚创新，大多源于萨特对福克纳的时间研究观点，并没有深入到福克纳作品中复合时间的建构模式以及力图对世俗时间超越的倾向。[③]刘道全在《论福克纳小说的空间形式》一文中也分析了福克纳小说结构上的空间形式特点以及其在叙事安排上的创新性和实验性。[④]这些都是后现代

---

① 朱婷婷：《西方小说空间符号功能研究》，南京师范大学博士论文，2012年。

② 管建明：《福克纳叙事艺术中的时间和空间形式》，《外语教学》2003年第4期，第72–76页。

③ 王欣、石坚：《时间主题的空间形式：福克纳叙事的空间解读》，《外国文学研究》2007年第5期，第124–130页。

④ 刘道全：《论福克纳小说的空间形式》，《国外文学》2007年第2期，第71–77页。

主义的抽象的或者哲学意义上的空间研究，是指对文本的“空间形式”的研究，真正意义上的文学地理学空间指实实在在具有地理特征的、能够激发读者审美想象的空间。上述这些研究成果或是突出文化的地域研究，或是零散的地理空间要素的叙事研究，或是具有哲学或抽象意义上的空间结构研究，都不是严格意义上的文学地理学批评。国内福克纳研究的问题意识和视野还有待提升和创新。福克纳本人的思维方式、地理思想、创作机制等最基本的诗学问题的揭示，还有更大的研究空间。基于这样零散无序、亦步亦趋的研究现状，福克纳研究要想有所突破，文学地理学批评视野值得尝试。纵观上述研究成果，不难看出福克纳小说在国内外的文学地理学研究还处在起步阶段，还有很大的发展空间；福克纳长篇小说的文本特色也适宜文学地理学的批评方法。

在文学地理学研究方面，中外学者们多是选取一到两部作品进行叙事空间分析，这里的空间是经过逻辑分析之后得出的抽象空间，并非实体或物质可感的空间。当代的空间哲学为了达到客观整体化效果，往往侧重于对空间表征的符号化研究，忽视地方的主观性经验。真正从文本出发研究福克纳小说中的地理空间的论文极少，也没有把福克纳小说的空间建构放在一个整体的系统中进行全面、深入的研究。本书注重研究的整体性，首次集中深入地探讨福克纳十二部长篇小说中建构的地理空间，扩展了其长篇小说的研究范围。这十二部作品除了《野棕榈》之外，都属于福克纳的“约克纳帕塔法”世系小说，该系列的长篇小说彼此之间有很强的互文性。因此，笔者认为将这些作品放在一起研究有利于对福克纳的创作做出整体性、系统性的评价。

本书突出研究问题的集中性，主要集中研究福克纳长篇小说地理空间的建构问题。从文学地理学批评的角度，聚焦于福克纳长篇小说中的意象、景观以及地方等地理空间元素，对福克纳的长篇小说进行新的解读。福克纳小说中丰富的地理空间与作者现代主义叙事手法、小说中人物情感的复杂性以及小说多重性主题及其文化意义紧密相连；除了具体的文本分析，地理空间也与福克纳本人地理思想的来源联系在一起进行分析，并提升到理论的高度进行全面观照，深入解析福克纳的美学思想以及体现出的地理诗学观念，揭示其小说中地理空间所蕴涵的审美意义。本书力图结合文学地理学和空间批评的相关理论，不仅因为文学地理学批评是文学研究的一种新视角，同时针对当下文学批评中过分强调意识形态因素、忽视作品审美价值的倾向，文学地理学批评不啻为对此的一种纠正。文学地理学研究话语也可以有效克服上述研究的零散性，以及抽象的空间结构性等方面的局限，切实推动福克纳研究在中国的发展。

本文立足于小说文本细读，聚焦于文本中地理空间的建构特色及其叙事艺术，从人地关系的角度来研究人与地理空间的互构问题，从而揭示作者的地理审美思想，通过对福克纳作品地理内涵的延展发掘，力争对现有的福克纳研究有所突破。如此，通过对福克纳长篇小说中地理空间的深入研究，通过文本批评实践回归文学本体研究，不仅领略到福克纳艺术表达的美学价值，而且认识到长篇小说中通过地理空间反映出来的人类学、社会学等方面的意义和价值。从外在的地理空间深入到人类个体的内心世界，从具有地域特色的美国南方走向全世界，福克纳的作品跨越了时空、种族、性别和阶级的限制，体现了作者对于人类普世价值的守望和关怀。

第二节 文学地理学与文学地理批评

文学地理学在当今的中外学术界是一个高频词，其对应的英文是literary geography。顾名思义，文学地理学由文学+地理+学三部分构成，或者说由文学+地理学即literary + geography两部分构成。文学和地理（或地理学）的并置联姻显示出两者（或三者）之间密不可分的关系，在现代语境下不难看出这个术语较为明显的跨学科色彩。

由于文学和地理学（literary 和geography）这两个概念本身在时间和空间里的发展变化，又加上中外研究者学术背景、学术追求的不同，文学和地理之间的关系定位以及文学地理学的定义也不尽相同。但是不管哪种定位和定义，文学和地理（或地理学）的关系是首先要明确的关系。这一问题的溯源可以从文学和文化地理学入手。首先，文学是文化地理学研究的重要内容之一或研究分支之一，从中不难看出文学与文化地理学的关系的紧密性。而文学与地理的关系与生俱来，地理是文学的土壤，是文学的生命依托。迈克·克朗在《文化地理学》第四章专门讨论文学与地理的关系，认同达比的如下观点："作为一种文学形式，小说具有内在的地理学属性。小说的世界由位置与背景、场所与边界、视野与地平线组成。小说里的角色、叙述者以及朗读时的听众占据着不同的地理和空间"。[1]同时，"文化景观可以视为一系列符号，这些符号的文化意义是我们确定景观价值的依据。景观还可以是某个社群的精神象

---

① 迈克·克朗：《文化地理学》，杨淑华等译，南京：南京大学出版社2005年版，第55页。

征物，是人们社群认同的对象”。[①]文学作品（特别是小说）是时间与空间的统一体，文学通过想象建构进行的有关地理的叙事，所要关注和表达的也是人与空间的互动关系。这一互动过程所表现的价值和意义，是对所存在世界的心灵体验，因此文学中的地理意象、地理景观和地方成为折射价值观念的象征系统。地理意象、地理景观不再是小说叙事描写的单纯对象，而是表达某种主观情感或思想的载体。可以说，是在客观存在和与人类文化活动的主观感受的相互作用下，这些地理空间元素才成为动态的象征系统。在此意义上，文学和地理的关系毋庸置疑，文学地理学有其存在的理论依据和事实基础。

本书冠名为“福克纳小说的文学地理学研究”，在进入具体的文本批评之前，有必要对相关概念进行进一步的梳理以及对研究重点进行简要介绍，这既可以明确本书的理论研究基础，也有助于读者对于本书的理解。

一、文学地理学的发展演变

文学地理学（literary geography）在西方的发展经历了一个由宽泛到逐渐明确再到多向扩容的过程。首先literary geography中的literary本身定义的变化，在西方文化里，literary的概念比中文里的文学要宽泛得多，它既可以指文学类的作品，也可以指其他学科比如“科学、艺术、哲学、政治等等方面的著作”。也就是说literary既包括汉语里专指的文学作品，也包括其他学科的文献资料。比如不管哪个专业的硕博论文的文献综述都称之为literary review。geography这

① 周尚意：《文化地理学研究方法及学科影响》，《中国科学院院刊》2011年第26卷第4期，第417页。

个词由geo加上graphy两部分构成，从词源学上看，geo表示“大地”或“土地”，这是现代意义的“地理”概念中最基本的要素；英文graphy与希腊语gram同源，本意为“写”或“描述”，比如biography传记（关于一个生命体的描述），topography地形学（对地方的描写）等。所以从词源上来讲，geography就是表示地理学或“描述地理学”，意即对土地的有关记录或描写。根据美国学者杰弗雷·马丁的梳理，早期的“描述地理学”建立在数学和文学这两个传统之上。[①]其中文学传统的依据是荷马史诗，因为在《伊利亚特》和《奥德赛》中，荷马的地理想象交织着真实与虚幻、科学与神话。比如《伊利亚特》中的特洛伊城来源于当时真实可感的地理，而《奥德赛》中的各种地方则投向更远的地理空间，其中不乏荷马的神奇想象。而后续的“描述地理学”主要体现在旅行记、历史著作以及地理专著等三种文体之中。希腊化时代，亚历山大大帝大举东征，其随行的智囊团留下了《行军测量日记》《航行记》等富有珍贵历史价值的地理描述；同时期，希拉克利特的《希腊城市指南》、麦加斯梯尼的《印度记》、毕提亚斯的《海洋》等专著也是“描述地理学”的经典之作。罗马帝国时代更是出现了斯特拉波长达十七卷的辉煌巨著《地理学》。[②]这些“描述地理学”的经典著作更多地具有数学或地理的客观性描述，不难理解早期的文学地理学只是地理学研究的一种方式，或者说此阶段的文学地理学更多地体现出了一种地理文献的历史价值。

启蒙运动时期，意大利的维科在1725年提出了“诗性地理”

① 杰弗雷·马丁：《所有可能的世界：地理学思想史（第4版）》，成一农等译，上海：上海人民出版社2008年版，第2–8页。

② 梅新林、葛永海：《文学地理学原理》（上卷），北京：中国社会科学出版社2017年版，第56–59页。

的概念，1748年法国的孟德斯鸠在其代表作《论法的精神》中提出了“地理环境决定论”的观点，这对于广义的文学研究来说都是理论创新的尝试。随后，德国的康德在其《自然地理学》首次使用了“文学地理学”这一说法；马蒙泰尔在《文学要素》（1787）、斯达尔夫人在《论文学》（1800）和《论德国》（1813）、丹纳在《英国文学史》《艺术哲学》（1865—1869）等有关著作中也提到了“文学地理学”概念，但是他们的研究大都属于广义文学概念上，研究的并不是真正意义上的文学问题。二十世纪法国学者迪布依和费雷分别出版了《法国文学地理学》和《文学地理学》两本专著。至此，不管是哪个时期的文学地理学学者，都将文学地理学作为地理学下的一个分支，并且他们的研究内容多聚焦于影响研究，意即地理对于作家及其创作的影响，以及作家的地理分布等静态的外部研究，极少涉及文学作品研究，从中可以看出文学地理学研究在地理学研究中的从属或分支地位。

直至二十世纪九十年代，受“空间转向”的大势影响，文学地理学转向了多向扩容的阶段。比如法国学者米歇尔·柯罗提出了文学地理学研究的三个核心概念：“首先是文学地理学，它研究在作品中制造的空间语境，这种语境同时处在地理、历史、社会与文化的层面上；其次是地理批评，研究在文本中的空间再现，处在集体想象与主题学的层面上；再次是地理诗学，研究在空间、文学形式和文学体裁之间的关系，抵达一种关于创作潜能的诗学，即关于文学创作的理论”。[①]法国的贝特兰德·韦斯特法尔和美国的罗伯特·泰利是二十一世纪最活跃的文学地理学研究者，他们都专注

---

① 米歇尔·柯罗：《文学地理学、地理批评与地理诗学》，姜丹丹译，《文化与诗学》2014年第2期，第232-233页。

“地理批评”的理论探索和批评实践。还有美国的弗朗哥·莫雷蒂、埃里克·布尔逊等专注文学地图理论的构建和批评实践研究。他们的理论和实践丰富和深化了文学地理学的发展。从学科专业性来看，文学地理学已经脱离了原先隶属于地理学或文化地理学分支的限制，逐渐在向专业的文学研究靠拢，并且研究方向兼具内外研究，初步形成一门科学体系。值得注意的是，不管文学地理学如何蓬勃发展，欧美的文学地理学在主流的文学研究中都是处于一种补充提供多样化研究视角的地位，似乎没有哪一个国家或哪一个学派将文学地理学作为一门学科来发展。

在中国，文学地理学与其他学科或批评方法不同，不是对外国文学理论的简单引进、复制或改良，而是颇具中国特色的本土话语性。首先。文学地理学在中国经历了更为悠久的发展历史。根据曾大兴在其《文学地理学概论》中的说法，中国的文学地理学发展分为三个阶段：片段演说阶段（《诗三百》到二十世纪初）、系统研究阶段（二十世纪初到2011年）、学科建设阶段（2011年至今）。其中每个阶段对应的标志性事件分别为公元前544年的季札观乐、1905年刘师培发表《南北文学不同论》一文、2011年中国文学地理学会的成立。[①]曾大兴还梳理指出中国最早的文学地理学思想或者说文学地理学意识甚至可以追溯到《诗经》（最初搜集整理时叫《诗三百》），其中从民间采集的“风”涉及“十五国风”，可算是中国最早的文学地理学实践。公元前544年的季札观乐事件见于《左传·襄公二十九年》。春秋时期吴王寿梦的小儿子季扎在鲁国受邀欣赏周乐，他对十三国风的评价显示出其鲜明的区域意识或地方意识，具有文学地理学批评的萌芽特征。《左传》《礼记》《吕氏春

① 曾大兴：《文学地理学概论》，北京：商务印书馆2017年版，第367页。

秋》《山海经》《史记》《汉书》等历史典籍中也含有丰富的文学地理学实践和批评理论的探讨。特别是东汉的班固，在《汉书》中不仅如实记载了汉代的文学地理学实践，而且把当地的风俗和民歌进行了对比研究，最重要的是揭示了人文地理环境影响文学的途径："单纯的自然地理条件或政治教化，均不能对文学构成直接的影响，只有二者相互作用，形成一地之风俗，才能对文学构成影响"。[①]班固的这一观点较之于一千五百年之后孟德斯鸠的"地理环境决定论"，显然更为客观、科学。魏晋南北朝时期是中国文论发展的高峰期，陆机的《文赋》、刘勰的《文心雕龙》以及钟嵘的《诗品》等著作丰富了文学地理学的理论发展和批评实践。

陆机的《文赋》开篇就阐明人文环境和自然环境的共同作用有助于生发文学创作的灵感；刘勰的《文心雕龙·物色》厘清了气候、物候与文学的关系："四时气候的变化（"春秋代序，阴阳惨舒"）引起物候的变化（"岁有其物，物有其容"），物候的变化触发文学家的生命意识（"物色之动，心亦摇焉"）"。[②]"气候→物候→文学家的生命意识→文学作品"这一路径揭示了文学创作的发生机制。这在钟嵘的《诗品·序》开篇中得到了呼应："气之动物，物之感人，故摇荡性情，形诸舞咏"。《文心雕龙》中"江山之助"文学命题的提出、文学与空间关系的哲学升华以及区域文学的比较研究，这些既是文学地理学批评实践，也是文学地理学批评理论的进一步深化。

唐朝的魏征在《隋书·文学传序》中，对共时性的魏晋南北朝文学做了南方文学和北方文学的比较研究，推动了"区域研究法"

① 曾大兴：《文学地理学概论》，北京：商务印书馆2017年版，第373页。
② 曾大兴：《文学地理学概论》，北京：商务印书馆2017年版，第378页。

的发展。从此以后，南北文学的比较研究成了一个经典，这比西方斯达尔夫人提出的南北文学概念要早几百年。明清时期，中国的文学地理学理论探索和批评实践继续发展，同时文学流派和文学社团大量涌现。竹林七贤、花间诗派、永嘉四灵等在明清之前颇为引人注目，但是明清时期的文学流派和文学社团不管在数量还是在规模上，均远超前朝。之所以引人注目，是因为这些文学流派和文学社团，特别是“清代的文坛基本上是以星罗棋布的地域文学集团为单位构成的……地域诗派的强大实力，已改变了传统的以思潮和时尚为主导的诗坛格局，出现了以地域性为主的诗坛格局”。[①]文学流派和文学社团的地域性特征鲜明地反映了文学地理学意识和思想的发展。与文学流派和文学社团大量涌现相呼应的是以地域命名的文学总集的大量出现。“《中国丛书综录》汇编类列于郡邑一门的丛书有75种……而集部总集类列于郡邑一门的丛书有77种……仅中国社会科学院文学研究所就藏有地域诗文总集约400种”。[②]

随着中西文化的交流，晚清文学地理学逐渐引进和借鉴了西方近现代人文地理学的相关理论。“中国地理学史上最早介绍西方近代地理学思想第一人”梁启超，第一次使用“文学地理学”这个概念，并且引入了“人地关系”、“地理环境决定论”等人文地理学研究的主要内容和地理学思想，开启了中国现代意义上的文学地理学系统研究阶段。

二十世纪，刘师培的《南北文学论》（1905）、王国维的《屈子文学之精神》（1908）发展了中国南北文学的地域研究传统。

---

① 蒋寅：《清代诗学与地域文学传统的建构》，《中国社会科学》2003年第5期，第167–168页。

② 蒋寅：《清代文学与地域文化》，傅璇琮、蒋寅总主编：《中国古代文学通论（清代卷）》，沈阳：辽宁人民出版社2004年版，第301页。

顾颉刚的《孟姜女故事研究》（1927）和汪辟疆的《近代诗派与地域》（1934）为二十世纪的中国文学地理学研究也做了有价值的尝试。另外一些同时期的文学家和批评家也发表过相关的言论，但是缺乏系统的理论探讨和严密的批评实践。从新中国诞生至二十世纪八十年代初期，“地理环境决定论”受到批判，文学地理学的发展处于沉寂阶段。八十年代中后期，随着国内“文化热”和“方法热”的兴起，中国的文学地理学研究重新发展起来。金克木的《文艺的地域研究学设想》首开先河，九十年代至二十一世纪初，中国的文学地理学研究进入蓬勃发展的时期。有关文学地理学的论文和专著呈现迅猛增长的态势，从1990年到2010年的二十年间，中国大陆发表的相关论文多达931篇，中国大陆、台湾出版的专著多达215种。[①]这时期的研究内容主要集中在如下几个方面：文学家的地理分布、作品的地域特征与地域差异、文学与地域文化研究、地域性文学流派、文学群体研究等。[②]这些研究内容大部分没有涉及文学作品本身，属于文学的外部研究，充分显示了中国文学地理学研究的实证性特征。虽然实证性特征显示出了中国文学地理学研究者的扎实功底，但理论探讨的缺乏同时显示出中国文学地理学理论层面的底气不足。

进入二十一世纪，中国的文学地理学研究真正进入繁荣发展阶段。一方面更多的年轻学者加入文学地理学的研究队伍，据统计，在1990年到2010年在中国大陆发表的931篇有关文学地理学论文中，

---

① 李伟煌、曾大兴：《文学地理学论著目录索引》，曾大兴、夏汉宁主编：《文学地理学》，北京：人民出版社2012年版，第342–433页。

② 曾大兴：《文学地理学概论》，北京：商务印书馆2017年版，第401–403页。

硕博论文占比约30%，竟多达283篇。[①]另一方面，中国的文学地理学研究者的结构发生了显著的变化，之前的研究者基本上都是从事中国古代文学或文论研究，现在大量的现当代文学研究者和外国文学研究者、比较文学与世界文学研究者、文化研究学者、地理研究学者甚至历史研究学者都加入文学地理学的研究队伍。不同学术背景的研究者可以汇集更多的学术资源，在彼此的交流和碰撞中有利于批评实践的完善和文学地理学相关理论的更新。最重要的是，中国的文学地理学研究现在走向了理论自建的自觉阶段，并且把文学地理学作为一门专门的学科来建设。

中国学者梅新林认为“文学地理学是有机融合文学与地理学研究、以文学为本位、以文学空间研究为重心的新兴交叉学科或跨学科研究方法，其发展方向是成长为相对独立的综合性学科”。[②]他的定义明确了文学地理学的文学加地理学交叉学科性质及综合性发展方向，但同时他又承认文学地理学是一种跨学科研究方法，这显示出梅新林试图做出某种调和的努力。曾大兴将文学地理学定义为“研究文学与地理环境之间相互作用所形成的文学事象的分布、变迁及其地域差异的科学”。[③]这个定义明确指出文学地理学的学科性，这与曾文《建设与“文学史学”双峰并峙的“文学地理学”》[④]中的观点是相互呼应的，并且此定义规定了文学地理学的主要研究内容。虽然梅、曾两者的定义措辞不同，但他们关于文学地理学文

---

① 李伟煌、曾大兴：《文学地理学论著目录索引》，曾大兴、夏汉宁主编：《文学地理学》，北京：人民出版社2012年版，第342–421页。

② 梅新林：《中国文学地理学导论》，《文艺报》2006年6月1日。

③ 曾大兴：《文学地理学概论》，北京：商务印书馆2017年版，第1页。

④ 曾大兴：《建设与“文学史学”双峰并峙的“文学地理学”》，《中国社会科学报》2011年4月19日。

学本位的研究立场是一致的。曾大兴从学科理论体系、中国学者独特贡献以及学科独立性三个方面，得出了“经二十余年发展，文学地理学学科在中国已初步建成”的论断。①

综观之，从时间和空间跨度来看，文学地理学研究大致有三个阵地：以法国、德国、英国学者为主的欧洲板块（代表学者为法国的米歇尔·柯罗）、以美国、加拿大为主的北美板块（代表学者为美国的罗伯特·塔利）以及以中国、日本、韩国、新加坡为主的东亚板块（代表学者有曾大兴、杨义、梅新林、邹建军、海村惟一、郑羽洛等）。众多学者及其团队的共同努力使得文学地理学研究的内容初具规模和体系，既涵盖了文学地理学学术史和学科建设，也包括文学地理学理论体系的探索以及地理批评的大量实践。研究内容涵盖了文地关系（文学与地理环境的关系），文学家的地理分布，文学作品的地理空间及其空间要素、结构与功能，文学接受与传播的地域差异及其效果，文学景观的分布、内涵和价值，文学区的分异、特点和意义等。②

特别值得注意的是，作为一种本土原创学科理论，中国的文学地理学研究具有历史悠久、成果丰硕、实证研究突出等特征，更重要的是由于众多青年学者和外国文学研究者的加盟，当下国内外文学地理学研究既坚持文学本位研究，也在理论和实践中与空间理论、叙事学、心理学理论、文化理论、地缘政治等学科和理论融合，具有明显的跨学科以及应用性特征。在不断的探索中，文学地理学的发展不仅“为传统的文学研究提供了一种全新的视角和方法，解决了传统的文学研究所不能解决的诸多问题，丰富和深化了

---

① 曾大兴：《中国文学地理研究与学科建设》，中国社会科学网，2020年9月7日。

② 曾大兴：《文学地理学概论》，北京：商务印书馆2017年版，第1页。

人们对文学家、文学作品、文学理论和各种文学现象的认识和理解，展示了文学研究的诱人前景，也为人文地理学等相关学科的发展提供了新的素材和思路”。[①]文学地理学研究可以促进艺术和社会之间的互动，在实现艺术的审美价值的同时，为社会的发展提供实践借鉴意义。因此，越来越多的研究者意识到这项研究的价值和意义，正以科研和社会实践等形式推动文学地理学的发展。

二、文学地理学批评

文学地理学批评作为一种文学批评方法，与当下盛行的空间批评、生态批评、环境批评等批评方法有着相似之处，但也与众不同。文学地理学批评方法衍生出的批评术语，如地理基因、地理意象、地理景观、地理叙事、地理空间、地方、人地关系、地理制图、文学地图、文学制图等，表明了该批评方法与众不同之处。

本书研究的理论支撑主要是文学地理学批评的相关理论以及空间批评的相关理论。文学地理学批评近年来发展迅猛，已经成为中国文学研究中新的学术增长点之一。所以，首先要对空间批评和文学地理学批评的发展脉络，以及两者之间的关系进行简要的梳理。欧美的文学地理学研究是在西方空间理论发展和文化转向过程中产生的，西方的空间理论是一种全新的认知世界的方式，体现出一种研究范式的转变。文学地理学以最新的理论为指导，在此基础上衍生出文学地理学批评方法。作为一种新兴的文学批评理论，西方文学地理学来源于比较成熟的空间理论，以文本中具体的地理空间为审美对象，是文学与地理学相结合的批评理论。空间批评具有

① 曾大兴：《建设与“文学史学”双峰并峙的“文学地理学”》，《中国社会科学报》2011年4月19日。

泛化和抽象性的特征，而文学地理学批评关注于文学文本，使其在批评实践上更为具体、更有操作性，同时与文学的关系也更为密切。文学地理学批评关注的焦点是作家如何利用意象、景观和地方等元素进行地理空间建构，由对地理空间的审美感知进入审美判断，再上升到对地理空间背后文化或哲学意义的辨析，进而分析作者的美学思想等问题，这是一个由形而下到形而上的过程。地理空间的概念，毫无悬念地进入文化地理学和文学地理学的视野。在人地关系的研究中，文学地理学与文化地理学一样，都以具体景观和地域空间为考察对象，关注具体景观或地域是如何形成，是如何作为价值和意义的象征而呈现的。文学地理学研究的对象是作家利用想象力创造的虚构空间，文学地理学通过考察作家作品如何运用语言、构思、想象完成对场景、地方和空间关系的建构，文学空间的偶然性、暂时性、具体性和片段性，是包容着一般的特殊性，是历史时间的空间化。在具体的文学批评实践中，我们将文学地理学中的“地理空间”概念和巴赫金的“时空体”理论相结合，认为所有的小说都是时空的统一体。小说叙事通过地理空间建构，可以取代传统时间线性叙事，将时间物质化或者说将时间以空间的形式来表达，从而实现小说的多重叙事功能。

地方是空间象征系统中的一个核心概念。人文地理学意义上的地方或域界（place），和空间的区别在于：前者是人们赋予意义的，后者是没有意义的。[①]一个能以客观测量标准度量出来的空间，被人们赋予功能、情感的意义之后，就成为地方。地方的被建构性直接涉及文化研究本质，象征系统中的地方与空间合而为一，

① D. Gregory, R. Johnston, G. Pratt, M. Watts, S. Whatmore, *The Dictionary of Human Geography*（5th Edition）, West Sussex: Wiley-Blackwell, 2009: 539.

在文学研究中成为文学地理空间。地方就是地理意象和景观发生或存在的具体场所，意象和景观在具体的地方得以呈现和显示其存在的价值。地方不仅仅是所有地理意象和地理景观的整合，还包括人们能够体验到这个地方所具有的超越物质和感官上的意义，以及使人们产生情感依恋的独特的地方精神等本质因素。空间、地方和景观三者之间的关系是文化地理学关注的焦点，研究具体的地理环境中所隐含的意识形态和权力关系，人们如何在这种关系中产生地方认同、形成文化疆界、完成身份建构、改变空间地貌，形成新的人地关系。

文学地理学批评话语体系中，地理空间是由地理意象、地理景观和地方形态所构成起来的。文学地理学批评关注的焦点，是地理空间建构如何实现空间叙事，以及如何体现作者的意象化建构，从而发现空间建构的审美意义和社会价值。这跟文化地理学家必须研究特定情境中的生命本体经验过程，实现对地方的认知途径是一样的。但是，不管是在文学地理学发展最为繁荣的法国，还是后来紧追赶超的美国，他们的研究都有理论先行的特点，并且注重的焦点在于地理批评。西方文学地理学研究的这种发展对于文学与地理环境关系的观照显然产生制约，不可避免地影响了文学地理学的整体理论构建。

在欧美文学地理学历史上，以下三位学者不容忽视：法国的米歇尔·柯罗、波确德·维斯特伏和美国的罗伯特·塔利。根据米歇尔·柯罗的定义，文学地理学研究可细分为狭义的文学地理学、地理批评及地理诗学三个层次。狭义的文学地理学主要关注作家的地理分布，分析地域对作家创作的影响和作品中地理空间的建构；地理批评主要关注文学文本中的地理空间表象的建构原理，以及它们所表达出来的对世界的描述和理解；地理诗学则从学理角度系统研究文学地理学的概念、范畴、方法，建构一套完整的理论体系，为文学地理批评实践提供规范与指导。国外文学地理学主要是对文学文本的地理批评，是作为一种批评方法来使用的文学地理学，比如波确德·维斯特伏的《地理批评：真实与虚构的空间》（*Geocriticism: Real and Fictional Spaces*）具有明显的哲学特征，从理论和实践上对文学地理学做出了全面的阐释。空时性（spatio-temporality）、越界性（transgressivity）及指涉性（referentiality）等是波确德地理批评理论中使用的主要术语。其关注的重点是文学的内部研究，虽然在理论建构方面做出了成果，但只是主流文学理论界的补充，从未获得独立的学科地位。并且，波确德·维斯特伏把建筑或家居之类的私人空间排除在外，他强调地方一定是地理意义上的空间，对研究对象进行了一定的限制。但是，加斯通·巴拉什在其著作《诗学空间》里，把家宅、阁楼、卧室、地窖、楼道、厨房之类属于私人的空间纳入地理批评的范围。他认为这些都属于空间意象，因为在阅读体验中，这些意象会给读者带来某种程度的心灵反映。

美国罗伯特·塔利受詹姆逊的“认知地图”理论的启发，采用“文学制图”这一特定术语来分析作家的创作过程。作家是通过绘制社会空间地图来表现其对世界的理解；“地理批评”对于罗伯特·塔利来讲则是一种阅读批评方法，对应于作家的“文学制图”，批评家要绘制出一幅文本的“认知地图”，用来检阅或解码作家最为基本的制图策略。其文学地理学的理论，融合了当代空间哲学和地理学学科思想，具有比较明显的跨学科性质。罗伯特·塔利相关的文学地理学著作有三部：《空间性》《麦尔维尔、绘图和全球化：美国巴洛克作家的文学制图》和《全球化时代的乌托邦：空间、再现和叙事》，与文学地理学相关的论文有《地理批评和经典美国文学》《地理批评：绘制文学空间地图》和《文学制图：空间、再现和叙事》等。他还把波确德·维斯特伏的《地理批评：真实与虚构的空间》的法文版翻译介绍到美国。他编写的《地理批评探索：空间、地方以及绘制文学文化研究地图》[①]一书中，收录了艾瑞克·普瑞托的《地理批评、地理诗学、地理哲学及其他》和斯坦·帕兹·莫斯兰德的《文学中的地方呈现：通往体现地理诗学的阅读形式》等文章。前者针对当下空间表征符号的研究泛滥，强调具有主观性经验的地方研究的重要性；[②]后者肯定了波确德的“多重感觉性”，从读者接受的角度提倡对文学文本进行体验式的身体阅读。[③]根据2021年3月的统计，从2014年到2020年，由Palgrave Macmillan出版、罗伯特·塔利担任主编的“地理批评与文学空间研究”（Geocriticism and Spatial Literary Studies）系列丛书已经出版了

① *Geocritical Explorations: Space, Place and Mapping in Literary and Cultural Studies*, ed. Robert T. Tally Jr., New York: Palgrave Macmillan, 2011.

② Eric Prieto, “Geocriticism, Geopolitics, and Geophilosophy and Beyond”, *Geocritical Explorations: Space, Place and Mapping in Literary and Cultural Studies*, ed. Robert T. Tally Jr., New York: Palgrave Macmillan, 2011: 13–28.

③ Sten Pultz Moslund, “The Presencing of Place in Literature: Toward an Embodied Topopoetic Mode of Reading”, *Geocritical Explorations: Space, Place and Mapping in Literary and Cultural Studies*, ed. Robert T. Tally Jr., New York: Palgrave Macmillan, 2011: 29–46.

32本著作。[①]该系列既有文学地理批评理论的探讨，又有具体文本的分析；研究的作品既有小说也有诗歌等题材，既有经典作家的作品也有流行小说；研究对象的地理范围从北美洲大陆扩展到欧洲、亚

---

① “地理批评与文学空间研究”（Geocriticism and Spatial Literary Studies）系列丛书具体书目如下（根据2021年3月的统计）：*Mapping Tokyo in Fiction and Film* by Thornbury, B. E. (2020); *Postmodern Time and Space in Fiction and Theory* by Kane, M. (2020); *Exploring the Spatiality of the City across Cultural Texts* by Kindermann, M. (Ed), Rohleder, R. (Ed) (2020); *Contemporary Nordic Literature and Spatiality* by Malmio, K. (Ed), Kurikka, K. (Ed) (2020); *Spaces and Fictions of the Weird and the Fantastic* by Greve, J. (Ed), Zappe, F. (Ed) (2019); *The Poetics of Space and Place in Scottish Literature* by Szuba, M. (Ed), Wolfreys, J. (Ed) (2019); *Nature and Space in Contemporary Scottish Writing and Art* by Manfredi, C. (2019); *Geofeminism in Irish and Diasporic Culture* by Mulligan, C. M. (2019); T*opographies of Caribbean Writing, Race, and the British Countryside* by Johnson, J. (2019); *Virginia Woolf's Rooms and the Spaces of Modernity* by Zink, S. (2018); *Geography and the Political Imaginary in the Novels of Toni Morrison* by Beavers, H. (2018); *Space, Place and Poetry in English and German, 1960–1975* by Thomas, N. (2018); *Mapping Home in Contemporary Narratives* by Bida, A. (2018); *Poe and Place* by Phillips, P. E. (Ed) (2018); *Cartographies of New York and Other Postwar American Cities* by Manolescu, M. (2018); *Lines of Geography in Latin American Narrative* by Madan, A. S. (2017); *Walking Virginia Woolf's London* by Larsson, L. (2017); *Scale in Literature and Culture* by Tavel Clarke, M. (Ed), Wittenberg, D. (Ed) (2017); *Reading the Past Across Space and Time* by Schildgen, B. D. (Ed), Hexter, R. (Ed) (2016); *Hemingway's Geographies* by Gruber Godfrey, L. (2016); *Popular Fiction and Spatiality* by Fletcher, L. (Ed) (2016); *Ecocriticism and Geocriticism* by Tally Jr., R. T. (Ed), Battista, C. M. (Ed), Saville, (Ed) (2016); *Time, Literature, and Cartography After the Spatial Turn* by Barrows, A. (2016); *Women and Domestic Space in Contemporary Gothic Narratives* by Soon, A., Soon Ng, A. H. (2015); *Spatiality and Symbolic Expression* by Richardson, B. (2015); *Africa's Narrative Geographies* by Crowley, D. (2015); *The Geocritical Legacies of Edward W. Said* by Tally Jr., R. T. (Ed) (2015); *Geoparsing Early Modern English Drama* by Matei-Chesnoiu, M. (2015); *Literature's Sensuous Geographies* by Moslund, S. (2015); *Spatial Engagement with Poetry* by Yeung, H. (2015); *Literary Cartographies* by Tally Jr., R. T. (Ed) (2014); *Cosmopolitanism and Place* by Johansen, E. (2014).

洲、非洲和拉丁美洲等地。这个系列是目前美国文学地理学最新的研究成果，充分体现了美国的文学地理学批评在文学研究方面的前沿性和实用性。

西方文学地理学批评对象主要是具体文本，研究具体文本中地理空间的建构方式，注重美学意义及意识形态意义的揭示。文学地理学在中国不仅仅是作为一种批评方法得到发展，伴随着文化批判的兴起、欧美空间理论的引入以及理论意识的觉醒，已由现象研究发展到自觉的学科建设，并且形成了以下特色：对传统文学研究方法的传承性，比如重视实证研究；对西方理论资源的容纳性，如杨义倡导的多维文化性，梅新林的“场景还原”“版图还原”等；对文学地理学学科建设的自觉性，如曾大兴的系列著作《文学地理学研究》《气候、物候与文学：以文学家生命意识为路径》和《文学地理学概论》等相继出版，中国的文学地理学年会每年都吸引来自国内外的专家参会交流，这些著作和文学活动充分说明了中国学者已经进入自觉的学科建设阶段。邹建军倡导的文学地理学批评，侧重点不在文学史研究，而在于具体文本的研读。他以具体文本分析地理批评研究进路的思想，与西方文学地理学批评殊途同归。在《我们应当如何开展文学地理学研究》一文中，他建议“从文学现象开始、从对具体作家作品的分析出发、关注中外文学批评史有关地理批评的理论与实践、科学研究方法与审美批评的结合、了解与认识当代西方的文学地理学等五个方面”[①]，较为详细地阐述了文学地理学批评的研究进路。针对具体作品的文学地理学研究，在文本细读的基础上从自然景观、地理环境、空间结构三个方面进行考

① 邹建军：《我们应当如何开展文学地理学研究》，《江汉论坛》2013年第3期，第23页。

量，最终的研究结果“就是寻求不同文学作品中地理空间各自不同的特点，并由此认识与理解作家的审美意识与艺术思维特征，从而更深入地理解作品、认识作家”。[①]邹建军提出了可供批评操作的地理意象、地理空间、地理叙事等文学地理学批评的专门术语，丰富了文学地理学批评的内容。他从文学内部研究的角度探讨文学地理学批评，将批评话语界定在文学性上，强调以文本为研究对象，以审美为主要目的，尤其关注文本中地理空间的建构，发掘文本地理空间建构的审美意义。

三、文学地理学批评相关术语

1. 地理意象

“地理意象”由“地理”与“意象”组合而成。要梳理“地理意象”这一术语，先得从“意象”说起。“意象”最早可以追溯到《周易》中的“立象以尽意”。东汉学者王充在《论衡·乱龙》首次使用合体的意象：“天子射熊，诸侯射麋，卿大夫射虎豹，士射鹿豕，示服猛也。名布为侯，示射无道诸侯也。夫画布为熊、麋之象，名布为侯，礼贵意象，示义取名也”。[②]在这里，意象具有明显的象征意义，根据箭靶上所绘图案就可以看出射箭者的身份和地位。关于“意象”的含义，《辞源》的解释简单明了：意思与形象。更具体地说，“意象”是由外在的“象”与内在的“意”构成的。而“地理意象”这一概念首先是由人文地理学家凯文·林奇在

---

① 邹建军：《我们应当如何开展文学地理学研究》，《江汉论坛》2013年第3期，第25页。

② 王充著，黄晖撰：《论衡校释》，北京：中华书局1990年版，第704-705页。

其《城市意象》中提出来的。此概念逐渐在历史地理学界得到认可和广泛使用。中国的历史地理学者张伟然认为“地理意象就是对地理客体的主观感知”。[①]在中国，作为文学批评概念的“地理意象”是由袁行霈在1983年提出来的，他把地理意象列为中国古典诗歌意象之一。后来袁行霈把“意象”细分为“物象”与“意象”，着重强调“意象”所特有的主观性特征。作为分支的“地理意象”理所当然体现了文学家对于地理意象的主观情怀与审美观照。杜华平把地理意象定义为“文学家对特定地理空间的印象经过艺术加工后，凝练为具有地理特征（如以地理事象的形式呈现）的形象”，并且认为“无论哪个层次的地理意象，其根本意义都是使外在于人的地理事物与人的意识或精神性活动沟通起来，并最终提升地理的审美意义”。[②]这一定义既立足于文学文本关于地理意象的虚构性，又强调了地理意象的客体存在特征。曾大兴认为文学地理学视域下的地理意象是“可以被文学家一再书写、被文学读者一再感知的地理意象，它们既有清晰的、可感知的形象，也有丰富而独特的意蕴”。[③]他还把地理意象具体分为实体性和虚拟性两种。实体性意象是指客观存在的并且被文学家一再书写过的，包括区域意象（如塞北、江南等）、地名意象（如长安、汨罗等）、地景意象（如黄鹤楼、桃花源等）和动植物意象（如陇头梅、西湖荷花等）；虚拟性意象则是指客观上并不存在、纯属文学虚构的，如《红楼梦》中的太虚幻境、《百年孤独》的马孔多镇等。本文所涉及的地理意象是指福克

---

① 张伟然：《中古文学的地理意象》，北京：中华书局2014年版，第13–14页。

② 杜华平：《文学地理学的多面相与学科融合》，《中国文学地理学会第六届年会暨首届硕博论坛论文集》（上），2016年，第32页。

③ 曾大兴：《文学地理学概论》，北京：商务印书馆2017年版，第326页。

纳文本中出现的具有地理特征的意象，既有实体性的也有虚拟性的。当文学作品中的地理意象成为被凝视的对象时，已然成为一种地理景观，常常和历史、记忆、地方感、共同体、身份等意识形态联系在一起的。所以地理叙事在传达人地关系时，可以地理意象为主要元素来进行空间建构；另外，地理意象与人物“情感结构”有着不可分割的内在联系，人物的内心感受或情感都可以通过地理意象来表达。所谓“一切景语皆情语”，也可以从这一意义上来理解。正是如此，地理意象本身的客观性特征与主观性、象征性相结合，成为地理叙事中使用的最基本、最活跃的因素。

2. **地理空间**

邹建军、张三夕认为文学作品中的地理空间，本质上就是“天地之物”，即“人在天地之间所能够看见的所有事物，东西南北、上下左右所构成的，大地、天空、风云雷电、水文、气象、物候等，都是重要的地理因素”。[①]曾大兴把地理空间具体分为三个层面：第一空间“是作为原型的客观存在的自然或人文地理空间”，第二空间是“文学家通过自己的地理感知和地理想象在文学作品中所建构的审美空间，这个空间以第一空间为依据，但是包含了作家的想象、联想和虚构，是主观与客观相结合的产物”；第三空间是“文学读者在阅读文学作品时，结合自己的地理感知和地理想象所再创造的联想空间，这个空间不是第二空间的而简单映像，而是第一空间第二空间与读者自己的想象联想相结合的产物”。[②]曾大兴特

① 邹建军、张三夕：《简论文学地理学对现有文学起源论的修正》，《文学地理学：中国文学地理学会第五届年会论文集》，广州：中山大学出版社2016年版，第41页。

② 曾大兴：《文学地理学的研究方法》，《人文杂志》2016年第5期，第61页。

别强调这三个层次的文学地理空间都离不开地理，这些空间都具有实体性或者客观存在性，与西方后现代批评语境下抽象的、符号化的空间是截然不同的。弗兰克在《现代小说的空间形式》中强调的是现代小说中的一种叙事空间，在叙事结构上可以取得一种抽象的空间叙事效果，比如橘瓣式、套盒式等等；而随着空间理论的盛行和“空间转向”之后，巴赫金的叙事学观点是把空间作为一种权利话语，大多数是从现象学的进路进行理论探讨或文本批评，也是抽象的、符号化的，与文学地理学界定的接地气的地理空间不一样。根据曾大兴的定义，地理空间具体来说是指“存在于文学作品中的以地理物象、地理意象、地理景观（地景）为基础的空间形态，如山地空间、平原空间、海洋空间、草原空间、乡村空间、都市空间等等”。并且他认为这些空间从本质上属于艺术空间的“地理空间，包括各种空间元素及其结构（组合）与功能，是解读作品的主题、思想、情感、人物和艺术表现方式的重要手段”。[①]台湾学者范铭如在《文学地理：台湾小说的空间阅读》中提出空间阅读的范围“包括抽象概念上大范围的‘空间’和范围较小且具有亲近明确性和认同特性的‘地方’，以至于尺度较小、形廓更具体的区域、乡镇、城市、社区、家园、自然界及聚落建筑种种景观”。[②]

曾大兴结合中国传统文学研究方法和西方文学地理学的相关理论，首次将文学地理学的方法归纳为系地法、现地研究法、空间分析法、区域分差法和区域比较法等五种。其中空间分析法在地理批评中是可以操作和实践的。文学作品中地方建构的过程，就是人

① 曾大兴：《文学地理学的研究方法》，《人文杂志》2016年第5期，第62页。

② 范铭如：《文学地理：台湾小说的空间阅读》，台北：麦田出版社2008年版，第35页。

类塑造地景并将历史和欲望书写于其上的过程，只有地方书写才能将各种抽象的空间关系具体化、特殊化，才能实现地方的集体意识表达。也就是说，空间并不仅仅是地理学意义上可测量的地方或场所，空间实际上容纳了不同的事件及其时间甚至传统，因此空间超越了其单一的物理特性，而成为某一事件或一系列事件存在其中的综合体。

综合上述文学地理学专家们对于地理空间的定义，本书所讨论的地理空间是指文学作品中，由地理意象、地理景观和地方等主要元素构成的审美空间。它们既有具体可感的客观性，又带有作品中人物或者作者的某种主观性特征。具体到本文所讨论的小说文本现实，福克纳构建的地理空间是作者实现其艺术创新、进行审美表达的手段，同时也是作者用于刻画人物、表达思想的载体。地理空间的内涵和外延超越了传统虚构作品中背景或场景基本性的功能作用。

3. 地理叙事

按照文学地理学的观点，文学作品是作家以自己的地理感知为起点，用文学作品的方式参与了人类精神文明的创造。不管是文学作品的产生还是具体的文学文本，与地理之间都是一种共生互进的关系，人物及其活动的空间避免不了与特定的地理发生关系。因此，地理叙事自始至终地存在于整部文学作品当中，每位作家由于地理感知和时代地域的不同，地理叙事也呈现出不同的特色。按照邹建军的定义，地理叙事“就是在特定的文学作品中，以地理景观、地理空间等地理因素作为表情达意的主要工具、艺术传达的重要方式，在文学作品的艺术传达上产生了创造性的意义”。[①]从这一

① 邹建军：《江山之助：邹建军教授讲文学地理学》，北京：中央编译出版社2014年版，第102页。

定义可以看出，地理叙事与从西方叙事学所衍生出来的伦理叙事、乡村叙事以及生态叙事、民族叙事不是一回事：后者或与作品主题表达相关，或是表述作品题材，而地理叙事“只是指在文学作品中以地理关注和地理因素为中心而形成的艺术表现手段，并在此基础上产生了不可替代的艺术优势”。[①]地理叙事不仅专注于“叙事”，还包括“抒情”与“描写”，因此地理叙事具有独立的理论建构意义和批评引导意义。

本书所论述的地理叙事是通过叙事文本的地理空间建构来实现的。地理空间是由自然地理意象如山川江河、人文地理意象如地域风情城市图景等，以及人类想象的奇幻世界（如爱丽丝漫游仙境）、技术创造的虚拟世界（如盗梦空间）构成的。这种地理建构既在推进情节、刻画人物、传达意旨等方面发挥着重要功能，具有内在的审美品质，同时又构成一幅社会人生的认知地图。这样一幅认知地图，是作家基于现实世界和个人情境的真实体验，可能是对时代风貌、民族精神的叙事呈现，也可能是对愿景世界的想象性投射。地理叙事通过多种艺术手法表现地理空间、地方与景观，呈现出空间的多元性和异质性，凸显个体生存、时代变迁和民族文化的具象情境。只有将人物和事件嵌入情境之中，人物才能活起来，才成为有血有肉有独特体验的个体。也只有在具体的空间关系中，情节的发展才成为可能，社会话语和权力的动态建构过程才能得到反映。过分侧重时间维度，人物和事件就显得抽象和空泛，只有将时空有机结合在一起，才能被称作是成功的叙事文本，这要求有地理叙事的参与。总之，小说中的地理叙事是至关重要的，关系到作品

① 邹建军：《江山之助：邹建军教授讲文学地理学》，北京：中央编译出版社2014年版，第102–103页。

是否真实可靠，关系到文学表达的本质属性，是审美对象化的集中体现。

王蒙评价《红楼梦》的叙事“时间是模糊的，是一团烟雾”，“事件不仅是相连的一条线，而且是散开的一个平面”。[①]福克纳小说的叙事不仅仅是平面，而且是具有立体感的多面体。杜华平认为“地理空间从哲学层面上突出人所依存寄托的外在世界的意义，它是一个哲学术语，而地理意象则是从文学、心理学领域产生，用于文学、心理学领域的术语，专指地理实体作用于人的心理、精神之后产生的印象”，“分析作品的地理空间其实就是在理解人物所生存的客观世界及其对人的意义，分析作品的地理意象主要目的是为了理解作品中的地理客体所投射的作家情感、思想、精神个性”。[②]在地理叙事中，通过象征、隐喻、拟人等多种修辞手法，意象和景观描写可以塑造环境、建构空间，可以表现人物、暗示冲突，还可以营造气氛、预示情节走向。在情节淡化的小说里，地理空间甚至还有结构小说的功能。每个地方都以其自身的独特性和与其他地方的差异性构成自身的疆域和边界。人地关系主要体现在地方认同或跨越边界两个方面。文学地理学批评语境下的空间和地方内涵与文化地理学相似，只是文学作品中的空间与地方是由作家文学想象建构的，也承担着审美功能，本身还是一种修辞手段。

---

① 王蒙：《红楼启示录》，北京：生活·读书·新知三联书店2005年版，第262页。

② 杜华平：《地理意象研究刍议》，曾大兴、夏汉宁、海村惟一主编：《文学地理学：中国文学地理学会第五届年会论文集》，广州：中山大学出版社2016年版，第72页。

第二章　福克纳小说中的地理空间建构与叙事

地理空间的本质是“天地之物”，具体是指“人在天地之间所能够看见的所有事物，其物理空间指向东西南北上下左右所构成，大地天空、风云雷电、水文、气象、物候等都是重要的地理意象”。[①]曾大兴把地理空间的构成要素分成隐性要素和显性要素：前者是指文学作品中人物或者作家的情感和思想；而后者包括文学作品中的景观（地景）、实物、人物和事件。[②]结合上述两种地理空间的界定，我们可以说地理空间的构成元素呈现出多样化的特点，又因为视觉的优先性，地理意象、地理景观和地方等空间要素成为地理叙事中最重要的元素。福克纳短篇小说《献给爱米丽的一朵玫瑰》中爱米丽小姐居住的房屋，就是典型的南方传统精神的标志物：她拒绝接受父亲去世的事实而把其遗体放置在房屋里不准下葬；她一生蛰居在那栋房子里，并且拒绝缴纳一个公民该缴的税款；当来自北方的情人不愿娶她时，她买砒霜毒死情人，就是在那

① 邹建军、张三夕：《简论文学地理学对现有文学起源论的修正》，《文学地理学：中国文学地理学会第五届年会论文集》，广州：中山大学出版社2016年版，第41页。

② 曾大兴：《文学地理学概论》，北京：商务印书馆2017年版，第143页。

栋房子里，爱米丽小姐与情人的尸体相伴多年，直到她死去后真相才大白于天下。爱米丽的房子，犹如南方社会的一座坍塌的纪念碑，实际上就是“过去”的标志物，是传统的南方淑女精神的标识物，是一个具有特定时间概念的地理空间。爱米丽所居住的房子实际上代言了她与外部世界的关系：既包括爱米丽与镇上他人的关系，也是传统与现代的关系。就像福克纳所说：“过去的从未消亡，甚至还未过去”。[①]这种微观的地理景观非常清楚地标识了美国南方特定的时间，实际上就是一种特殊的时间形式，体现了地理空间在叙事层面的作用与蕴涵。福克纳的长篇小说不像传统小说具有明显的线性时间逻辑，主要是通过类似的手法对地理空间加以掌控，即利用这种凝聚着时间的地理空间构建，静态的或是动态的，通过地理空间的确立、流动、变易等手段实现了小说叙事的功能。

福克纳小说特别是“约克纳帕塔法”世系中的地理空间建构可以说是一个系统工程。福克纳的第一部长篇小说《士兵的报酬》和第二部小说《蚊群》可算是他的试笔之作，不管在主题选择还是叙事手法上都有较为明显的模仿和跟风做派，看不出作家具有什么明显的地理意识。1925年，福克纳的文学领路人舍伍德·安德森明确向其提出如下建议：“你来自乡下，你所了解的就是你家乡密西西比北部的那一小块地方。但是那也不错，那也是美国；尽管小而且不出名，但是你把它扯出来，就像你扯掉墙上的一块砖，整个墙就会垮塌”。[②]很显然，福克纳接受了安德森的建议。这也是福克纳

① Fred Hobson, “The History of the Southern Gothic Sensibility”, *The Oxford American*, 1996,（October / November）: 16.

② William Faulkner, “Sherwood Anderson: An Appreciation”, *Sherwood Anderson: A Collection of Critical Essays*, ed. Walter B. Rideout, Englewood Cliffs: Prentice Hall Inc., 1974: 169.

把自己家乡邮票般大小的地方构建为“约克纳帕塔法”神话王国的最初灵感。福克纳的家乡密西西比州（Mississippi）北部的拉斐耶特县（Lafayette County）幻化成了“约克纳帕塔法”（Yoknapatawpha County）王国，他所居住的奥克斯福镇（Oxford）幻化成了杰弗生镇（Jefferson）。福克纳的家乡“成了宇宙王国的基石，虽小，如果拿走，整个宇宙就会垮掉”。[①]从第三部小说《沙多里斯》开始，“约克纳帕塔法”正式出现在福克纳的小说里，整个“约克纳帕塔法”世系的蓝图初现雏形。在每一部作品里面，福克纳利用地理意象、地理景观以及各种大小不同的地方，构建了整个“约克纳帕塔法”的地理空间。本书重点研究的福克纳长篇小说有如下十二部：《喧哗与骚动》（*The Sound and the Fury*）、《我弥留之际》（*As I Lay Dying*）、《圣殿》（*Sanctuary*）、《八月之光》（*The Light of August*）、《押沙龙，押沙龙！》（*Absalom, Absalom!*）、《去吧，摩西》（*Go Down, Moses*）、《没有被征服的》（*The Unvanquished*）、《野棕榈》（*The Wild Palms*）、《大森林》（*Big Woods*）以及斯诺普斯家族三部曲：《村子》（*The Hamlet*）、《小镇》（*The Town*）和《大宅》（*The Mansion*）。本书研究选取的小说文本除了《野棕榈》之外，其他的都属于福克纳“约克纳帕塔法”世系系列，但是由于每部小说地理空间建构的特征不同，本研究对每部作品的关注度也不一样。总体来讲，福克纳经典长篇小说，比如《喧哗与骚动》《圣殿》《我弥留之际》《八月之光》《押沙龙，押沙龙！》《村子》等，具有鲜明的地理空间建构特色，研究自然着墨较多；其他小说还包括部分经典短篇小说中的空间建构也会加以探究，因

① William Faulkner, *Lion in the Garden: Interviews with William Faulkner, 1926–1962*, eds. James B. Meriwether and Michael Millgate, New York: Random House, 1968: 255.

为作为“约克纳帕塔法”的有机组成部分，有助于对福克纳长篇小说的地理空间做整体的把握。

第一节　以地理意象为中心的微观空间与叙事蕴涵

作为一个独立自主的小宇宙，“约克纳帕塔法”这个神话王国充满了各种各样的植被和动物以及各种层次的人，包括里面的人和外面的人。“这个小宇宙中的植物具有现实层面和象征层面的双重意义”。[①]现实层面，指的是那些出现在福克纳小说中的动植物是当时美国南方具体存在或者说具有美国南方特色的客观存在物，这些动植物出现在小说中可以使小说叙事显得真实可靠；象征层面，指的是这些动植物还具有原型寓意或者很强的象征意义，因其与南方特定地理相关联，本书中称之为地理意象。

意象包括“物象”和“事象”，主要是由外在世界中具体的物和事在心灵中的影像构成：“意象基本上是空间性的：‘物象’是空间性的具体之物在心灵中的影像；‘事象’之事也涉及空间性的场景。对于叙事活动来说，主要面对的是‘事象’，有时也会面对‘物象’”。[②]“地理意象”是文学地理学批评中的一个术语，是指作家“以地理物象作为载体而表现自我感觉与想象、情感与思想而产生的一种心象”。[③]这些意象具有主观和客观相统一的特点。地理

① Elizabeth M. Kerr, *William Faulkner's Yoknapatawpha*: *“A Kind of Keystone in the Universe”*, New York: Fordham University Press, 1985: 18.

② 龙迪勇：《空间叙事研究》，北京：生活·读书·新知三联书店2014年版，第80–81页。

③ 杜雪琴：《易卜生戏剧地理空间研究》，武汉：武汉大学出版社2015年版，第32页。

意象的意义沟通了外在于人的地理事物与人的精神性活动，可以提升地理的审美意义。不可否认，地理意象的研究意义取决于其象征性。但是本书所研究的地理意象不限于其象征性，而是在充分阐释地理意象的丰富隐喻基础上提炼其叙事功能。地理意象作为构成地理空间的一种最基本元素，不仅关乎福克纳长篇小说的现代主义叙事内容和叙事策略，地理意象也是塑造人物、进行主题探索所使用的艺术手段。

福克纳研究学者伊丽莎白·科尔将福克纳小说中的象征或意象进行了分类："The natural, universal symbols, suitable to the rural and small-town settings, include the cosmos, the four elements, the weather, and other aspects of nature and geographical geatures of Yoknapatawpha County"。[①]其中四种基本元素指的就是土（土地）、水（河水、洪水等）、气（空气、天空）以及火（炉火、大火等）。在福克纳的小说中出现最多的意象就是土（土地）。比如在《修女安魂曲》中，福克纳几乎讲述了"约克纳帕塔法"从产生之初到二十世纪五十年代全景式的土地变迁。其他小说中涉及了不同历史阶段的土地被掠夺被蹂躏的事实。《押沙龙，押沙龙！》讲述了西部开发时像萨德本这样的边疆开拓者如何从印第安土著人手中获得土地，这些土地在黑人的帮助下如何得到开发利用，南北内战期间萨德本百里地如何成为一片荒芜之地等。在《沙多里斯》里，气（天空）缺失主要的意象，这与土地一项形成了鲜明的对比。因为土地作为一个地方形成的必要元素，代表着现实、成长、接受和生命，是给居住在这个地方的人提供安全感的最基本的要素。《沙多里斯》里的

① Elizabeth M. Kerr, *William Faulkner's Yoknapatawpha: "A Kind of Keystone in the Universe"*, New York: Fordham University Press, 1985: 10.

青年贝亚德，在婚后逐渐和生活达成了某种程度上的和解，他对在这片土地上特有的狩猎活动和季节性的种植园活动产生了兴趣。但是他在最后一次空中试飞时的自杀行为，很明显就是对于土地和生命的抗拒和放弃。土地与天空这两个地理意象的对比显然已经超越了地域性的寓意，把读者引向对生死等终极问题的追问。

火在福克纳的多部小说频繁出现过。但是火这个意象含义却不尽相同。对于昆丁来讲，火具有但丁笔下的炼狱之火，可以洗去罪恶羞耻，净化爱情。但是对于班吉来讲，火缺失爱和温暖。《八月之光》《坟墓的闯入者》《未被征服的》《修女安魂曲》以及《烧马棚》中，火具有很强的毁灭性，暗示了人性的弱点。《我弥留之际》中的火对于本德伦家的二儿子达尔来讲是终止腐败回归理性的象征，但是对于朱厄尔来说，却是对他的爱和承诺的考验，因为只有他坚定不移地从火中抢出了被达尔纵火烧着的棺材，再一次保证了母亲葬回娘家的遗愿。就像伽自力说的那样："水、火和鱼都带有强烈的神话和宗教寓意"。[①]不仅仅是这四种自然性或普世性的基本元素意象出现在福克纳的小说（比如《喧哗与骚动》和《走吧，摩西》中的土地，《八月之光》中的大火，《野棕榈》和《我弥留之际》中的洪水），其他或微观或宏观的自然意象（蝴蝶、马、草地等）以及大量的人文地理意象或景观，比如秋千、窗户、花香、铁路、家宅、交通工具等，都可以成为地理空间建构的元素。"人的各种感官功能有助于其对空间进行定向，即对空间关系的认识把握以及对不同空间特质的感知，因此可以说感官是地理性的"。[②]以

① Enrico Garzilli, *Circles Without Center: Paths to the Discovery and Creation of Self in Modern Literature*, Cambridge: Harvard University Press, 1972: 61.

② Paul Rodaway, *Sensuous Geographies: Body, Sense, and Place*, London: Routledge, 1994: 37.

下各小节就福克纳特定小说中突出的地理意象做梳理，主要分析其叙事功能和意义。

一、《喧哗与骚动》：多重感官意象

在《喧哗与骚动》的第一章班吉的叙述中，反复出现的微观地理意象就有花草树木、水、火等丰富的自然意象。班吉的意识自然流淌或无规则地随意跳跃，出现的地理意象却始终是清晰明朗的。班吉的视觉、听觉、嗅觉、触觉和味觉，相互作用，构建出充满立体性的感觉空间：攀绕的花枝、开花的树木、干枯的藤叶、枯黄的格格响着的花、绿花丛、湿湿的草地、沙沙作响的树叶和草地、普生家里客厅下面的那棵梨树、姐姐凯蒂身上无形而无处不在的树香、看得见听得到的炉火以及各种各样的水。特别是树香这种嗅觉意象，不管是在小说叙事中的空间建构还是在读者的阅读体验中，“Differentiated smellscapes thus offer an important perspective on the ‘micro-climatic “fragmenting of the atmosphere” ’ into compartmentalized and stratifies breathing spaces”。[①]这些地理元素在时间和空间中或是穿插跳跃或是叠加并置，在班吉的感官意识里互通来往。他眼中看到的、鼻子闻到的、耳朵听到的、皮肤感受到的，以及舌头尝到的各种感觉没有明确的分界线。他眼睛可以看到火，皮肤可以感受到火，耳朵也可以听到火。他可以蹲在水里用皮肤感受河水，也可以听到哗啦啦的流水声，甚至还可以闻到雨水的味道。可以说班吉的感官世界是六根通用的，那些被他看到听到闻到触摸到的事物，进入了他的感觉世界，并且班吉对它们做出了反

① Hsuan L. Hsu, “Naturalist Smellscapes and Environmental Justice”, *American Literature*, 2016, 88（4）: 791–792.

应，也就是说，事物被他所感知。这种通过六根互用构建的感知世界是一个有机的整体。这与通过理智分析和把握的世界截然不同。“理智有一种基本的需要，即通过区分来确定事物。而直接的感性经验首先是通过事物如何结成一个整体来给我们以印象的”。[①]

班吉的思绪没有时间顺序，没有受到逻辑理性思维的限制，只有从一个感官意识到另一个感官意识；并且这些意识和思绪都是残缺的、片段的，随心所欲地流转跳跃。他不可能通过理性思维把这些花草树木、水、火等，有意地安排在自己的叙述中，而是完全凭其超常感官如视觉、嗅觉、听觉、触觉等感受到的东西，非常客观地呈现（presentation）出来，这并非对生活的再现（representation）。这些具有直观性和高频性特征的意象，表达了班吉对所置身世界的感受和思考，不像第一人称叙述者那样有条理，只能通过班吉超强的感官，以异于常人的陌生化的视角，经过其感官过滤之后，直接把客观存在的地理意象呈现在读者面前。这种借助于直接地理意象的手法与海明威的“外部聚焦”类似：“一系列的物品，一个情景，一连串的事件都是某种特定的情感的组合体；它们与此种情感的关系是如此密切，一旦这些外部的事实经过人的感官的加工被作家提供出来，那么这一情感也就被立刻召唤了出来”。[②]而这些意象指涉的却是班吉自孩提以来经历的所有恐惧、迷惘和绝望。比如吉姆生草，这种南方土生土长的植物多次出现在班吉的手中，每当他的心理呈现恐惧、迷惘和绝望等状态时，这种植

① 鲁·阿恩海姆：《艺术心理学新论》，郭小平等译，北京：商务印书馆1994年版，第82页。

② 约瑟夫·康拉德：《“水仙号”上的黑水手》，袁家骅译，上海：上海译文出版社2011年版，前言第2页。

物的相伴似乎能为他提供某种程度的慰藉和舒缓。[①]人与人之间的沟通交流无效转而求助于自然界的事物，大概是人类最后也是最有效的生存方式了。

从上述分析不难看出，这些意象可以将读者引入到班吉丰富多彩的内心世界，读者体验到的是一个由直觉感知构建的感官空间。这种空间与理性建构的空间截然不同。柏格森认为理性的分析是对确定性事物的有序安排，是基于现实世界秩序之上的理性察觉，而通感的非理性体验才能获得对事物本质的认识。[②]空间构建主体是运用直觉感知追随认知对象的内在生命而达到物我同一的境界，它不取决于主体的理性认知立场，所以说运用感官来把握对象是绝对可靠的。班吉的意象世界即是他的直观感受，这些视觉的、嗅觉的、听觉的、触觉的地理意象共同作用，增强了班吉对其身处地方的体验认知，多重感觉性增加了他眼中直观世界的可信度，触及了他鲜活生命的本真。通过这些多重感官意象的不断跳跃、闪回等，康普生家族发生的重大事件以碎片化的方式被叙述出来，空间元素的动态变化将康普生家族辉煌的过去、颓废萧条的现在以及无法预见的将来拼缀成一幅破碎的画面，以家族的兴衰隐喻南方社会无法抹去的集体创伤。因此班吉的多重感官叙事不仅符合其真实的心理活动特征，而且使得叙事具有典型的现代化特征。

---

① Kita Douglas, "Jamestown and Jimson Weed: Charting the Autochonous Claim of William Faulkner's *The Sound and the Fury*", *Faulkner's Geographies*, ed. Jay Watson, Ann J. Abadie, Jackson: University of Mississippi, 2015: 65–78.

② Donald M. Kartiganer, "*The Sound and The Fury* and the Dislocation of Form", *William Faulkner's The Sound and The Fury*, ed. Harold Bloom, New York: Chelsea House Publishers, 1988: 33.

二、《我弥留之际》：秃鹰和路

《我弥留之际》讲述的是穷白人本德伦一家在本德伦太太去世后，一家人护送灵柩，一路跋山涉水，将本德伦太太送回杰弗生镇娘家墓地安葬的故事。在这部小说中，天上如影随形的秃鹰和本德伦一家与外界联系的路是出现频率最高的地理意象，这一自然与人文、动与静的有机组合构成了该部小说地理空间建构中不可或缺的元素。

秃鹰的出现宣告了艾迪的正式死亡。在赶回家的路途中，达尔就发现那些盘旋在本德伦家房顶的秃鹰；当送葬之旅正式开启时，达尔也注意到如影随形地跟着的这些秃鹰。本德伦一家走到哪里，秃鹰就跟到哪里。这些秃鹰对艾迪正在腐烂的尸体构成一种持续的威胁。在萨姆森家的谷仓过夜离开之后，萨姆森在谷仓里发现了一只滞留在谷仓里的秃鹰，显然是棺材里的尸体腐烂的味道吸引秃鹰跟随。在本德伦一家第二次经过纽霍普的路标时，秃鹰好像是在冷眼旁观，看着他们一家慢慢接近灾难。在乡亲阿姆斯蒂家的谷仓里，十来只秃鹰觊觎着棺材里的腐肉，只有瓦达曼在那里一直驱赶着不让秃鹰们靠近棺材。而在随后绕道去莫特森镇的路上，瓦达曼也是时刻警惕着尾随的越来越多的秃鹰们。快到莫特森镇的时候，瓦达曼发现有十只高高盘旋的秃鹰；在吉利斯皮先生家歇夜的时候，瓦达曼再次注意到只剩下五只秃鹰在高高的天空盘旋。空中盘旋的秃鹰与地上不断前行的棺材组合成了一种奇特的地理空间。秃鹰对死者的尸体构成极大的威胁，一旦死者的尸体被秃鹰啄食，死者的尊严不保；秃鹰也是对死者家属的挑战和警示。一旦尸体被毁，活着的本德伦们便失去了维护家人最后尊严的道德立场；更显重要的是，对于大多数本德伦们来讲，也是失去了去杰弗生镇的正当理由。天上的秃鹰们冷眼旁观，一路追随棺材伺机攻击；在地上的本德伦们内心笃定（包括已经死去了的艾迪），怀揣个人梦想朝着目的地进发。

路也是这部小说中反复出现的地理意象。除了上断崖顶直通本德伦家的那条小路外，断崖下面不远处有一条大路。紧贴断崖的小路与断崖下面的大路形成了尖锐的对比。安斯从来没有抱怨紧贴着断崖直达他家的那条小路，实际上正是这条小路阻碍了这一家人与外界的交流与沟通。安斯对于上帝铺路有其一套独特的看法："When He aims for something to be always a-moving, He makes it long ways, like a road or a horse or a wagon, but when He aims for something to stay put, He makes it up-and-down ways, like a tree or a man"。[①]安斯把路看成是活动的，而人是静止的，这表明安斯放弃了改善自己生活的主观能动性，在资本主义已经威胁到传统农业生死存亡的时候，他还固守着传统农民的思维习惯。因此，尽管当大路修到他家门口时，安斯站在自家悬崖顶的家就可以看得见，但是他对这条大路充满了怨气，认为就是躺在那儿的那条大路把他家的好运带走，而带来的只有厄运，比如卡什坚持学当木匠，在教堂摔伤手臂不能干活，达尔该成家立业致使他缺少劳力，艾迪生病卧床不起等。从他对路的独特看法可以看出，处在社会剧变时代的安斯，并没有尽到一个家长的责任。他背驼、脚畸形、没了牙齿，还不能干农活，他老跟别人抱怨自己体弱，要是干活出了汗准会死的。更可笑的是，安斯自认为是"老老实实下力气干活的人"，却不得不在这么个"苦地方"遭罪。作为一家之长，不管是外在气势，还是内在精神，安斯在那个文明世界都是一个边缘人，他的边缘性决定了他无

① William Faulkner, *Novels 1930–1935: As I Lay Dying / Sanctury / Light in August / Pylon*, eds. Joseph Blotner and Noel Polk. New York: The Library of America, 1985: 24.

法承担起一个家长的责任与担当。他以各种各样的理由推卸最基本的家庭责任，所以田里的重活都是孩子们和其他乡亲们帮忙干的；不仅如此，他老是抱怨自己满口缺牙，连普通的食物都无法享用等。

安斯对门口的那条大道满腹怨气，但是当妻子弥留之际，他最频繁的动作就是朝田野远处眺望。远处意味着踏上那条大路，奔向四十英里之外的杰弗生镇。实际上，安斯巴不得妻子早点断气，因为妻子留下遗愿，死后要葬回位于杰弗生镇的娘家墓地。当全家人终于踏上送葬之旅，安斯对于门前的那条大路的怨气不见了，因为沿着大路到了杰弗生镇他就可以安上假牙。大路本身的存在，生动再现了安斯对于现状的无能为力；而大路的延伸把安斯无所作为而又自私自利的本性表露无遗，其家长权威的失落不可避免这一主题，无声地表达出来。安斯作为本德伦家族的家长，与《喧哗与骚动》中的康普生先生一样，是南方家长中的代表。而安斯家长权威的失落从这两条路上就能生动地表现出来。南北战争惨败后，南方在政治上和经济上的一败涂地对于依附其上的家长制等意识形态也是一种强有力的破坏。

这两个地理意象一个属于人文意象，一个属于自然意象。人文与自然的结合丰富了整个地理空间的层次感，并且天上的秃鹰与地上的路构成了一个动静结合、立体的地理空间，不仅起到了推进叙事进程的功能，而且在叙事上具有极强的动感与视觉特征，增强了叙事效果，把处于社会底层的农民在社会剧变期在自然威胁和社会压力下的生活困境生动地展现出来。

三、《八月之光》：窗户和“永远在路上”

窗户作为房舍必不可少的一部分，常常被小说家们有意识地运用到空间建构中。窗户似乎是福克纳在其小说中很喜欢运用的微观意象。《喧哗与骚动》中最经典的一个意象，就是童年时代的凯蒂穿着沾满泥水的内裤，爬上院子里的大树，通过窗户往大宅里看大姆娣葬礼的情景。三十多年后，凯蒂的女儿小昆丁成功盗出杰生克扣她的生活费和用其他卑劣手段积攒的七千多元，也是从卧室的窗户翻出后顺着梨树林逃离，宣告了与康普生家族的彻底决裂。在《八月之光》中，莉娜在父母去世后搬到哥哥家住，家境不佳的哥哥只能安排她与未成年的侄子们睡一间小屋子。她几次翻窗出去与情人幽会，不料怀上了孩子，孩子的父亲却溜之大吉。无奈之下，她只好挺着个大肚子出去找孩子的父亲。她没有告诉哥嫂，却挺着个大肚子，趁着夜色，从窗户翻出哥哥家，踏上寻夫征程。无独有偶，当莉娜费尽心力一路寻夫来到杰弗生镇，就暂住在情人伯奇曾经寄居过的小木屋里。伯奇根本就没有丁点意愿负担莉娜和孩子的责任，就在莉娜的眼皮底下选择翻窗而逃。仅仅几次翻窗，莉娜和伯奇的故事就以一种幽默而生动的方式叙述出来，他们爱情故事的开端、发展、高潮甚至结局都囊括其中。

《八月之光》里的克里斯默斯结识了在镇上做妓女的情人之后，为了不被顽固刻板的养父麦克依琴发现，每次出去幽会就是利用绳索，动作熟练地把自己从窗口吊下去："He could mount the rope hand over hand, without once touching the wall of the house, with the shadow like agility of a cat. Leaning from the window he let the free end whisper down"。[1]最后一次翻窗却被养父发现，养父随即尾随其后至约会的舞场，克里斯默斯一气之下怒砸养父致死，旋即踏上十五年的逃亡

---

① William Faulkner, *Novels 1930–1935: As I Lay Dying / Sanctury / Light in August / Pylon*, eds. Joseph Blotner and Noel Polk, New York: The Library of America, 1985: 524.

之路。克里斯默斯第一次进入伯顿小姐住宅的时候，也是翻过窗户首先进入她的厨房。随后，他和伯顿小姐的恩怨情仇，随着这次翻窗也慢慢展开。甚至在两人早期的性爱游戏中，伯顿小姐非得让克里斯默斯从窗户爬进她那栋孤枕独居二十多年的楼房去幽会。窗户就像是两个空间的分割线，或者说是一种边界，也是一个空间通向另一个空间的通道。如果越界，故事就会朝着一种意想不到的方向继续发展。一般情况下，没有人会通过翻窗这种方式来进出某个空间。这些人物似乎都想利用窗户来逃离现实，奔向所谓的未来。如果一个人一直在翻窗逃离，或者说很多人都在翻窗，那就不是一个人的问题，而是整个社会都出了问题。通过翻窗的再三重复，福克纳不仅顺利推动小说的叙事进程，而且把他对现代社会中人心所面临的生存困境生动地展现出来。

莉娜翻窗寻夫后，处于一种“永远在路上”的永恒意象状态。《八月之光》这部小说首先从书名上就可以看出鲜明的光意象。福克纳自己曾说过：“在密西西比州，八月中旬会有几天突然出现秋天即至的迹象：天气凉爽，天空里弥漫着柔和透明的光线，仿佛它不是来自当天而是从古老的往昔降临，甚至可能有从希腊、从奥林匹克山某处的农牧神、森林神和其他神祇”①。从这段话中可以看出，“八月之光”本是来自福克纳家乡的自然景象，但是不仅仅是自然意象，他利用家乡的自然之光穿越到古老的希腊文明，避开了以神权钳制人性的基督教文明和以理性钳制感性的现代文明，以期在古老的希腊文明的环抱中寻求人性心灵的解放。这一自然地理意象与小说中主人公莉娜“永远在路上”上的人文意象不谋而合。莉

① 蓝仁哲：《〈八月之光〉的光谱》，威廉·福克纳：《八月之光》，蓝仁哲译，上海：上海译文出版社2013年版，第5页。

娜未婚有孕、一无所有、孤身一人，但同时又是信心满满去寻找孩子的父亲。其实情人伯奇脱身时，只是给了她一个空洞的许诺。莉娜上路寻找他时，并不清楚他的现状，甚至连他在哪里都不是很确定。即将临产的乡村姑娘从亚拉巴马州一路步行，有时也搭上乡亲们的马车，花了整整四个星期，到了密西西比州的杰弗生镇。在那个地方，她生下了孩子，也确实见到了孩子的父亲，但是伯奇再次逃脱。这似乎并没有打垮她继续前行的韧劲。带着孩子的她，搭载着好心人的汽车，又追寻到了田纳西州。她身上的这种超道德准则或者说顺应自然呼唤的母性便具有了一种超越时空的普遍意义：八月之光照耀下的莉娜，一路前行来到杰弗生镇，她的到来唤醒了单身的拜伦一直沉睡的爱情，唤醒了海托华沉沦、麻木的心灵。莉娜在追求现代价值的过程中，经历着人生希望的起伏跌宕，从希望的升起到寂灭到再生。虽然莉娜寻找到了情人伯奇，但是伯奇再次在她眼皮底下逃离，她平静地选择继续出发，从而成就了一幅永远行走在路上的恒久意象。德莱塞的《嘉莉妹妹》中，不管是寄居在姐姐的小公寓，和杜洛埃同居在小屋，还是在纽约漂亮的小公寓里，嘉莉妹妹都经常在摇椅上摇来摇去，永远在动，却永远没有前进。她的欲望一步步升级，“消耗在重复之中的生活，一场在催眠状态下的梦，永远也没有满足之日”。[①]这一意象与莉娜“永远在路上”形成了完全不同的寓意。“永远在路上”这一事象是本文所讨论长篇小说之中唯一让人感到温暖和希望的事象，这或许是福克纳在深入挖掘现代人性之复杂性与黑暗性之后力图保留人类初心的良苦用心。

① Robert Penn Warren, *Homage to Theodore Dreiser, August 27, 1871–December 28, 1945, on the Centennial of His Birth*, New York: Random House, 1971: 29.

莉娜执着前行的简单信念，和小说中另一位主人公克里斯默斯一路逃亡内心分裂的复杂性构成了尖锐的对比，他终于在死之前领略到简单生活的宁静之美。克里斯默斯的故事空间中穿插了不断闪回、暂停等手段，使叙事呈现出一种现代性特征；而莉娜在不断流动的地理空间中，彰显着她本真的主体需求，并且坦然接受他人提供的帮助，叙事进程始终是以一种单向线性的模式向前推进，这种传统的现实主义叙事手法与克里斯默斯故事的现代主义叙事同时存在于《八月之光》中，增强了小说叙事艺术的丰富性。

四、《大森林》："老班"和"狮子"

《大森林》发表于1955年，是由《熊》《古老的部族》《一次猎熊》和《追逐在晨间》四部独立的中篇构成的一部完整的打猎故事集。打猎是美国南方人生活中非常重要的一部分。从密西西比的印第安原住民，到来自法国、西班牙和英国的那些初期的殖民者以及建国后的美国人，成功打到猎物是他们不可或缺的成人仪式。几百年来，居住在美国南方的人们与大森林中的各种动物相互较量，相互致敬，和平相处，共同成长。

"老班"是《熊》中当仁不让的主角。它没有配偶也没有后代，顽强独居，甚至说超越了生死的羁绊。"老班"奔跑速度快如飞鹿，所到之处犹如龙卷风扫过。最为特别的是，"老班"具有大自然赋予的智慧，是大森林中同类的保护者，因为在每次狩猎季到来之前，"老班"就会把其他幼熊赶出狩猎区而独自抵挡人类的进犯；"老班"甚至会在猎人们的狩猎布局中，嗅到那个最没有经验的狩猎人占据的岗位；它独当一面，轻松自在地与猎人们和猎狗们周旋，它给他们留下巨大扭曲的脚趾印（"老班"受过伤），却从未让他们捕获。在整个大森林中，“老班”就是司令，是真正的主人。在小说的叙事者艾克第一次与“老班”的正面接触中，它把自己暴露在明晃晃的太阳光下，甚至停下脚步扭头看了他一眼，不慌不忙，甚至“一动不动地重新隐没到荒野中，就像他见过的一条鱼，一条硕大的老鲈鱼，连鳍都不摇一摇就悄然没入池塘幽暗的深处”。[①]因此每年一度的狩猎季，实际上成了那些猎人和“老班”相互问候、相互致敬的一种仪式。

但是，随着人类贪心的不断扩张，大森林所在的荒野不断被蚕食，“老班”的生存空间越来越狭小。所以当它受到生存威胁时，会将与狩猎者们多年达成的默契丢到一边，它不仅咬死了狩猎者们的猎物母鹿和小鹿，甚至威慑德·斯班少校的母马，咬死了小马驹；荒野不断萎缩，变成人类有利可图的棉花地和玉米地时，“老班”还会吃掉附近农民的玉米、猪娃和牛犊。

猎狗“狮子”是一只蓝色的阿雷代尔狸犬，身材魁梧，神态庄严，对任何人和事都无所谓，具有纯粹的野性，并且不屈不挠，是唯一具有潜力能与“老班”一决高下的猎狗。因此，当混血印第安人山姆·法泽斯预感到“老班”的最终结局时，他决定训练“狮子”，让它在保持原来野性的前提下，能够听从人类的话，因为这是唯一能够打败“老班”的法宝。山姆的良苦用心遵循了大自然的法则，也算是给“老班”最后的致敬：死于势均力敌的对手手上，不失为一种尊严。“狮子”由一直待在大森林里的山姆训练，狩猎期间由布恩看管照顾。几年的狩猎期间，“狮子”与“老班”交锋几次，但是每次“老班”都能化险为夷。有一次“狮子”甚至截住

① 威廉·福克纳：《大森林》，李文俊译，北京：北京燕山出版社2015年版，第25页。

了“老班”。“老班”遭到其他猎狗的围攻，并且身中两弹，但在布恩和“狮子”的围追堵截中，它还是逃走了。

最后一次的较量几乎纵贯了整个荒野，从森林到芦苇丛里的灌木地，再穿过到柳树丛，趟着冰冷的河水过河。被逼上绝路的“老班”以“熊抱”的姿势接受了“狮子”的挑战，在其他猎狗的助攻下，布恩把猎刀捅进了“老班”的身体。“那只趴紧不放的狗、那只熊，还有那个骑在它背上把插进去的刀子继续往深里捅的人”构成了一个雕塑组群般的意象，最后“它是像一棵树似的作为一个整体直挺挺地倒下去”。[①]

这是南方农业文明的一种生活方式，福克纳利用大熊“老班”

图1　《大森林》狩猎想象图

---

① 威廉·福克纳：《大森林》，李文俊译，北京：北京燕山出版社2015年版，第56页。

这个典型的荒野意象，通过它与人类和自然中间的媒介——猎狗“狮子”（“狮子”具有野性，也是人类驯化的征服自然的工具）以及人类的终极对抗，讲述了在南方这片土地上延续了几百年的农业文明遭到威胁而不断萎缩直至消亡的故事。“老班”和“狮子”成为农业文明最后的祭祀品，它们之间遵循自然法则的争斗和对抗表达了作者对传统农业文明深深的敬意。图1就是根据《大森林》的故事绘制的一幅想象图：代表荒野的大森林被一块块过度开垦的棉花地逼得步步后退；原始森林里的树木被大量砍伐，源源不断地被像蛇一样的小火车运出森林；而森林里本来的主人之一——各种动物们越来越稀少，当地望族组成的狩猎队伍只能猎到一些小型的动物，延续多年的狩猎活动最后竟成了向“老班”致敬的某种象征性仪式。向“老班”致敬实际上也是向传统的农业生活方式致敬，是农业生活最后一曲哀婉的赞歌。然而“老班”和它的天敌“狮子”，在与人类的互动中，终于同归于大森林。“老班”是大森林的最后一位保护神，是人类生存不可或缺的竞争对手，而“狮子”是福克纳笔下标志性的可以驾驭的野性。也就是说，人类和动物是大自然中和谐共处的搭档。“老班”与一直关注它的山姆·法泽斯是这部作品中非常重要的因素，他们之间多年的相互守望和致敬表明人与自然融为一体，一旦分离意味着双方的死亡，只有成为一体才能不朽。“老班”尚在的时候，运送木材的小火车已经开进大森林。“老班”死后不久，受到工业文明秩序威胁而无能为力、无所适从的山姆·法泽斯也长眠于森林。“老班”和山姆·法泽斯的归于森林，宣告南方狩猎时代的结束，宣告人与自然和谐相处的时代一去不复返。美国南方进入了一个机器理性时代，一个森林、土地及其资源全部落入资本控制的工业化时代，人与自然的关系日益疏远，最终呈现对立的局面。

五、《押沙龙，押沙龙！》：棉花

在老南方时代，棉花被誉为“白色黄金”。一提到这种南方遍地可见的植物，人们首先的反应就是它的高利润以及支撑高利润的劳工黑人奴隶。最初棉花种植都是依靠人工摘取和人工分离棉花棉籽，利润可观但是劳工毕竟有限。1793年惠特尼轧棉机发明后，机器的高效使得棉花种植的利润大幅提高：利用轧棉机分离棉花棉籽，其效率是人工分离的二十倍。在利益的驱动下，西进运动高潮时期的定居者们纷纷驻足南方各州并且大力拓荒种棉，大幅增加棉花的种植面积，因此奴隶的需求量也越来越大。棉花种植因而成了改变美国南方地理景观的直接因素，进而一步步加大了美国南北之间在经济和政治上的分歧。在内战前夕，密西西比州已经是当时美国领先的棉花种植大州。尽管福克纳小说中虚构的约克纳帕塔法县和真实的拉菲耶特县适合棉花种植的土地并不多，但是在塔拉哈奇河和约克纳帕塔法河（小说中的）之间的那片土地却是比较平坦的河床地带，与真实地理环境中的塔拉哈奇河和约克那河一样，非常适合棉花种植。因此，在小说中不管是种植园大片的棉花地和黑奴，还是由自耕农或佃农种植的零散棉花地，春耕秋收棉花地的变化、棉花地里劳作的人们以及运送棉花的马车在泥巴路上留下的车辙，一起构成了福克纳小说中一道必不可少的地理意象。

《押沙龙，押沙龙！》中的托马斯·萨德本是约克纳帕塔法县棉花种植面积最大、拥有黑奴最多的庄园主，其庄园名为“萨德本百里地”。这一霸气的名称来源很简单，就是因为萨德本拥有方圆一百平方英里的棉花地。整个庄园除了豪气高大的主宅、散落四处的黑奴小屋，剩下的就是成片的棉花地以及少量还未开垦出来的可供打猎使用的原始森林。从康普生将军、康普生先生、昆丁以及罗莎等不同的叙述声音中，萨德本从最初来到杰弗生镇的神秘莫测，到他如何和黑奴凭空从空地上扯出了一幢家宅，再到如何借钱买棉花种子、翻耕土地、播种并管理棉地，如何娶了当地小店主科德菲尔德家里的大女儿为妻，以及农闲时期萨德本与其黑奴玩耍等生产、生活场景，拼凑出一幅完整的棉花种植园主的历时画卷。萨德本家族的第一桶金并不是来自基于奴隶制度之上的棉花产业，而是来自海地的甘蔗种植，但是同样和奴隶制息息相关。确切地说，萨德本发家的第一桶金就是可以供他任意支配的一满车的黑奴。他们是萨德本从海地辗转回到北美洲大陆的腹地密西西州时带回的。黑奴是他用来实施其宏伟计划的工具，黑奴在萨德本的调遣下为他建造大宅，为他种植大片的棉花地。只有棉花种植园初现规模后，萨德本才算在杰弗生镇站稳了脚跟，这才使他有了实施宏伟规划的最后一步：找个传统的南方淑女结婚生子，成为真正的南方新贵。

萨德本百里地棉花种植园是内战前美国南方“棉花王国”（Cotton Kingdom）兴起的缩影。棉花对于南方种植园主们的发迹功不可没，它让少数棉花种植园主及家族从中受益，获得了经济上的财富、社会地位的特权以及文化上隐性和显性的话语权。但它同时让更多的穷白人（White Trash）、特别是黑人和土著印第安人受尽磨难，成了受害者和牺牲品。因为与棉花经济紧密相连的是殖民和资本主义经济思维支配下的种族歧视和奴隶制。在此意义上不难理解，美国建国后至十九世纪上半叶的领土扩张实际上扯下了上帝“天定命运”的蒙羞布。美国利用国家机器——联邦军队强行迁移土著印第安人部落至贫瘠有限的保留地，实际上就是与印第安人抢夺土地，与资本主义发动战争抢夺市场如出一辙。白人定居者把强取豪夺过来的土地变成了能长出白色黄金的棉花种植园，巨大的经济利润诱惑使美国南方成为美国内部的“全球南方”（指贫穷的美国南方），棉花种植成为美国最成功的一种农业工业（agricultural industry），其出口总额在内战前夕占全美国对外出口的百分之六十以上。寄生于奴隶制的“棉花王国”单一经济作物发展模式在南方野蛮生长，这不仅使无数美国黑人奴隶及其后代坠入被奴役的深渊，而且极大地威胁了其他白种美国人和土著印第安人的权利和自由。更重要的是，奴隶制成了北方工业资本主义发展的绊脚石，同时也是造成南北政治分裂的直接原因。

利用黑人奴隶劳工建成萨德本百里地，这命中注定成了制约萨德本宏伟规划的瑕疵。对于美国梦的标本性人物萨德本来说，棉花圆了萨德本的美国梦，也粉碎了他的美国梦甚至生命。棉花作为一个具有丰富含义的地理意象，是引发改变众多美国人命运的内战的火种。历时四年的美国内战直接摧毁了南方作为“棉花王国”的历史地位。萨德本作为萨德本百里地的奠基者，其个人命运和记忆也成为美国南方“棉花王国”贵族阶层集体的命运和记忆。这场因奴隶制经济而起的南北兄弟间的内部流血冲突，放在民族叙事的框架下来看，是美国作为一个联邦国家与美国南方作为“棉花王国”的政治冲突的必然结果，它确保了美国联邦制的续存和国家在政治层面的统一。如果放在全球史叙事框架之下来看，美国联邦的胜利直接促使奴隶制的废除，为北方工业资本主义赢得了大量的自由劳动力，为美国走向全球提供了坚实的经济和政治制度保障。

美国内战摧毁了南方作为“棉花王国”的历史地位，战后棉花作为南方传统的支柱产业只能在新的空间寻求新的“多元统合”，其隐含的地理意义也随之发生变化。《我弥留之际》中的本德伦一家位于约克纳帕塔法县的东南一角，属于内战后专门种植棉花的自耕农，他们的生活相比于战前萨德本的种植园生活，则完全是另一幅画面。自耕棉农的日子并不好过，战后棉花种植在南方工业经济的入侵下，已经处于明显的颓势。本德伦夫妻育有五个孩子，日子过得紧巴巴，光靠棉花种植已经不能维持一家人的生活，可以说靠棉花种植只能勉强糊口。在本德伦太太临终前两天，本德伦家的两个儿子还要出门拉一趟车挣回三块钱来补贴家用。本德伦家的家长安斯已经掉牙十几年，不能正常进食，也没有钱去安装假牙。小说一开头就是本德伦家的二儿子达尔和三儿子朱厄尔穿行于棉花地的场景。七月的棉花地长势正旺，穿行其中并不是一件很容易的事情，棉花地里还四处散落着暂时堆放棉花的小仓房。这篇小说中通过棉花探索的是南方淑女制度及背后宗教势力的日渐式微：本德伦家的女儿杜威德尔在棉花地里采摘棉花时与情人幽会导致怀孕，母亲的病逝给她提供了一个进城购买堕胎药的难得机会。

战前，奴隶垦荒种植棉花，为种植园主萨德本们创造源源不断的白色黄金；战后，被打垮的南方社会底层阶级种植棉花养家糊口，成为农业工业发展的垫脚石。福克纳利用棉花及棉花地的发展变迁讲述人类与土地之间关系的发展变化。在传统的农业经济时代，南方人依赖于土地，人地之间处于一种平等互利、自然和谐的状态；当工业经济入侵南方并逐渐取代农业经济时，人更加依赖于车间或机器，人地关系日益疏离，由最初的平等变成不平等，土地成了人单向索取的对象和来源。萨德本百里地作为棉花种植园，其历史变迁讲述着人类对于土地的过分剥削与开发，而土地的日渐贫瘠荒芜隐喻了人类的堕落。

作为微观元素的地理意象大量存在于“约克纳帕塔法”世系小说中，福克纳有意使用重复、并置、对照等手法，使这些意象在叙事过程中不仅增强了叙事视觉效果，在突出主题、刻画人物以及推动叙事进程方面也起到了作用。地理批评学家波确德·维斯特伏在总结地理批评的方法时，重点强调了多重感觉性（polysensoriality）

的运用：批评家依据知觉现象学方法，对文本描述对象进行全方位的感知，既有视觉还有嗅觉、听觉等多重感觉达到对地方的体验认知。[①]当然，批评家多重感觉的基础只能建立在叙事文本中出现的空间元素之上。细读福克纳的长篇小说，不难发现适合各种感官的地理空间元素的存在。不仅有随处可见的地景，还有如影随形的声景，还有无处不在的气味，以及味觉元素甚至触觉方面的元素。嗅觉艺术批评家Jim Drobnick将嗅观的运用归为一类艺术表达手段，将其命名为“嗅觉制图”（mapping by smell），并且认为“These complex and shifting smellscapes gave rise to aesthetic experiments with toposmia（Greek: place + smell）”。[②]比如在《喧哗与骚动》中，班吉就数次提到了姐姐凯蒂身上的树香；同样的，在《押沙龙，押沙龙！》中，寻亲上门的邦第一次踏上萨德本百里地的时候，他强烈地感受到了瘴气。瘴气（miasmic）这种只有在山区才能见到的气候现象，与邦成长的城市——十里洋场的新奥尔良形成鲜明的对比，这种不仅仅是单纯的环境描写，它道出了邦对于萨德本家族的期望和现实之间巨大的心理落差，也暗示了邦回归萨德本家族的艰巨性。值得注意的就是这些意象并不仅仅具有南方社会的地方性特征，而是具有普遍的意义。埃尔肯曾为有些批评家倾向于将福克纳地方化感到遗憾，他认为他们忽略了福克纳“神话王国真正的微型宇宙的寓意”。[③]本节所讨论的多样性感官意象以及其他微观的地理意象和事象，与景观和地方一起，构建起了一种立体的地理空间，

---

① Bertrand Westphal, *Geocriticism: Real and Fictional Spaces*, trans. Robert T. Tally, New York: Palgrave Macmilan, 2011: 131–136.

② Jim Drobnick, “Toposmia: Art, Scent, and Interrogations of Spatiality”, *Angelaki*, 2002, 7（1）: 42.

③ Stanley L. Elkin, *Religious Themes and Symbolism in the Novels of William Faulkner*, Ph. D. Dissertation, University of Illinois, 1961: 277–278.

不仅实现了基本的叙事功能，而且通过人地关系的相互建构，丰满了小说中的人物形象，更好地激发读者的体验感知，增强了叙事的可靠性，提升了地理空间的审美价值。

第二节　以地理景观为主体的家族空间与叙事逻辑

迈克·克朗在《文化地理学》第四章“文学地理景观：文学创作与地理”中，精辟阐释了文学与地理的关系，比如劳伦斯的诺丁汉矿区、哈代的西撒克斯等地理景观对于小说叙事和主题表达起到了关键作用。克朗对于“文学地理景观”这一概念并未给出一个明确的定义。“景观”的英语为landscape，狭义层面可理解为风景，广义层面上是指带有自然属性与人文属性的、处在地表上的可视性物体。广义层面的景观与汉语中的景观，有异曲同工之妙。按照汉语字面意思，“景观”显然是由“景”与“观”两部分组成，是由被观看的对象和观看者所构成，因此景观必定带有浓厚的人文色彩。景观的形成是一个意识形态和社会生产共同构建的过程，通常是一个文化族群塑造了景观并以同样的方式阅读景观。当景观成为凝视对象、成为阅读文本时，常常和历史、记忆、地方感、共同体、身份等联系在一起的。景观文本的分析力量，潜在地存在于主体和客体相互建构的景色中，文本性促进了主体性和客体性的渗透感：景观不只建立了社会和土地之间的物质性关系，还建立了观察、世俗民心和表征的独特模式。[①]当景观与地理联姻时，地理特有的物质性赋予了地理景观有别于一般景观的特性。文学地理学所认同的景

① 凯·安德森、莫娜·多莫什、史蒂夫·派尔、奈杰尔·思里夫特主编：《文化地理学手册》，李蕾蕾等译，北京：商务印书馆2009年版，第290页。

观具有可视性或形象性的特征，大致相当于H. J. 德伯里对物质文化景观的定义，其中“最重要的构成要素是建筑，包括公共的、家庭的、商业的、宗教的和纪念性的建筑等”以及“农田、畜栏、篱笆、公墓以及大量其他要素”。[①]

在文学作品中，地理叙事在传达人地关系时，往往是以景观为中心来进行地方建构的，观察者的叙述视角和社会身份会决定景观的理解，不同的主体面对同一景观，会给予不同的解释。另外，景观建构与人物情感结构有着内在的必然联系，所谓“一切景语皆情语”。因此，景观的主观性和象征性特点，使景观描写成为地理叙事中最为活跃、最为基本的因素。在地理叙事中，通过象征、隐喻、拟人等多种修辞手法，景观描写可以塑造环境、建构地方；可以表现人物、暗示冲突；可以营造气氛、预示情节走向；在情节淡化的小说里，景观甚至还有结构小说的功能。

文化地理学主要研究经历了不同形成过程的文化是如何汇集到一个特定的地方，这些地方又是怎样对其居民产生意义的。既可以从全球范围来考察，也可以从微观的地理学，比如从与人类最密切相关的空间，即构成人们日常生活空间的家，来着手进行研究。通过对波德莱尔、巴舍兰、里尔克等创造的家宅、小屋等微观意象的分析，加斯东·巴什拉认为家宅意象是外在世界的对立面，家宅之外的是非家宅。在非家宅的空间里，“各种矛盾很容易组织起来。在家宅中，一切都相区别并多元化”，“家宅的梦想者知道这一切，感觉这一切，并且通过外部世界中的存在感的消减，他体会到

① H. J. 德伯里：《人文地理：文化社会与空间》，王民等译，北京：北京师范大学出版社1988年版，第8页。

内心空间中的所有价值的加强”。[1]福克纳“约克纳帕塔法”世系小说具有十分明显的家族小说特质，康普生家族、麦卡斯林家族、萨德本家族以及斯诺普斯家族的故事等，可以说是从时间层面、空间层面以及阶级、种族、性别和宗教层面，谱写了一部多层面的史诗。“约克纳帕塔法”世系小说体系庞大，每个家族的代表性景观主要体现在家族建筑上面。这些家族的建成、扩展、兴盛以及衰落进程成为建构地理空间的突出标志，使得地理空间体系呈现出多层多面的建构特点。在福克纳十九部长篇小说中，差不多三分之二都与特定家族有关，故本节主要讨论与几大家族密切相关的家族建筑景观。

在“约克纳帕塔法”世系小说里，福克纳不仅塑造了康普生、麦卡斯林两大南方贵族世系，他还塑造了白手起家的新贵棉花种植园主萨德本家族以及战后资本主义工商业经济的代表斯诺普斯家族。这些家族中有的成员不仅出现在以其家族为主要内容的小说里，也不断交叉出现在整个“约克纳帕塔法”世系的其他小说里，家族空间呈现出多层多面的特点。一般来说，一部完整的家族叙事需要三代或四代人才能完成。奥尔加认为家族叙事是由三代人历经家族“形成、兴盛、反思以及追忆”四个阶段完成的叙事。[2]相应的，“形成、兴盛”阶段由第一代完成，“反思”阶段由第二代完成，“追忆”阶段时家族已然没落或是消逝，由家族第三代或第四代完成。福克纳小说中的家族叙事大多延续了三代到四代人的时间跨度，这一跨度基本上涵盖了美国南方历史的几大重要阶段。美国

① 加斯东·巴什拉：《空间的诗学》，张逸婧译，上海：上海译文出版社2013年版，第49–50页。

② Olga W. Vickery, *The Novels of William Faulkner: A Critical Interpretation by Olga W. Vickery*, Baton Rouge: Louisiana State University Press, 1986: 261.

南方历史大致可以分为如下四个阶段：“老南方”（The Old South）指的是从十七世纪殖民时期到内战之前约两百多年的历史；1860—1880是美国内战和战后重建时代（Civil War and Reconstruction）；1880到二十世纪三十年代是“新南方”（The New South）时代；二十世纪四十年代至七十年代是二战及战后年代，而七十年代以后美国南方就进入了现代（The Modern South）。“约克纳帕塔法”世系小说总是使人联想到美国南方的内战前后以及“新南方”阶段，福克纳研究专家罗伯特·潘·沃伦认为福克纳的小说是“南方传奇”。确实，福克纳在其世系小说中演绎了美国内战前后南方历史巨变期的一段传奇。但是，读者和研究者很难在“约克纳帕塔法”中找到明显的大时代痕迹，或者说其小说算不上标准的宏大叙事，因为福克纳没有直接描写内战期间南北双方的激烈军事对抗，也没有描写北方工业经济对南方农业经济的摧毁，更没有挺身而出发出社会改革的慷慨呐喊，而是以若干个家族的兴衰史来演绎“南方传奇”。

本节重点分析的康普生家族、萨德本家族和斯诺普斯家族是美国南方在战前及至战后的代表性家族空间。这并不是说全系小说中只有这几个家族，除上述三个外，麦卡斯林家族、沙多里斯家族、瓦尔纳家族等都是该世系小说中重要的大家族。图2为“约克纳帕塔法”世系小说家族空间的全景想象图。康普生家族、萨德本家族和斯诺普斯家族分别是南方世家贵族、棉花种植园家族和战后新兴资产阶级家族的代表。富有南方特色的种植经济和清教文化特点决定了家族的重要性，家族叙事是南方小说创作中的一个传统，在福克纳的“约克纳帕塔法”世系中体现得尤为突出。大家族是整个南方社会中的精英部分，大家族的家园空间的建立、变迁，实际上就是南方社会发展变迁的缩影。

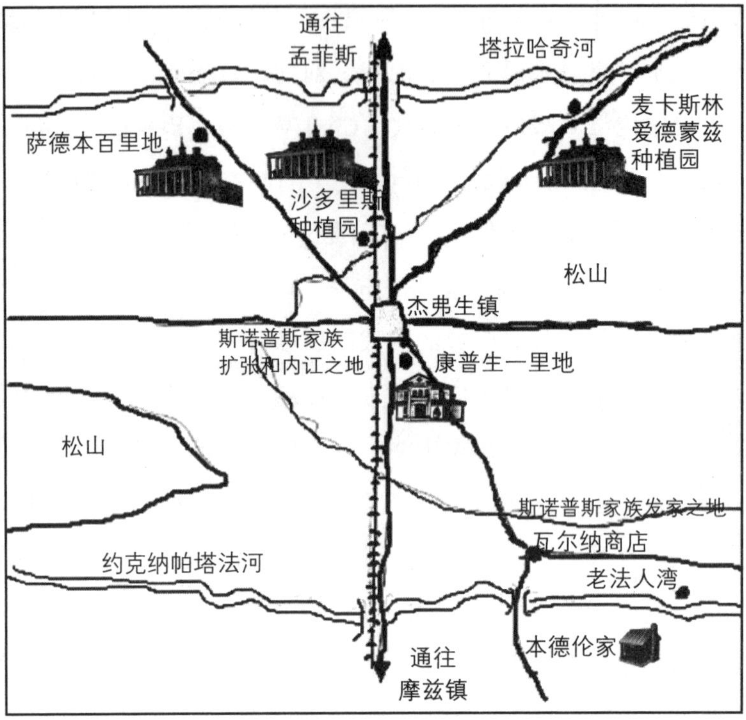

图2 “约克纳帕塔法”世系小说家族空间全景想象图

一、《喧哗与骚动》：康普生家族空间

《喧哗与骚动》是关于美国南方贵族世家康普生家族的故事。康普生家族最先在北美洲大陆落脚可以追溯到1746年。昆丁·麦克拉昌带着仅有的苏格兰宽刀和花格呢裙，从苏格兰柯洛顿荒原移民到现在的卡罗莱纳。昆丁和其子查尔斯·斯图尔特都参加过美国独立战争，后者还因为参与分裂美国的阴谋太过招摇遭到同谋的放逐，逃亡途中带着儿子和苏格兰宽刀、花格呢裙等家族信物。第三代杰生·利库格斯在十九世纪二十年代凭借自己的精明与狡诈，利用赛马从土著印第安人契卡索部落酋长手里巧取豪夺了整整一平

方英里的土地。被称为“康普生领地”的这一平方英里土地，就是康普生家族的发迹之地。最初“康普生领地”由原始森林覆盖，二十年后变成公园的模样：“这里有奴隶住的小木屋，有马厩，有菜园，有规规整整的草坪、林荫路和亭台楼阁，这些都是营造那座有石柱门廊的大宅的同一建筑设计师设计的……”[①]在“康普生领地”保持完整无缺的状态下，康普生家族出过一位州长和将军，因而“康普生领地”又有了另外的名称：“州长之宅”和“老州长之宅”。在康普生家族繁荣昌盛几近五十年期间，“康普生领地”位居杰弗生镇的中心地位，是那个时代南方贵族世家的典型代表。

美国内战南方惨败，从1866年开始，康普生家族的常败将军

图3　康普生家族想象图

① 威廉·福克纳：《喧哗与骚动》，李文俊译，上海：上海译文出版社2007年版，第308-309页。

把“康普生领地”的土地零零散散地抵押出去甚至卖掉。时间进入二十世纪，当年一平方英里的“康普生领地”变成了只有一小块地的“康普生家”（如图3所示）：体面、气派的康普生大宅已经没了往日的辉煌气势，“草坪与林荫路上长满了野草，大宅已经好久没有上漆，廊柱亦已纷纷剥落”，“康普生家如今只剩下了宅子菜园、东倒西歪的马厩与一所佣人住的木屋”。[①]康普生家族的杰生三世整天喝得神志不清，本来开着律师事务所的他根本无心打理业务，整天写着尖酸刻薄的颂诗。康普生家族仅剩的一块地产，也由无所作为的杰生三世卖给了一家高尔夫俱乐部，卖的钱用来支付女儿凯蒂的婚礼费用和大儿子昆丁上哈佛大学第一年的学费。这最后一块地产本是康普生家族的小儿子班吉最喜爱的牧场，但是在卖出之后，一道栅栏把班吉困在日趋衰落的康普生大宅里。自从姐姐凯蒂出嫁后，班吉每天就是围着这道栅栏痴痴地等待姐姐的归来，一如他小时候在栅栏边等待姐姐放学归来一样。班吉错把放学路过的女生认为是姐姐，为此，他被自己的亲哥哥杰生送到医院进行强行阉割。到了1928年，“康普生家”变成了“康普生旧家”。再往后，到了1933年，杰生等康普生太太一死就把祖传家宅卖给乡人改成了膳食公寓，把痴傻弟弟班吉送到州府杰克逊的疯人院。杰生一生未婚，只有一个不时来往的情人。他独自一人搬到镇上的农具小店去住，彻底摆脱了康普生家族的一切。这地方仍被称为“老康普生家”，虽然康普生家族的痕迹完全被后来居上的斯诺普斯家族抹掉，“老康普生家”的名号就像是个时间翻转器，引起世人对历史的无尽回望。

---

① 威廉·福克纳：《喧哗与骚动》，李文俊译，上海：上海译文出版社2007年版，第308–309页。

二、《押沙龙，押沙龙！》：萨德本家族空间

福克纳长篇小说《押沙龙，押沙龙！》被许多美国评论家认为是最具有史诗色彩的小说，讲述的是十九世纪下半叶到二十世纪初美国南方棉花种植园主萨德本家族的兴衰史。福克纳亲自绘制了一幅约克纳帕塔法县的地图，以该小说作为"约克纳帕塔法"系列小说的压卷之作。《押沙龙，押沙龙！》中的萨德本家族领地——萨德本百里地，就位于密西西比州约克纳帕塔法县杰弗生镇的西北部，是一个靠黑奴起家的棉花种植庄园。萨德本百里地就是福克纳在长篇小说中精心建构的地理空间，它不仅为叙事提供了故事发生的场景与展示人物性格的途径，更成为小说叙事艺术本身的内容。地理空间已经成为叙事时间的标识物，成为一种特殊的时间形式。萨德本百里地这个地理空间也是一个典型的"老南方"标识物。所谓的"老南方"，指的是从弗吉尼亚州开始往南，包括南卡罗莱纳、北卡罗莱纳、佐治亚、亚拉巴马、密西西比、德克萨斯、阿肯色、肯塔基、俄克拉荷马以及路易斯安那，一共十一个前南方邦联州。虚构的约克纳帕塔法县是以密西西比州的杰弗生镇为中心的。该州是老南方的西部边缘，是北方工业社会和南方棉花种植业经济相互争夺的主要战场。萨德本百里地位于约克纳帕塔法县的西北部，离城区杰弗生镇有十二英里远。萨德本百里地包括一幢主宅、散落在主宅附近的一些黑奴小屋、大片的棉花种植园地以及可供狩猎的森林。整个庄园占地达一百平方英里，"萨德本百里地"因此而得名。图4就是根据《押沙龙，押沙龙！》中的描述对全盛时期的萨德本家族庄园进行的想象性绘制。

图4　萨德本家族空间想象图

萨德本家族的精神支柱都指向这个地理空间：托马斯·萨德本是家族的开创者，萨德本百里地对于其存在的意义是不言而喻的，否则他不会放弃在海地丰厚的家产重新白手起家，也不会在战后庄园被毁、年过六旬的情况下，急切地想要再生个男性继承人，结果送了命。第二代不管是有家族身份的亨利、朱迪思，还是没有得到认可的查尔斯和克莱蒂，内心里都渴望回到萨德本百里地，即使死也要死在那里。第三代即查尔斯的儿子查尔斯·埃蒂尼·邦，由朱迪思收养后一直在这里长大成人，成家、生子，直到去世，他每一个生命的环节都是在这里完成。第四代吉姆·邦德的嚎叫，终日响彻化为灰烬的萨德本百里地的上空。可以说，萨德本百里地已经超越了纯粹的地理空间概念，成为家族的精神家园。每一个家庭成员，不管出生在哪儿，不管身份得到承认与否，最终的归属地都是萨德本百里地。正是由于其魔力般的家族精神，萨德本百里地以空间的形式，在纷繁复杂的叙事中，成为内在逻辑起点。

同时，这个由地理空间支撑起来的叙事逻辑起点对读者的接受也有再生产的美学价值。因为每一次地理空间的变易或转换都会引发叙事视角的转换，而每一次叙事视角的转换都会引发读者一次主观情绪的运动，同时也是接受距离变换的运动，读者因此获得不同的心灵体验和感情刺激，加深了对小说艺术与小说思想的理解。在这部小说中，作家让一个家族四代人的所有故事，都发生在一个地方，突出了地理空间在小说叙事中的作用，改变了从前小说的艺术结构方式和艺术表达方式，让作家的思想感情与空间发生联系，从而创造了一个集合了历史、伦理、社会、心理与艺术的时空体，这就是小说地理空间存在的重要价值。就像辛格认为的那样："庞大的、日渐衰败的、内战前的宅院在他的想象力中产生了特殊的共鸣。这些宅院不仅象征着神话一样的旧南方荣耀，而且也代表着某些丑陋和隐秘的事情，代表着超出理解力但潜藏在这个地区过去的一种被禁谈的秘密"。[①]创造家园的活动，试图将分散的时间安置在稳定的地点。家宅的词尾古时原意是不仅在地点而且在时间上稳定下来。扎根这一隐喻表示同土地环境有机联系的概念，这种概念随着时间深化。建立家园的边界需要时间，而且边界往往比房屋存在要久，逐渐了解多层次之谜的家园故事，也需要足够的时间，因此建立家园也就是确立一系列独特的地理和时间环境，这些环境往往不容易被复制或交换。家往往倾向于保守，倾向于促使人们回归而不是离开中心的时间圈。回归家园，归家的旅途或思乡的愿望是

① 丹尼尔·J. 辛格：《威廉·福克纳：成为一个现代主义者》，王东兴译，哈尔滨：黑龙江教育出版社2016年版，第273页。

一个古老的故事，形成怀旧的基础。福克纳建构的萨德本百里地成为小说叙事的内在逻辑起点，使得这部长篇小说呈现出独树一帜的地理空间叙事景象，为现代小说的叙事逻辑创新提供了重要的经验。

三、《村子》《小镇》《大宅》：斯诺普斯家族空间

《村子》《小镇》《大宅》构成了福克纳唯一一部三部曲的家族小说，主要是讲美国南方内战后重建时期和“新南方”时期斯诺普斯家族的故事。斯诺普斯家族与传统的贵族世家康普生家族、穷白人本德伦家族和白手起家的萨德本家族很不相同，前者是在摧毁后一类家族的基础上建立起来的，是属于新兴的工业社会的南方家族，而后三者是属于典型的传统农业时期的家族。斯诺普斯家族似乎是空降到“约克纳帕塔法”县的居民。斯诺普斯家族的故事始于第一部《村子》里的老法人湾。在此之前，斯诺普斯家族的父亲阿比·斯诺普斯身份为自耕农，他盗窃马匹，烧过几次马棚，每次犯事之后就举家搬迁。可以说，斯诺普斯家族是个居无定所的家族。来历不明但以“烧马棚”闻名于乡间的阿比带着家人空降到老法人湾，寄居在老法人湾一间没有门的废弃房子里。房子内部的院子是个“扔满垃圾、寸草不生的荒凉之地，这里四处散落着灰烬，烧得焦黑的木棍的头儿和变得发黑的砖，砖上放着用于洗衣、煮烫羊毛的锅罐”。[①]从房子那边继续往前走，就会发现“那条无法辨认的小道，小道通向那扇破烂的门，他（瓦尔纳）知道，下次他看到那扇门时，它依然会躺在那里的杂草丛中”。斯诺普斯一家带着乡间

---

① 威廉·福克纳：《村子》，张月译，北京：北京燕山出版社2015年版，第22页。

盛传的“烧马棚”传奇色彩，在封闭落后的老法人湾的废弃空间里开启了其家族的发家之旅。阿比·斯诺普斯以不可拒绝的强势姿态要求承租当地头人威尔·瓦尔纳家族的土地。精于算计的威尔·瓦尔纳和其子乔迪打算利用阿比“烧马棚”的行径来免费赚取斯诺普斯家的劳力。阿比的儿子弗莱姆·斯诺普斯是斯诺普斯家族第一代中的核心代表人物，他没有继承其父阿比植根于土地的地理基因，而是想方设法当上了瓦尔纳家所开店铺的伙计。他的空间扩张策略有别于传统做法，不再是基于土地的农业经济的扩张，而是紧跟时代发展，采取了资本主义的空间扩张策略。弗莱姆成功获取了瓦尔纳家族实际掌权人威尔的信任，并且从乔迪·瓦尔纳手里夺取了店铺的管理权，进而通过金融手段控制了该社区的铁匠铺和轧棉厂，又通过婚姻手段成为瓦尔纳家族财产的法定继承人。弗莱姆从一无所有，到成为老法人湾的头面人物，这一过程都伴随着斯诺普斯家族空间的扩张。他自己娶了瓦尔纳家的女儿尤拉，还把其他族人如艾克和明克等，召集在老法人湾一起发家致富，追逐着自己的美国梦。弗莱姆·斯诺普斯是这个家族的核心人物，他无视传统价值和道德力量，理性思维驱使他付出一切包括自己的个人尊严，去获取梦寐以求的钱和权。比如为了能够控制瓦尔纳家产，他迎娶未婚先孕的瓦尔纳家的女儿尤拉为妻；为了赚得更多的钱，他伙同他人把野马当做驯马卖给村民，并且利用地下埋宝的传言，把一块块荒地以高价卖给当地的村民。可以说，斯诺普斯家园空间扩张就是建立在传统南方农业社区崩溃的基础之上。《村子》结尾的时候，村里的财富，不管是头面人物瓦尔纳家族的财产，还是普通村民积攒下来的血汗钱，都被弗莱姆·斯诺普斯洗劫一空；一起被洗劫的还有南方农业传统中的善良和信仰。获取人生第一桶金的弗莱姆·斯诺普斯当然不会甘心死守在村子里，下一个目标锁定为杰弗生镇。他带着家人离开村子，去镇上谋取更多的权和利。

十七年后，福克纳才完成了三部曲中的第二部《小镇》。理所当然，离开村子的弗莱姆·斯诺普斯还是体现出了该家族特有的贪婪和狡诈，虽然他并不是事事遂愿。弗莱姆和乌拉在镇上的出现并不受镇上居民的待见，但这并不妨碍阴险狡诈的弗莱姆名利双收。发电厂是这部小说中一个非常重要的地理景观。弗莱姆的妻子尤拉美艳，来到镇上后引起了不少男人的垂涎，其中就包括市长德·斯潘。先天性无能而心中只有权和利的弗莱姆，故意放任尤拉与德·斯潘长达十五年之久的婚外偷情，并且以此为把柄来要挟德·斯潘。他利用妻子的外遇和德·斯潘的权力，首先是获得了该镇发电厂的监管权，后来步步紧逼德·斯潘，使弗莱姆自己在镇上的地位节节攀升，最后他甚至夺去了望族德·斯潘家族的祖宅。“在《小镇》的结尾，弗莱姆开始重新装修他的大房子，让它看上去像是一幢内战前的豪宅。这一幕所蕴涵的尖刻讽刺让这部小说有了一个合适的结尾：年轻、投机、充满掠夺性的斯诺普斯家族篡夺了旧日的世界，连带那个世界（在福克纳看来）值得赞美的价值观”。[①]

第三部《大宅》，主要是讲斯诺普斯家族内部的复仇故事。在帕奇曼监狱坐牢三十八年后，明克·斯诺普斯出狱，执意要找弗莱姆·斯诺普斯报仇，因为他认为后者的背叛导致了他的入狱。明克·斯诺普斯入狱的直接原因是他为一头母牛的所有权杀死了杰克·休斯顿。最后，明克找弗莱姆复仇的夙愿在琳达（弗莱姆妻子尤拉与他人婚前所孕的女儿）的帮助下终于完成，他杀死弗莱姆之

① 杰伊·帕里尼：《福克纳传》，吴海云译，北京：中信出版社2007年版，第355页。

后，成功越狱逃走。被弗莱姆从德·斯潘那里用无耻手段夺来的大宅也回到了斯潘家族后代的手中。“弗莱姆对人类的基本生存构成了毁灭性的威胁，不可能不受到人类中正义和公平的人们的挑战”。[①]

斯诺普斯家族的地理空间，从最初的居无定所，到《村子》里杂草丛生的老法人湾以及对当地头面人物瓦尔纳家族的不断渗透，接着进军到《小镇》中阴谋设计得手的德·斯潘家族大宅，再到《大宅》中由于家族内部纷争而最终回归的德·斯潘大宅，特别是斯潘家族大宅的几经易手，讲述了斯诺普斯家族在“新南方”时期的兴衰沉浮故事。斯诺普斯家族叙事总是与“特定的地理空间，和历史事件的某个特定的时间段”[②]相联系。在此意义上可以说，家族空间不仅仅具有地理学上的意义，它同时也是时间的标识，带有特定历史阶段特征的存在形式。所以空间与时间融为一体，成为随事件不断变化的现时场景。斯诺普斯家族空间不仅仅是叙事的技术性要素，更是不可或缺的叙事内容之一。

在斯诺普斯家族空间的历史变迁中，福克纳将以汽车为代表的新兴城市消费文化符号和以马车为代表的传统文化符号做了并置书写，在文本中呈现了一种混杂的空间布局。在三部曲的第二部《城镇》中，好几处场景都不失意味地并置书写了汽车和马车同时存在的场景。最早的一次是斯潘的汽车和老萨多里斯的马车碰撞的场景：象征现代技术文明的汽车和传统的双马车在城镇形成了明显的景观对比，开着汽车的斯潘和驾着马车的老萨多里斯也形成了鲜明

① James G. Watson, *The Snopes Dilemma: Faulkner's Trilogy*, Coral Gables: University of Miami Press, 1968: 12.

② Robert O. Stephens, *The Family Saga in the South: Generations and Destinies*, Baton Rouge and London: Louisiana State University Press, 1995: 3.

反差，前者代表了城镇的新生变革力量，而后者则代表了城镇的传统守旧力量。汽车和马车的碰撞暗示了新旧力量的相遇和较量。但是，在这一时期，汽车景观尚未获得控制权，不但马车没有受到任何伤害，而且还通过了禁止汽车通行的法案。随着汽车在杰斐逊的接受和普及，马车和汽车在城镇同时出现慢慢地成为常见的景观，但是，福克纳的景观并置书写却发生了微妙的变化，更多地描写马在看到汽车后受惊的情形，或者马车被汽车吓跑的情形。这一有趣的意象暗示了杰斐逊城镇两种文明的力量的对比发生了变化，汽车逐渐取代马车成为杰斐逊的主要交通工具，在景观中慢慢获得了控制权。这些以不同形式出现的汽车和马车并置的交通景观，隐喻了美国二十世纪上半叶社会转型期一段独特的现代文明经验。作为一股强大的技术力量，汽车在城镇慢慢被接受，最终取代马车成为城镇的重要交通工具，汽车时代的到来不可避免。福克纳敏锐地把握了汽车这一技术物品从被排斥到被接受的渐进过程，在三部曲中建构了机器入侵花园时的一种独特景观，即新旧并置的短时共存现象，而这种新旧并存的现象正是传统力量和现代文明相互对立的现代性经验的最好注解。

除了对新旧并置景观的“主观性”建构，福克纳还通过对汽车车灯景观的聚焦来诠释“机器”入侵“花园”后现代文明和田园生活相互对立的现代经验，从不同侧面表现了处于美国南方城市化和工业化进程中的具有典型意义的地区“精神”。从传统的四轮马车到现代的四轮汽车，杰斐逊的居民们改变了自己的交通工具，但同时也被这一工具所改变，汽车增加了人们生活的流动性和不确定性。在《大宅》中，福克纳借助出狱后的明克的视角描述了汽车发展带来的各种变化，揭示了汽车技术带来的现代文明体验。在监狱待了十八年的明克回到杰斐逊，已经是二十世纪四十年代，三十年前有很多“骡子的脚印和马车经过的压痕”的道路现在已经变成了供汽车行驶的平整而又宽阔的高速公路；三十年前只要招手，经过的马车就会停下来，但是在汽车时代，不管是卡车还是汽车都从明克身边快速驶过。[①]在明克眼里，三十年前的马车似乎更有人情味。明克对于城镇最切身的感受，是不断闪烁的汽车车灯。这些汽车的车灯和霓虹灯一起，将城市的夜晚变得通明。值得关注的是，福克纳在描写汽车车灯景观时，用了很多和“不断闪烁”相关的电光意象来表达现代文明侵入城市的体验。闪烁的车灯和城市的喧嚣建构了城市精神，压得明克喘不过气来。福克纳借助明克的体验揭示了城市的本质：躁动不安，缺乏安全感。在福克纳笔下，汽车车灯景观被呈现为现代性的独特隐喻。作为现代文明的化身，汽车车灯景观虽然标志着现代技术物品和社会的进步和成功，但同时也是社会被物化的直接标识，而被物化的新世界正是制造人类精神荒原的罪魁祸首。

福克纳笔下的汽车车灯和自然光构成了对立的意象，前者是现代工业文明的象征，而后者是自然界的原始象征，和宁静的田园生活意象相联系，传达了一种传统乡村生活的稳定而又原始的体验。汽车车灯等现代技术产品就像花园里的机器一样侵入自然界，而一直居住在监狱中，远离现代文明的明克就像自然界的生物一样，对现代文明的侵袭感到无所适从，无处藏身。正是在这种对比和对照的呈现中，我们可以窥见福克纳对田园理想和工业文明之间的矛盾关系的态度和思考。

可见，斯诺普斯三部曲中各种交通工具景观书写折射了美国南

---

① William Faulkner, *Novels 1957–1962*: *The Town / The Mansion / The Reivers*, eds. Joseph Blotner and Noel Polk, New York: The Library of America, 1999: 425.

方城镇特定历史时期的消费文化和都市化进程，是这一时期物质文化景观的重要考察对象，揭示了现代工业技术对田园理想的侵蚀。城镇中汽车和马车对峙的景观书写不但象征了现代技术的入侵过程，也戏剧性地呈现了这种变革过程中短暂的传统和现代并置的独特现代经验；特别是汽车车灯这一独特的景观，书写了现代文明和田园生活相互对立的现代经验。福克纳以小见大，仅以光线的变化代表了美国南方从传统农业乡村向现代都市转变的普遍变化，其具有的普遍意义传达了作者对现代工业文明欲迎还拒的复杂态度。

这或许是福克纳内心对其真实生活的愿景：对于传统的回归，对于荣誉的珍爱，即使对摧毁南方旧传统的新兴家族——斯诺普斯家族也没有全盘否定，在有些斯诺普斯的身上仍然体现了旧南方那些值得珍惜和延续的价值观，比如对于荣誉的维护、坚韧等品质。通过对斯诺普斯家族地理空间的变易构建，作者福克纳对其神话王国“约克纳帕塔法”表达了最后的敬意和爱恋。

第三节　以乡镇空间为核心的地方与叙事层级

福克纳“约克纳帕塔法”世系小说中的“杰弗生镇”、普鲁斯特笔下的“贡布雷”、舍伍德·安德森的“温斯堡镇”、沈从文的“湘西”以及莫言的“高密”等地理空间，都可以用诺伯格·舒尔茨的“存在空间”或日本学者奥野健男的“原风景”概念来描述。这些“存在空间”或“原风景”不仅具有为作品提供背景的功能，更具有构成作品实质的功能，在上述许多作家的叙事文本中都能够体现出存在与空间的深层关系。小城镇是美国景观的一个重要方面，小镇地处乡村与都市之间，虽然大城市吸引了越来越多的居民，但是对于植根于农业经济的传统南方社会来讲，小镇是更具有凝聚力的地方。同为美国地域小说家，西奥多·德莱塞的《嘉莉妹妹》（*Sister Carrie*,1900）关注的是大都市景观，薇拉·凯瑟的《我的安东尼娅》（*My Antonia*, 1918）描写的是西部乡村生活，舍伍德·安德森的温斯堡和福克纳的约克纳帕塔法则刚好位于两者的中间地带，南方小镇是他们共同的关注点。安德森在他的小说中成功刻画了美国怪诞现象的群体症候，但他平铺直叙的现实主义手法使得他极力打造的美国小镇并无新意；而福克纳通过对现代主义艺术的直接接触和现代艺术理论的间接领悟，利用现代主义的手法处理他那邮票般大小的一块土地——“约克纳帕塔法”神话王国。福克纳的南方小镇杰弗生镇与舍伍德·安德森的温斯堡小镇相比，无论是在南方的地域特色方面，还是在小镇所涵盖的体系和内容以及主题的深度和广度方面，远远超过了后者。

安德森笔下的《俄亥俄州温斯堡镇》（*Winesburg, Ohio*, 1919）处于美国中西部俄亥俄州的北部地区，小说的主人公是现代社会工业文明挤压下的怪诞畸形之人，他们往往做出一些令人惊愕的事情。《没有说出口的谎言》里喝醉酒的温彼得与火车相撞的惨烈故事，还有杰西荒野祈求上帝显圣的荒唐之举，都充分展现了美国小镇文化在工业文明挤压下的艰难生存困境。安德森“破除了小镇神话，揭露了小镇生活中虚伪狭窄的价值观以及这种禁锢的生活所造成的种种不幸”。[①]不同之处还在于这两个镇的居民对于南方文化的认同感不一样。同样是处于北方工业文明强势入侵的背景下，安德森作品中的主人公对于南方传统文化，采取的是反叛与逃离策略，所以

① Lewis White Ray, *Winesburg, Ohio: An Exploration*, Boston: Twayne Publishers, 1990: 14.

安德森建构了“墙壁”这个地理意象，他的主人公试图要打破这面墙壁的封锁，从被囚禁的困境中挣脱出来。福克纳小说中的杰弗生镇，其精神核心也是南方的传统文化。南方精神是杰弗生镇居民坚不可摧的社区凝聚力，因此保守势力在杰弗生镇更为强大，空间呈现出更为保守和封闭的特点。相对于温斯堡镇居民的突围策略，杰弗生镇的居民大多是坚守该地文化，不属于该镇的人来来往往，只要在该镇停留，就得接受该镇的文化规约。也不管外力作用如何强大，南方人中的绝大多数都试图在现实生活中按照传统的文化精神约束自己，自觉或不自觉地保卫着所谓的“南方神话”。针对“异化”这一日益受到现代主义文学关注的社会病症，安德森和福克纳在各自小说中对地理空间采取了不同的处理方式，显示出两位作家对于南方精神传承所采取的不同态度，既可以看出福克纳对于现代性主题探索的延展和深化，也可以洞察福克纳将南方地域文学升华为美国民族文学的内在原因。

杰弗生镇对于“约克纳帕塔法”地方建构的作用，福克纳借用《小镇》中主要人物加文和《坟墓的闯入者》中查尔斯这两代人对杰弗生跨越时空的印象对比做了印证。加文在夜色中站在山脊眺望杰弗生镇，“目力所及第一眼就是杰弗生，它是中心，向空间辐射着微弱的光；整个县向外延展，又将它包围其中，由不同的分叉的路汇集此处形成中心……然后是位于地平线东南部的老法人湾，瓦尔纳家族的发祥地以及斯诺普斯家族不断向西北扩张的触角……”[①]查尔斯眼中阳光下的杰弗生却呈现出不同的面貌：“现在他似乎是看到了他故土的全貌，他的家乡……就像在一场缓慢而无声的爆炸

---

① William Faulkner, *Novels 1957–1962*: *The Town / The Mansion / The Reivers*, eds. Joseph Blotner and Noel Polk, New York: The Library of America, 1999: 277–278.

中展现在他面前的一张地图：东部绿色山脊一直蜿蜒伸向亚拉巴马州，西部和南部是……大河本身，美国的肚脐”。[①]两代人对于杰弗生的不同印象，显示出了时间在空间上留下的痕迹和印记。加文关注杰弗生这个地方本身，他在此出生、居住、成长、老去，一生离不开它，所以他的眼中也仅是杰弗生的所有；查尔斯是加文的侄子，他的生活轨迹显然和上辈有些不一样，他不仅看到了杰弗生，更是看到了杰弗生之外的地方和空间。这也正是作者福克纳极力想要表现的思想：约克纳帕塔法及其之外。虽然“从这些简略的引言中并不能看到宇宙维度的全部效果图，但是群山环绕的这个意象加强了约克纳帕塔法的意义：作为一个小宇宙，它就是美国的肚脐眼。”[②]

杰弗生镇这个肚脐眼，是福克纳文学地理学研究绕不过的研究热点，因为它出现在福克纳绝大多数作品里面，是地理叙事中出现频率最高的背景、场景、地方，也蕴涵了地理叙事的重要内容。因为太重要，杰弗生镇就相当于约克纳帕塔法整个神话空间的圆心。科尔曾说：“在《美人樱的香气》《我弥留之际》《村子》里弗莱姆·斯诺普斯的崛起以及《大宅》里明克·斯诺普斯的复仇中，杰弗生就是他们的朝圣之地麦加。在《未被征服的》《熊》《坟墓的闯入者》和《掠夺者》里，杰弗生是年轻人为了学习知识必须离

① William Faulkner, *Novels 1942–1954*: *Go down, Moses*! / *Intruder in the Dust* / *Requiem for a Nun* / *A Fable*, eds. Joseph Blotner and Noel Polk, New York: The Library of America, 1994: 398.

② Elizabeth M. Kerr, *William Faulkner's Yoknapatawpha*: “*A Kind of Keystone in the Universe*”, New York: Fordham University Press, 1985: 18.

开然后又回归的地方”。[①]全县几乎所有的公民，都在这里上演着自己的人生，以及观看他人人生的演出，比如《喧哗与骚动》中班吉在杰弗生广场的嚎叫、《押沙龙，押沙龙！》中萨德本闹剧式的婚礼、《八月之光》中莉娜和克里斯默斯在杰弗生镇的停留与离开等，都从不同层面增加了杰弗生的叙事内涵。但是杰弗生作为一个南方小镇，其肚脐眼或圆心的功能体现在和其周围的乡村空间的连接上：正是有了乡村空间和城镇空间的连接和对比，约克纳帕塔法的地方建构才得以完整，其空间差异实现了地理叙事的时空多层化，提升了地理叙事在艺术和思想层面的内涵意蕴。本节以约克纳帕塔法地方建构中两个具有代表性的空间进行具体分析。

一、以法人湾为中心的乡村空间

1. 《村子》：瓦尔纳庄园遗址上的乡村社区

《村子》是斯诺普斯三部曲里面的第一部，该小说讲述了斯诺普斯家族的核心人物弗莱姆·斯诺普斯在村子里的发家史。该村未开发之前是藤蔓和柏科植物交织成的丛林，殖民时期是法国人的原赐封地。因此该村子被称为“法人湾”。这片原赐封地的庄园主征服丛林、开拓良田的传奇经历早已成为当地村民模糊不清的集体记忆，唯一让人念念不忘的就是地下埋宝的传奇。这位姓瓦尔纳的庄园主留给继承者们最大的财富包括一段差不多十英里长的笔直河床和庄园大厦遗留下来的巨大房架。河床让人回想起北美洲大陆拓

① Elizabeth M. Kerr, *William Faulkner's Yoknapatawpha: "A Kind of Keystone in the Universe"*, New York: Fordham University Press, 1985: 21; Charles S. Aiken, *William Faulkner and the Southern Landscape*, Athens: The University of Georgia Press, 2009: 22.

疆者们由奴隶们支撑起来的改天换地、勇往直前的勇气；而那些珍贵的核桃木立柱和螺旋楼梯中心柱搭成的床架以及墙板居然成了该乡村社区农民们近三十年的柴火来源。昔日的荣耀和辉煌与这些日渐减少的床架都化作灰烬，整个瓦尔纳庄园成为一片废墟。村子里的头面人物威尔·瓦尔纳继承了原赐封地的绝大部分土地，包括庄园大厦多达十英亩的遗址所在地，还有村子里别人抵押给瓦尔纳家族的土地。村子里唯一的店铺以及铁匠铺、磨坊和轧棉厂等都由瓦尔纳家族控制。瓦尔纳家族的生意都是由威尔的九儿子乔迪出面打理的，村民与之打交道的，没有哪一个算计赢过他。其他村民的先辈们来自大西洋海岸，从北美洲的东北一路向南穿越田纳西山脉，定居在此地繁衍后代。现在的村民居住在没上过油漆的小木屋里，种植棉花或者私自酿酒贩卖。这块地盘地跨约克纳帕塔法县和临县的交界处，属于联邦政府管辖的盲区，除了选举之年的参与，该社区基本上属于一个独立王国。村子里开办了自己的教会和学校，拥有独立的司法和执法权力。以威尔·瓦尔纳家族为首的乡村社区具有当时南方乡村典型的特征：种族歧视严重，农业经济占据主导地位，新教氛围浓重，家庭观念很强。

建立在瓦尔纳庄园遗址上的老法人湾乡村社区，带有旧时期和新时期混杂的明显痕迹。威尔·瓦尔纳要么骑着匹老而肥壮的白马在自己领地里到处溜达，要么坐在自家铁匠打造的椅子里，背靠着祖先传下来的曾经辉煌、如今衰败的庄园遗址。而乔迪·瓦尔纳则在家族店铺里谨慎精明、不声不响地扩大着家族产业。瓦尔纳家族靠着祖上的荫庇和自己的精明，显然是控制了整个法人湾社区。从学校、教会等公益事业，到各种实业店铺，无一不在瓦尔纳家族的控制之下。但是，就是这样一个有着悠久历史和现实实力的传统家族，在新兴的斯诺普斯家族强势袭来的进攻下，节节败退。弗莱姆·斯诺普斯利用自己的狡诈手段，一步一步从瓦尔纳家族手里夺取了店铺、铁匠铺、轧棉厂等实体经济的掌控权，最后居然娶了瓦尔纳家里的女儿，成为瓦尔纳家族产业的合法继承人。他还利用村民们期望暴富的心理和庄园埋宝的传说，卖掉了瓦尔纳庄园遗址上的土地，把村民们的财富洗劫一空。

瓦尔纳庄园遗址上的乡村社区带有明显的历史伤痛痕迹，居住在此社区的人们在社会转型期再次遭到无情的洗劫，不仅仅是在经济上，更重要的是精神上的创伤，因为弗莱姆卷走的，还有村民们一息尚存的质朴、善良和勤劳等支撑南方农业社会的精神力量。

2. 《我弥留之际》：与世隔绝的棉农之家

“家宅是一种强大的融合力量，把人的思想、回忆和梦想融合在一起。在这一融合中，联想的原则是梦想。过去现在和未来给家宅不同的活力，这些活力常常互相干涉，有时互相对抗，有时相互刺激。在人的一生中，家宅总是排除偶然性增加连续性。它既是身体又是灵魂”。[①]迈克·克朗把家庭住宅作为一种地理景观来看待，他认为“地理景观的形成过程表现了社会意识形态，而社会意识形态通过地理景观得以保存和巩固”。[②]从家宅所含的隐喻来看，文本中的家宅就不仅是提供叙事背景，而且是成为叙事的主要内容。《我弥留之际》中位于断崖顶上的本德伦家宅，以一种反讽的方式呈现了重要的部分叙事内容。

本德伦一家是美国南方密西西比州的自耕棉农，家境贫穷且没受过什么教育，他们住在约克纳帕塔法县东南边陲老法人湾附近。

① 加斯东·巴什拉：《空间的诗学》，张逸婧译，上海：上海译文出版社2013年版，第6页。

② 迈克·克朗：《文化地理学》，杨淑华等译，南京：南京大学出版社2005年版，第35页。

美国建国前，老法人湾是法国殖民者的原赐封地，曾经被开垦成为棉花种植地，美国内战后遭废弃，成为一个远离现代城市生活的农村社区。这一社区既不属于约克纳帕塔法县，也不属于旁边的县。但是二十英里之外的杰弗生镇，对于本德伦们来讲是大都市。本德伦一家的家宅和其他村民相比，格外与众不同：偏僻、孤立、闭塞。顺着周围成林的棉花地中间笔直的小路，下到一座悬崖底下，经过一口泉眼，再沿着小路爬上这座悬崖山顶，才可到达本德伦的家宅。本德伦家宅与普通农民的家宅并无大异，主体部分包括主宅、谷仓、马厩等，门口的小路与不远处的大路相连。本德伦家宅独特之处在于其地形地貌和地理位置：它位于大片棉花地旁边一个孤立的断崖顶上，所以出入本德伦家是一件不容易的事。一家之长安斯就整整十二年没有到过杰弗生镇了。镇上的皮博迪医生身体肥胖，他出诊到本德伦家，还需要由人用绳子拉着才能爬上悬崖顶的本德伦家。另外，本德伦一家住在离镇上四十英里远的偏远乡下，正常情况下两三天才可以到达杰弗生镇；最近的邻居塔尔先生家离本德伦家也有四英里的路程，塔尔家附近有一座建于1888年而年久失修的小桥，是通往镇上的必经之路。

本德伦家宅的房屋依着山势而建，不是那种四平八稳的建筑，而是有些倾斜："A feather dropped near the front door will rise and brush along the ceiling, slanting backward, until it reaches the down-turning current at the back door; so with voices"。[①]本德伦家宅处在断崖山顶这样的地形，本身就充满了一种闭塞落后、与世隔绝的违和感（如图5所示）。

---

① William Faulkner: *Novels 1930–1935*: *As I Lay Dying / Sanctury / Light in August* / Pylon , eds. Joseph Blotner and Noel Polk, New York: The Library of America, 1985: 14.

图5　本德伦家想象图

回家的本德伦们和鲜有来往的邻居们还在攀爬悬崖未到本德伦家，就可以听见来自本德伦家宅的声音。不见其屋先闻其声形象地说明了本德伦家宅的怪诞与孤立，由此也可以看出本德伦家的闭塞。本德伦家宅地势的特殊性使得声音景观特别突出。不见其屋先闻其声的描写，与《红楼梦》中王熙凤不见其人先闻其声出场的描写，有着异曲同工之妙。当艾迪弥留之际，皮博迪医生在一英里之外都能听到大儿子卡什锯木的声音；本德伦家的二儿子达尔在回家途中开始爬山时也是如此。卡什锯木的声音，在艾迪弥留之际以及艾迪真正死了以后始终萦绕在本德伦家宅这个地理空间里，并且这种声音景观在不同的人心中引起了不同的反应。艾迪可以透过窗户亲眼看到儿子为自己打造棺木，耳朵可以听到这种声音！对于家人来讲，这种锯木的声音实际上就像一种催命的号角。本德伦家里每个人都有去杰弗生镇上的打算，只等艾迪咽下最后一口气了。在等待的过程中，艾迪的丈夫、本德伦家族的家长安斯·本德伦，重复最多的动作就是用手揉搓膝盖，目光却指向远处的田野，因为那里有通向外面的大路。在小说前八个叙述声音里，安斯朝田野远处望的细节就多达八处。当艾迪咽下最后一口气，安斯最关心卡什赶做棺材的进度，不能因为棺材耽误了送葬启程。妻子过世，丈夫不是悲痛，而是如释重负，升腾起了安装假牙重过新生活的希望。尽管家宅尽显贫态，本德伦家的每个人都想趁机到二十多英里之外的杰弗生镇满足自己的愿望。当送葬之旅结束，艾迪终于入土为安，每个人都付出了代价，他们中没有一个人想过要逃离这个家宅（除了达尔被家人扭送至警察局外）。安斯还在妻子安葬后的第二天娶了新一任的本德伦太太，以一种令人惊愕的黑色幽默方式，维系着本德伦家族表面上的完整。

一般来讲，外在的非家宅世界具有平面化以及简单粗暴化的特征，而家宅世界具有多层次感以及丰富细腻的特征。因此，通过分析家宅这一地理景观，既可以了解主人公的内心世界，又可以窥见作者的哲学观。杜华平肯定家宅“这一原型意象所包含的幸福感、安全感、宁静感和圆整感”[①]，指出其文学批评的实践意义。在《我弥留之际》中，断崖顶上的本德伦家宅，倒是呈现出平面化以及简单粗暴化的特征，而在外在地理空间的流动中，特别是杰弗生镇空间，具有多层次感以及丰富细腻的特征。因为随着本德伦一家的流动，每个本德伦的内心以及人生哲学得以披露。在封闭的本德伦家宅里，家人和家人之间是一种非常冷漠的关系，但是无比反讽的是，正是这种冷漠的家庭关系维系和完成了这场艰难的送葬之旅。整个故事别出心裁地结束在新一任本德伦太太的出现时：安斯将自

① 杜华平：《文学地理学的多面相与学科融合》，《中国文学地理学会第六届年会暨首届硕博论坛论文集》（上），2016年，第30页。

己的新太太介绍给家人。虽说家庭表面的完整形式得以更新，可是回家之旅只字未提，那个位于断崖顶上的家，对于所有的本德伦来讲已经失去了存在的价值。“家也可以是出发逃离的地方，家也是人们起始的地方”。[①]断崖顶上无可逃离的家与每个人心中对外面世界的渴望形成巨大的张力：对于处于社会转型期的他们，城镇空间无处安身，只有回到那个位于断崖顶上的家宅。本德伦一家对于家宅的无望回归与康普生一家对于家宅的游离与背弃形成了完全对立的地理空间，从而丰富了地理空间的意蕴，刻画了同处转型期不同阶层的人生百态。另外，与世隔绝的本德伦家园空间建构表明福克纳突破了传统的贵族世家叙事模式，试图对“南方神话”中贵族形象的重要性进行一种削弱，对南方世界进行较为完整的描绘，以增加其世系小说中南方世界的真实性。

3. 《圣殿》：废弃之地的盲流集散地

继《喧哗与骚动》（1929）和《我弥留之际》（1930）之后，福克纳在1931年发表《圣殿》。这部小说的销量超过了前两部的总和，成为福克纳最畅销的小说。由于巨大的商业价值，该小说先后两次（1933和1961）被改编为电影上映。在《圣殿》这部小说里，福克纳没有使用《喧哗与骚动》和《我弥留之际》中使用的意识流、多视角叙事的艺术手法，而是以骇人听闻的故事情节取胜，尽管福克纳自己和福克纳研究者们对此各执所持。《圣殿》里最吸引人眼球的就是谭波儿被金鱼眼用玉米芯强奸的情节。该情节就是在老法人湾废弃大宅之中发生的。

这个废弃大宅与外界相隔，仅有一条废弃的小道与外界的大路

① 马修·波泰格、杰米·普灵顿：《景观叙事：讲故事的设计实践》，张楠等译，北京：中国建筑工业出版社2015年版，第253页。

相连，并且在小道的进出口横亘着一棵被砍倒的大树。只有穿过与泉水交汇的沙地，再沿着丛林里的上坡小道前进，才能到达大房子的隐身之处。大房子光秃秃、四四方方，兀立在杂树丛生的废墟之上。早先庄园主开垦的花园、棉花地以及草坪等都已经恢复到未拓荒之前的蛮荒状态。大房子仅剩的巨大房架，被附近的村民一块块拆下来，当做柴火使用。在《圣殿》这部小说中，寄居在此地的就是“新南方”时期的一些社会盲流。其中有酿贩私酒的黑帮头目金鱼眼、其下属李·戈德温和其情妇鲁比，以及黑人喽啰汤米和凡。其中金鱼眼拥有枪支，始终穿着紧绷的西服，戴着有棱有角的草帽，但是他连猫头鹰、狗甚至连自己的影子都害怕，是一个外强中干、心理变态的性无能者。戈德温以前是个罪犯，一战时被派往战场，战争结束后继续服刑。后来情人鲁比靠出卖身体赚钱，才将其保释出狱。他和鲁比生有一个小婴儿，始终放在一个木头箱子里；戈德温自己又聋又哑的老父亲跟着他们住在一起。戈德温靠非法私自酿造和贩卖烈酒为生。汤米是一个智力有点障碍的黑人。唯一的女人鲁比为他们做饭。私酒酿造之地隐藏在废弃大宅的深处，与外面的通道还得走上一英里多的路才能接上，而前来买私酒的外来人必须有人带路才能到达这个隐藏窝点。

这个非正常的集聚地只有经由门廊而进、贯通整座房屋的过道，黑暗灯光的厨房，三块糙木板和两个支架钉成的餐桌，房子后面有一间从来没有住过人的卧室，里面有一张床和一把椅子。床上只有一条百衲被，没有床单也没有枕头，床垫是由玉米壳填充的。在房子远处，顺着一段杂草丛生的斜坡，可以看到一座废弃的大谷仓。大谷仓的屋顶下陷，露出一个缺口，即使谷仓门关闭，从这个屋顶缺口也可以进入谷仓内部。所以这是一个非常隐蔽、封闭、荒凉，同时又高深莫测、随时可以滋生罪孽的地方。

这个地方带有浓重的历史痕迹，仅剩的遗迹是历史创伤的见证。更为重要的是，被摧毁的废墟没有获得重生的力量，而是以一种无可遏制、继续恶化的状态加重自身的创伤。就是在这个废弃大宅，弗吉尼亚的大学生高温前来买酒，在杰弗生读书的女友谭波儿陪同前来。高温一天之内喝醉三次，酒醒过后怕承担责任，对深陷废弃大宅的女友弃之不顾，逃离了该地。也正是在此地，性无能的金鱼眼用玉米芯强奸了谭波儿，并将其挟持到孟菲斯的瑞芭妓院。曾经荣耀无比的法人湾大宅经由战乱时期和重建时期，废弃的命运不可逆转，并且在“新南方”时期，历史梦魇再度循环上演。废弃之地的叙事使福克纳笔下的约克纳帕塔法空间趋向完整，不仅拓展了南方叙事的有效空间，而且延宕了南方叙事厚重的历史悲剧感。

二、以杰弗生为中心的城镇空间

福克纳小说中的小镇杰弗生，镇中心的广场是“约克纳帕塔法”世系小说中的核心地理空间，几乎每部小说中每一个重要的情节或前或后都归聚于杰弗生镇的广场。小说中的杰弗生镇是以作家福克纳五岁时随家人迁居的拉斐耶特县奥克斯福镇为蓝本的。美国南方的密西西比州在美国历史上向来是“a closed society still fierce in its isolation within the often closed society of the South itself... a nation socially and psychologically outside the nation that enclosed it legally and physically”。[①]在大的乡村背景下，不管是离杰弗生镇十二英里的萨德本百里地，还是身处断崖顶上的本德伦一家，还是《圣殿》中谭波儿被强奸的地方老法人湾都与杰弗生镇相关联，“约克纳帕塔

---

① Eric J. Sundquist, *Faulkner: The House Divided*, Baltimore and London: Johns Hopkins University Press, 1983: 66.

法”世系小说的城镇空间杰弗生镇，成了上述小说中一个绕不过去的或者说最终指向的地理空间。对于康普生家族就更不用说了，因为该家族就位于该镇的中心。杰弗生镇在这些乡村背景的映衬下，具有令人无法抗拒的吸引力：一切的问题、一切的愿望好像只有在这个城镇空间才得以解决或实现。这在《我弥留之际》中显得尤为突出。本德伦一家利用送葬的机会，不约而同把杰弗生镇当做朝圣地进发，不管大雨、洪水、大火等的严峻考验，似乎在杰弗生镇，全家人都可以得到想要的东西：安斯的假牙、杜威德尔的堕胎药、卡什的留声机、瓦达曼的小火车和香蕉、达尔的疯狂、朱厄尔为母尽孝的孝心。杰弗生镇似乎可以满足物质、感情、精神等各方面的需求。确实，本德伦一家前往杰弗生的送葬之行，实为实现梦想之旅。安斯埋葬死去的妻子后换了假牙，解除了困扰他多年的没有牙齿、不能正常进食的难题；更为重要的是他理发、修面后面目焕然一新，利用借还挖墓地的铁锹为名，出乎意料顺利地娶到了第二任本德伦太太；卡什虽然失去了一条腿，他也间接地得到了念念不忘的留声机，因为新的本德伦太太的嫁妆中就有一台。

杰弗生镇是整个“约克纳帕塔法”世系小说中的核心地理空间，最具有代表性的建筑就是杰弗生广场和法院，这代表公众的集体意识和权利。

图6是根据查尔斯·艾肯绘制的杰弗生镇简图[①]改绘而来。最中心的建筑是法院和南方将士纪念碑，其东南部是老康普生家；东北部是沙多里斯银行，再往北一点是监狱；西北方向最靠近中心的是霍尔斯顿旅馆，再往北是镇上居民的公众墓园以及沙多里斯的雕

① Charles S. Aiken, *William Faulkner and the Southern Landscape*, Athens: The University of Georgia Press, 2009: 22.

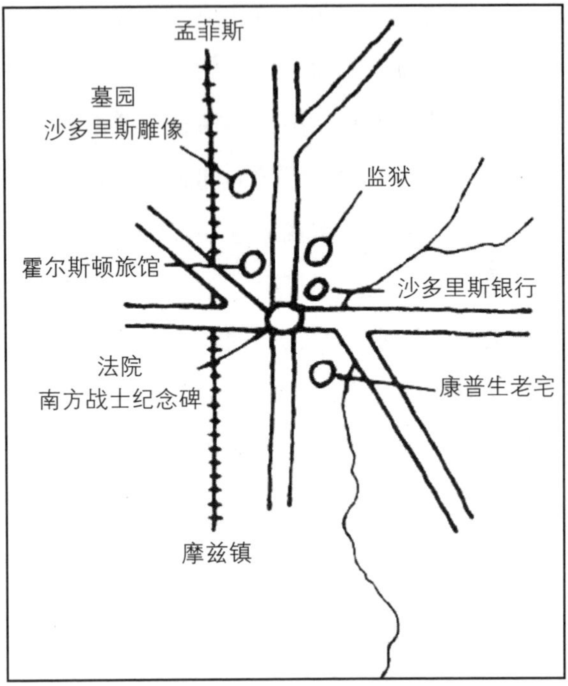

图6　密西西比州杰弗生镇中心地图

像。杰弗生广场则是上述代表性建筑中间的开放地带。杰弗生广场就像古希腊的城邦一样，“只有在战胜一切不利于城邦确立的‘他者’之后，城邦制度及与之相联系在一起的理性、秩序、节制等品质才可能建立起来”。[①]也就是说，这一空间同时具有同质性接纳以及异质性排斥的功能。法院、广场、旅店、银行等占据主流话语权的景观与其他异质地理空间，如小镇边上伯顿小姐的大宅、海托华的小屋以及黑人小木屋，形成了尖锐的对比。康普生家族、本德伦家族、萨德本家族空间，甚至处于流动状态中的克里斯默斯和莉娜，他们的故事在这个小镇地理空间中或多或少都有展示。南方小

① 龙迪勇：《空间叙事研究》，北京：生活·读书·新知三联书店2014年版，第213页。

镇的多层级结构或者说他们的故事，在杰弗生镇这个空间中都有不同程度的叙说。

杰弗生镇既是梦想实现的魔镜，也是人性毕现的放大镜。杰弗生镇作为一个典型的南方小镇，和美国同时代其他小镇一样，“象征着美国城市的本质，一方面说明资本主义在城市获得绝对支配地位；另一方面还说明资本主义‘福特时代’在深层次上具有的历史特殊性：‘物的同质化’的历史趋势与‘人的异质化’的历史境遇并存”。[①]物的同质化与人的异质化，在杰弗生镇并存，一方面显示了作家利用空间表现时间的现代艺术手法。比如本德伦一家，从远离杰弗生镇四十英里的、位于断崖顶上的家出发，行进四英里至最近的邻居塔尔家。附近的桥被冲垮，全家决定经纽霍普赶到八英里之外的萨姆森桥，同样桥被冲垮无法过河，一家人再次经过纽霍普，折返至塔尔家附近涉险过河。最后才绕道莫特森镇到达杰弗生镇。全家人的送葬之旅迂回曲折，竟然在艾迪死后九天，才得以到达目的地。沿途地理空间的变化，洪水与大火，不停地上山与下山，天上如影随形的秃鹰们，沿途乡亲们的不同意见和驱赶，既说明了本德伦一家送葬之旅的艰辛，也说明了杰弗生镇之行对于整个家族的重要意义。另一方面，本德伦一家在杰弗生镇的空间实践，集中反映了他们的个人经验与城镇居民集体经验的碰撞与摩擦。作为一个开放性的叙事景观，杰弗生广场催生了新的故事：葬完前妻的安斯居然娶到了新一任本德伦太太。这对于全家历尽千辛万苦完成的送葬之旅无疑是一极大的讽刺。通过本德伦一家在杰弗生镇的空间实践，长期以乡下人自居的福克纳对城镇所造成的“物的同质

① 张海榕：《小说叙事空间的多重维度与刘易斯的文化空间想象》，《浙江工商大学学报》2013年第5期，第22页。

化”与“人的异质化”无疑持有一种深层的批判。杰弗生镇对“物的同质化”与“人的异质化”的双向容纳，体现了资本主义在现代化进程中的胜利，这对南方传统文化中的价值观和宗教观构成了极大的挑战。所以，福克纳建构杰弗生镇这样开放的地理空间，既有艺术创新上的看点，又有主题揭示上的升华。

福克纳长篇小说中不同层次的地理空间具有微观与宏观、自然与人文、静态与动态对立统一的特征。这些特征对于小说的地理叙事是至关重要的，关系到叙事是否真实可靠，关系到文学表达的本质属性，是审美对象化的集中体现，属于叙事本体的一部分。因为地理空间所具有的视觉特征可以刺激读者的感官反应，一方面可以增强读者对真实南方的主观感受，另一方面可以引发读者对于美国南方诸多社会问题的进一步思考，有利于对福克纳作品的艺术价值和社会价值做进一步把握。可见，地理叙事取决于地理空间和叙事之间的相互关系和彼此作用。一方面，地理空间构成叙事的背景或场所，而背景或场所是叙事必不可少的条件之一；另一方面，地理空间也包含了叙事的故事内容，从而使地理空间自身可以成为一种多变而重要的形象，并且具有产生故事的能力。以地理意象、地理景观和地方逐级建构的地理空间“约克纳帕塔法”，实现了静态时间的内部变化与动态时间的外在变化的有机结合，打破了传统小说时间线性叙事的陈规，形成了福克纳特有的时空并置的叙事特色。

第三章　福克纳小说中的地理空间特征与人物塑造

小说发展到现代主义阶段出现了片段性和向内转的两大特征。在现代小说中，叙事情节不再像在传统叙事中那样占据最重要的位置，而是得到相对淡化的处理，叙事模式由传统的时间线性发展为非线性甚至碎片化；情节得以淡化处理，精神世界的探索从而转为现代小说叙事的重心。与此相应，人物行动相对弱化，人物内心却得到深层次的挖掘，这正契合了现代主义小说的“向内转”的时代发展要求。“向内转”是指作品的表现对象“由外部客观的物质世界转向内心主观的精神世界。一定时期的社会存在不是通过外在客观事物、人物肖像和行动的描绘，而是通过人物内心对外部事物各种各样的反应、感受、经验、联想而得到表现的”。[①]即便如此，“叙事作品的时间性特征，使得我们无法像对绘画、雕塑等空间性艺术那样对它们作整体性、实体性的把握”。[②]叙事作品的时间性特征加上记忆的易逝性足以解释一千个读者就有一千个哈姆雷特的文

① 管建明：《福克纳叙事艺术中的时间和空间形式》，《外语教学》2003年第4期，第73页。

② 龙迪勇：《空间叙事学》，北京：生活·读书·新知三联书店2015年版，第260页。

学现象，它们使得叙事作品的人物形象在读者头脑中呈现出模糊不定的特征。所以一些现代主义和后现代主义作家便突破常规手段，利用空间或某个特定地方的具体性和相对稳定性来塑造人物形象。美国生态学者劳伦斯·布伊尔认为地方“由其自身所建立，包含主体性之内并尊重主体性”[①]，“‘做某个人，也就是维系于某个世界’的主张有不言而喻难以反驳的力量”。[②]因为这些地方具有如绘画、雕塑、建筑等的空间性特征，所以在叙事作品的人物形象塑造方面具有明显的优势。人物的性格特征或是心理状态一旦与某种“空间意象”结合，就会延长和加强读者的记忆。

实际上，地理空间建构是中外作家用来塑造人物形象表现其心理状态的常用手法之一。曾大兴把古代文论家刘熙载‘一左一右’的横列之法列为空间分析法之一，并且认为：“这种方法通过空间位置的转换和组织，对外观图像和抒情主人公的内观心灵做横向的展示和披露。这种方法讲究空间定向，作品的图景和意象总是按照一定的逻辑线索和视听者的欣赏习惯作顺序的转换和移动，由远至近或由近及远，由视而听或由听而视，层层推衍，环环紧扣，抒情主人公的心理活动轨迹清晰可辨”。[③]可见在中国文学发展史上，通过空间的建构来塑造人物形象早已有之，空间批评的历史也是由来已久。在外国文学作品中也是如此。比如在《欧也妮·葛朗台》中，巴尔扎克用差不多两千字的篇幅描写了葛朗台家的老宅子外围

---

① J. E. Malpas, *Place and Experience: A Philosophical Topography*, Cambridge: Cambridge University Press, 1999: 35.

② Maurice Merleau-Ponty, *Pheomenology of Perception*, trans. Colin Smith, London: Routledge, 2002: 169.

③ 曾大兴：《柳永和他的词》，广州：中山大学出版社1990年版，第111-112页。

以及街道的情况，然后不遗余力利用充足的细节描写老宅子主体部分，包括大门的材质及现状，门框、门楣上的浮雕及依附浮雕础石而生的各类花草，还有大门上的小门以及安装了铁栅的小方洞。接下去巴尔扎克写到了宅子里面的堂屋、地板、窗帘，还有欧也妮和葛朗台太太几乎静止刻板的生活状态。葛朗台家老宅子的物理存在状态，加上宅子里欧也妮和葛朗台太太日复一日年复一年的活计，时间、人物行动、空间彼此叠加构成了一个能充分展现人物性格或人物心理状态的空间：老葛朗台的吝啬刻薄、欧也妮和葛朗台太太逆来顺受的形象跃然纸上。在狄更斯的《远大前程》里，哈维沙姆小姐长期封闭的大房子也是她内心封闭、阴暗的空间表征物。狄更斯选取哈维沙姆小姐大房子里的餐厅和花园两个空间进行描写。在其餐厅里，让人无法正常呼吸的混浊空气、壁炉里毫无生气的炉火、弥久不散的冷烟，还有搅乱了餐厅黑暗的蜡烛、无处不在的灰尘、活动繁忙的蜘蛛、泛黄的桌布，这些空间元素组合起来形成了一个了无生机的空间，整个空间正是其主人哈维沙姆小姐内心幽闭的真实写照。

“众所周知，深入探索在传统社会结构全面解体的环境中，现代人的异化感和孤独感是现代主义作家的基本创作宗旨”。[①]现代主义中关注人物内心、消解线性叙事等现代主义美学思想不可避免地影响到福克纳的创作。在福克纳的小说中，很难明确地找到大时代的痕迹，或者说他的小说算不上标准的宏大叙事，因为福克纳不是直接描写北方工业经济对南方农业经济摧枯拉朽的摧毁，也没有挺身而出发出社会改革的慷慨呐喊。在福克纳的创作时代，已经不像

---

① 李维屏、张琳等：《美国文学思想史》，上海：上海外语教育出版社2017年版，第553页。

内战结束后的南方重建及现代化的初期阶段，那些维持美国南方神话的小说日渐式微，轰轰烈烈的时代主题和英雄人物的刻画美化得以淡化。那些具有思想深度和艺术创新欲望的南方作家已经痛苦接受了南方失败的事实，并且通过作品反映他们对于这场失败的深刻反思。虽然个体与时代已经不像“大时代”中那样深层绑定，但是内在的裹挟关系仍在。所以在福克纳的小说中，他很少刻意塑造具有“与之共兴衰”的历史使命的人物，更多的是表现人物面对现实时的无能为力和逃避。《喧哗与骚动》中沉河自杀的昆丁、《八月之光》中自我紧固的海托华、《我弥留之际》中一心向死的艾迪、《押沙龙，押沙龙！》中的智障儿吉姆·邦德以及《圣殿》中的无为律师霍拉斯等，从各个层面代表了整个南方社会处于集体失声之下的心理困境和精神荒原。要真实深刻地描绘这种集体失声，相比较宏大叙事而言，人物内心的触及以及个人化的艺术表达显然更具魅力和效力。福克纳的独特之处在于将问题的中心定焦于人物内心层面，用人物内心深处的回音来回应历史的迫切要求，超越了一般意义上的历史、文化、政治、经济层面，从而获得一种关于人性普世价值的确立。

在此意义上，如果把福克纳认定为一个南方作家或者一个地域小说家，未免小气些。福克纳长篇小说的时代背景绝大部分处于农业社会向现代社会的转折期。现代文明带来了物质层面的极大进步和丰富，但是精神文明的发展却出现了停滞和退化，传统文化中虽有些负面、消极和腐朽的东西，但是其间也包含正能量的因子，比如荣誉、正义等价值，然而它们未能延续到现代社会。时代剧变的大背景之下，美国南方传统价值尚未消逝或被抛弃殆尽，尽管它们的地位岌岌可危，不再具有先前旺盛的生命力，但是新的精神价值尚未得到确立和认同。传统与现代之间处在一种拉锯式的争斗中，因此小说中人物的各种心理特征也是呈现出不同的不确定性特征。福克纳曾形象地把“现代社会比作‘精神荒原’”[①]，并且敏锐地捕捉到处在特殊的社会转型时期的人们道德退步和精神异化的社会现象。并且福克纳将这种精神荒原与哥特式的写作手法结合起来。福克纳最感兴趣的不是那些带有南方特色的或者哥特式的故事本身，而是这些故事背后隐藏的人心深处的某些神秘领域，就像福克纳在发表诺奖感言时所说：“...the young man and woman writing today has forgotten the problem of the human heart in conflict with itself which alone can make good writing because only that is worth wrting about worth the agony and the sweat”。[②]

美国南方或者说福克纳家乡那块邮票大的地方对于他来讲，就是一块展现人的内心深处的沙场：他小说中的每一个人物在此沙场上以袒露或是隐藏的方式表达着自己的内心。一般来讲，南方哥特式叙事有如下特点：第一，叙事背景常常是具有历史意义的大宅；第二，事件往往与真实或虚构的超自然力量或神秘力量联系在一起；第三，叙事故事往往是由一个女性角色发现某个秘密开始。南方哥特式叙事往往通过颠覆传统的南方人物形象、解构种植园庄园经济体制和骑士神话，以及刻画文化间的冲突，以达到解构南方伊甸园的最终目的。路易斯·帕尔玛将南方哥特式叙事分为家族哥特叙事、种族哥特叙事、阶级哥特叙事等。本章结合福克纳小说的文本特点，拟从福克纳哥特式叙事中关注人物内心状态的特色，结

① 李萌羽：《多维视野中的沈从文和福克纳小说》，济南：齐鲁书社2009年版，第143页。

② William Faulkner, “Address upon Receiving the Nobel Prize for Literature”, *Essays, Speeches & Public Letters*, ed. James B. Merither, New York: The Modern Library, 2004: 119.

合空间建构的艺术手段，在哥特式叙事中真实地再现南方人在内战前、内战期间及战后“新南方”时代所遭受的集体心理创伤。

第一节　流动空间与人物的分裂感

人地关系是文学地理学研究的主要内容之一。就像诗人常常借助地理上的迁移去描述心灵上的流浪感一样，福克纳也善于利用空间的流动去表现人物的迷失感。在其小说中，他为绝大多数男性人物构建的地理空间都是流动性的。而处在社会剧变转型期的人，其内心往往是无从所依的，呈现出一种明显的迷失状态。对抗这种迷失状态的方法，就是不断地尝试新的地方进行各种地理体验，通过确立个人的身份而结束或者终止这种迷失状态。这种流动的地理体验在叙事文本中的男性人物身上更为常见。相对而言，静态空间的研究只能解决人地关系的部分问题，而动态的人地关系更能深刻地揭示人物的内心特点。比如由流动性、自由、家和欲望等关键词组成的空间建构就比较明确地呈现非常男性的世界。在男性人物从流动的空间体验到自我身份的确立的整个过程中，他们的内心世界呈现出一种立体而更加可信的展示。

一、《喧哗与骚动》：昆丁南北交替空间的分裂

昆丁是《喧哗与骚动》中康普生家族的长子，也是该小说中第二章的叙述者。小说第二章是昆丁自杀前发生在他自己身上的故事以及他通过意识流回忆的故事。因此在不断的空间转换中，小说的叙事时间和故事时间呈现出明显的多层断裂特征。昆丁当时身处北

方的哈佛大学，现实中北方的时空与意识中南方的时空交替出现，他对过去的深深眷恋以及对现实的彻底失望，导致他无法把握住现实，他身心迷失和分裂的状态在交替变化的时空中展露无遗。昆丁自杀前的空间流动不仅仅是身体的流动，更重要的是反映了他内心的分裂状态。昆丁上大学的费用是康普生家族的最后一块地产换来的，如果他能够正视自己并且具有相当的行动力，作为康普生家族长子的他应该会好好珍惜这来之不易的机会，虽然家族辉煌不再，但是他至少还有可能调整心态，努力把握现实。但是昆丁的长篇独白记录了一个"'a process of derealization' during which 'the entire fabric of a self is unraveled and comes apart'"。[①]家族辉煌时代的精神遗产，如维多利亚时代的道德二元论对处于二十世纪的昆丁来说，已经变成令人窒息的教条，并且强行把他们与经验的现实世界分开。维多利亚时代的道德二元论一方面强调美、品德、荣誉等纯精神层面，但是在现实层面则表现为纯粹的生理欲望、精神上的腐败和行动上的无能。昆丁对此种道德规训进行了堂吉诃德式的捍卫，比如他与夺去妹妹贞操的达尔顿决斗，但是身体和精神上的双重弱势使他不战而败，因而他对传统的捍卫显得虚弱无力；在现实世界他无法找到自己存在的理由，对于父亲的虚无主义哲学也无法接受，所以昆丁实际上处于一种文化上的无人区，是一个找不到自己位置的迷路人。妹妹凯蒂的失贞和滥交彻底消解了昆丁捍卫传统荣耀的勇气，他选择以死来结束由这种分裂带来的内心痛苦。

在这种情况下，昆丁的内心处于一种迷失、分裂的状态，他的存在找不到支撑的精神力量。昆丁的身体和意识在流动的地理空间

① Andre Bleikasten, *The Most Splendid Failure: Faulkner's "The Sound and the Fury"*, Bloomington Ind., 1976: 133.

中茫然前行，同时他的内心在现在与过去的变幻时空中游走。在哈佛大学的宿舍里，他的关注焦点是窗框的影子和滴滴答答走动的手表，由手表回忆起父亲的话，意识里预见妹妹结婚的场景以及无处不在的忍冬花香。回到现实的昆丁砸碎了父亲传下来的手表，连表针都折下来扔掉，却止不住手表机芯的转动，耳边时时刻刻可以听到滴答滴答的声音。死意已决的昆丁搭车从剑桥来到了波士顿，一路所到之处都是他对时间的关注：自己的手表的声音，城里面报时的钟声，还有钟表店里时间不一的计时器。昆丁竭力在没有时间的纯粹空间里获得某种安全感和确定性，于是他试图将时间固定在某一个特定的空间，这种做法显然是徒劳无功的。[①]就像他在查尔斯河边看到的那条鳟鱼，悠然自得地在河里待了有二十五年，它在河底的身影清晰可见，可是谁也无法把它钓上来。大自然中的鳟鱼利用自身的力量和技巧完全能够适应其生存的河流，并且避开人类的伤害自由生活。永远钓不上来的鳟鱼也许象征着昆丁无法企及的理想状态。昆丁通过“对‘情感时间’的认同和对‘机械时间’的排斥来表达对旧南方历史的依恋和对北方现代化进程的批判”。[②]

昆丁的生活和行动显得茫然，比如他只是机械地跟着有轨电车上上下下，没有任何目的和规划。在河边的来来回回中，鳟鱼、电车以及钟声提醒昆丁身处的现实世界，但是在昆丁的当下意识以及回忆中，代表性欲感官冲动的忍冬花香和伦理冲突事件不断回现。昆丁还在无望地坚守着旧时的淑女精神，但是，以凯蒂为代表的

---

① Gail L. Mortimer, “Precarious Coherence: Objects through Time”, *William Faulkner's The Sound and The Fury*, ed. Harold Bloom, New York: Chelsea House Publishers, 1988: 107.

② 高红霞：《美国“南方文艺复兴”文学主题在后现代的断裂与延续》，《青海社会科学》2012年第1期，第193页。

南方淑女们自己都在推翻、反叛它，处女身份及其精神价值已经变得毫无意义。同时，内化的道德要求压制了昆丁的自然身体需求，忍冬花的香味强烈地诱惑着他，以至于他呼吸困难，只有把脸贴紧土地才能逃避忍冬的香味。昆丁对自己身体的感知还体现在对影子的过度关注上，影子是他的“必死的身体自我”。因为道德二分法的律令，昆丁认为“身体自我是危险和被禁的——是他必须不惜一切代价与之分离的某些事物”。[①]所以在人行道上，昆丁用坚硬的鞋跟把影子的骨头踩进混凝土里；在河边看到水面上的影子，昆丁希望能够把它按到水里去淹死。在其深层意识里，身体自我——影子——是黑暗的象征，它具有强大的力量和激情，诱惑着他，但也对他努力保持的“白色”和“文明”构成了威胁和破坏。通过愚弄和踩踏影子，昆丁在道德上拒绝了他的黑暗自我，同时却不必冒着伤害或失去这个自我的风险。迷失与无助在现在与过去、真实与虚幻的地理空间中反复碾压着昆丁脆弱的内心，在忍冬花香、钟表的报时声、无时不在的影子、鳟鱼等地理元素的诱惑与对它们进行抗拒的极端挑战下，不堪忍受的昆丁只有选择死，才能解脱这种无休无止的碾压。

昆丁的内心分裂与其弟弟杰生的狂乱形成了不同层次的隐喻。杰生的狂乱，读者可以感受到二十世纪二十年代整个新南方“受围心态”的集体无意识，这无疑是一种阴暗负面的心态，它把南方内部固有的顽疾所造成的灾难转换成“他们”（亦即北方）施加给南方的迫害。在“受围心态”和与传统决裂的双重裹挟下，杰生痛恨父亲酗酒的做派，他滴酒不沾，终身未婚，幻想通过自身的独立性

---

① 丹尼尔·J.辛格：《威廉·福克纳：成为一个现代主义者》，哈尔滨：黑龙江教育出版社2016年版，第209页。

能够力挽狂澜，重振家族昔日的辉煌。实际上杰生的这种过分自我抹掉了整个家族残余的荣耀之光：他宁愿烧掉两张免费的戏班子入场券也不做顺手人情送给勒斯特；他在投资理财方面也是极端不明智；他还无耻而心安理得地克扣外甥女小昆丁的生活费，而对家人的日常生活必需品的安排也是百般吝啬。清教传统里面那些高尚的品质比如勇敢、仁爱、牺牲、慷慨等在杰生身上已经荡然无存，他对“财富的追求已失去了其宗教和伦理意义”。[①]这无疑意味着南方传统社会引以为傲的贵族精神的彻底终结。正如伊萨多·特拉琛所言，杰生“与任何人，包括他的家人、仆人、妓女或雇主，都没有充满人情的交往。而且正像他的头疼所暗示的，他与南方及其传统分离，与自然和上帝分离，最终与他自己分离”。[②]

昆丁的分裂和杰生的狂乱都隐喻了二十世纪初南方新一代的年轻人对传统文化的认同危机，杰生的精神狂乱表明这种认同危机已经扩散到人与他人甚至是社会的层面，而昆丁的彻底迷失则表明这种危机只局限在他个人与自己的内心之间。如果一个人连自己的内心都无法掌控，那么那对于他人和社会就更是无能为力。昆丁身处北方，在北方似乎无法停止的空间流动中，其意识承载的全是对于南方的回忆。他身心分离，南北空间的持续交替形成的巨大张力彰显了昆丁内心分裂的痛苦。福克纳对昆丁精神危机的关注超越了南方社会的局限性，与当时整个社会呈现出的现代主义精神危机不谋而合：那些“反复描写的南方种植园世家飘零子弟的精神苦闷，也恰好可以与现代一些思虑重重的知识分子（而且也不仅仅是知识分

---

① 马克斯·韦伯：《新教伦理与资本主义精神》，郁喆隽选译，杭州：浙江大学出版社2018年版，第148页。

② Isadore Traschen, “The Magic Form of The Sound and the Fury”, *Southern Review,* 1976, 12 (October): 807.

子）的烦恼相同”；在“如何对待祖先传下来的有罪的历史负担、如何保持自己精神的纯洁性、在何处寻求精神上出路”的困惑追寻中与“西方一部分知识分子感到困惑的问题”如出一辙。[①]在当时的文学创作背景下，福克纳小说中所体现出的现代主义人文情怀使南方文学超越了地域的局限性，将南方文学带到前沿的现代主义文学阵营。

二、《我弥留之际》：本德伦们从乡村到城镇的分裂

《我弥留之际》这部小说讲述的是棉农本德伦一家把死去的本德伦太太艾迪从乡下送回二十英里之外的杰弗生镇安葬的故事。正常情况下，赶马车或骡车从乡下两三天可以到达目的地杰弗生镇。但是他们一家经历了洪水与火焰的极端考验，在艾迪死后九天才到达杰弗生镇。这场送葬之旅，如果按照正常的进度和路线来完成，恐怕就没有这部优秀的作品问世了。常规的路线应该是这样：本德伦家—走四英里到塔尔先生家附近过桥—再走近二十英里到达杰弗生镇。本德伦家实际的送葬的路线如下：本德伦家—走四英里到塔尔先生家附近的桥（途经纽霍普指示路牌）—绕道八公里到萨姆森家附近的桥—（再次途经纽霍普指示路牌）返回塔尔先生家附近的桥—冒险过河—阿姆斯蒂家驻扎两晚—绕道莫特森镇—借宿乡亲吉利斯皮家—翻山越岭到达杰弗生镇。在整个送葬过程中，各种不利因素阻碍着这趟行程。艾迪去世前一天，二儿子达尔和三儿子朱厄尔还被父亲安斯派出去拉车挣钱。等他们赶回来，艾迪已经死了三天了。出发后，本德伦一家在塔尔家和萨姆森家的这段来回往返，两次看到纽霍普教堂的指示路牌，路牌到教堂只有三英里的路程，

---

① 李文俊编：《福克纳评论集》，北京：中国社会科学出版社1980年版，序言第2页。

但是他们坚持前往杰弗生镇，毫不动摇。按照人之常情，盛夏七月天去世的人应该尽早入土为安，所以把艾迪埋葬在纽霍普并不为过。但是杰弗生镇是这场送葬之旅的梦想之地，每个人心里似乎都有在那里想要实现的梦想，包括已经死去的艾迪。一个人对远方的无比期待和向往，实际上是对此在或对现实生活的不满或逃离，他或她对于现实中的自己处在一种无法确认或否定的状态，内心自然处于一种分裂的状态。

所以在艾迪弥留之际，本德伦一家的内心可以说都处于一种二元对立的分裂状态。艾迪在世，却对死充满无法抑制的渴望；安斯竭力保全自己家长的权威来安排妻子的葬礼，他朝田野远处望的细节却一再被重复，那是他对新生活的憧憬；大儿子卡什充满理性，在母亲弥留之际竟然可以专注赶制棺材而情感没有波动；三儿子朱厄尔爱极了自己辛苦打夜工换来的马，但是面对父亲的不作为，怀着对母亲的爱恋，不得不舍弃爱马；杜威·德尔作为家里唯一的女儿，尽职尽责做好家庭内务，但是未婚先孕急于买堕胎药，内心里比谁都向往朝杰弗生进发；就连白痴小儿子瓦达曼，也一方面不接受母亲已死的现实，一方面念念不忘城里卖的玩具小火车。

本德伦家中内心最为分裂还是二儿子达尔。因为从娘胎里就被母亲排斥，他的自我认同非常不稳定，但是与哥哥卡什用具体的木匠手艺活来证明自己截然不同，他利用自己的逻辑来证明自己的存在："And Jewel is, so Addie Bundren must be. And then I must be, or Icould not empty myself for sleep in a srange room. And so if I am not emptied yet, I am is"。[1]达尔还拥有超乎常人的洞察他人的能力。

---

① William Faulkner, *Novels 1930–1935: As I Lay Dying / Sanctuary / Light in August / Pylon*, eds. Joseph Blotner and Noel Polk, New York: The Library of America, 1985: 52.

这种超常敏锐的感觉是达尔塑造自我的利器，这是一种典型的现代主义的情感表达方式。但是这种开放式的感觉体验脱离了与真实世界的有效关联，对于整合一个有价值的意义模式来说无济于事。达尔烧掉母亲艾迪的棺材和留宿他们全家的吉利斯皮家的谷仓，企图阻止全家人无意义的送葬之旅。所以达尔最后的结局只能是由于内心的分裂而精神失常——即使不是自己疯掉，也会被家人逼疯掉，因为本德伦一家无法赔付烧掉的谷仓的损失，只有达尔进了精神病院，这一法律责任才能免除。达尔余生只能在杰克逊的笼子里度过，这个现实世界，借用卡什的话来说，就根本不适合达尔。达尔内心的分裂状态最生动地诠释了处于社会底层的人们的生存状态。

福克纳故意把这场送葬之旅弄得曲折艰难，他扩大本德伦一家送葬的地理空间，延长送葬时间，增加了大量突发事件，比如惊险过河以及达尔火烧停放棺材的谷仓等。但是这一切灾难都无法阻止本德伦一家迈向杰弗生镇的脚步，由此可见本德伦一家对于杰弗生镇的渴望，也可以说杰弗生镇就是他们一家的梦想之地，是他们抵抗或消除迷失状态的灵丹妙药。每个人都试图在杰弗生镇实现自己或大或小的梦想，但是具有讽刺意味的是，全家人只有安斯实现了自己的梦想并且额外得到了奖赏。涉险过河时，拉车的两匹骡子被洪水淹死，安斯以无赖的方式用儿子朱厄尔的马换来了继续送葬之旅必需的两匹骡子，而那匹马是朱厄尔最心爱之物，是他利用半年多时间打夜工挣钱买回来的。涉险过河时，大儿子卡什的一条腿被弄断，安斯不管不顾，叫家人买了点水泥糊在他的断腿上。安葬完艾迪后，安斯拿走女儿情人给她买打胎药的钱，强行夺走了皮博迪医生送给他们住旅馆的钱：他不仅安装了假牙，还刮胡修面甚至娶回了新一任的本德伦太太。安斯梦想的实现反衬了其他本德伦们梦的破灭，杰弗生镇并不是他们的梦想之地，他们内心的分裂还会伴随着回乡的步伐。同样的送葬之旅，同样的地理空间的流动，有人欢，有人苦，不同的表情，同样的内心分裂。一家人行走在路上的心理分裂，随着地理空间的流动而具有了层次感，避免了传统叙事中故事单一的刻板。

三、《八月之光》：克里斯默斯无处不在的分裂

R. G. 柯林斯认为福克纳在《八月之光》中，开始以心理和社会的视角，关注小说中人物的自我身份与社会身份的复杂关系。[①]该小说中男性人物克里斯默斯的故事与女性人物莉娜的故事构成了叙事的两条主线。虽然两个人物都是在路上，但是明显不同的是，莉娜带着一种坚定不移的信念前行，因而她的地理故事空间呈现出一种单向前行的模式，而克里斯默斯的地理故事空间则呈现出时空交错、不断变换的特点。克里斯默斯一生都以这种方式行走在路上，这与他的身份自我认定息息相关。根据Oklopcic的说法，福克纳并不认为种族是个人身份建构的必要条件。[②]但是在克里斯默斯这一个案里，种族对于其身份建构却是绕不过去的必要条件。克里斯默斯出生于南方的阿肯色州，其母是一个锯木厂工头尤菲斯·海因斯的女儿，出生时母亲难产而死，其父身份不太确定，可能是带有黑人血统的墨西哥人。单从外表来看，克里斯默斯并不具有明显的黑人特征，所以一般人都把他当白人看待。但是他出生后不久，具有狂热种族情结的外祖父海因斯，煞费苦心在田纳西州的孟菲斯孤儿院谋

---

① R. G. Collins, "Light in August: Faulkner's Stained Glass Triptych", *Mosaic*, 1973, 7（1）: 97–157.

② Biljana Oklopcic, *Faulkner and the Native Keystone: Reading*（*Beyond*）*the American South*, Springer: Springer-Verlag Berlin Heidelberg, 2014: 7.

得一份差事，并且刻意在圣诞节那天把他遗弃在该孤儿院门口，这也是克里斯默斯姓氏的由来（克里斯默斯是由英文Christmas圣诞节音译过来的）。所以说从出生到幼儿时期，克里斯默斯对于自己的身份都处于一种不确定的认证状态。他迷失在黑与白的迷宫——永远没有出路的迷宫。他的一生奔走在以下不同的地方：阿肯色州、田纳西州的孟菲斯孤儿院、养父母麦克依琴夫妇家、路上逃亡十五年（跨越数州，从南到北再回到南方）、摩兹镇、密西西比州的杰弗生镇。克里斯默斯短暂的一生中，几近一半的时间是逃亡在路上，其余时间都长期或短暂辗转于不同的地方。寄居在孟菲斯孤儿院、麦克依琴家、低等妓院、木材加工厂以及伯顿小姐祖宅楼下的小木屋等不同的流动空间里。

被遗弃在孤儿院的克里斯默斯始终处于外祖父无时不在的刻毒监视之下。即使这样，由于亲眼目睹了女营养师与实习医生的风流韵事，他还是被设计送往乡下的养父母麦克依琴夫妇家。在所谓的家里，他选择将自己封闭在顶层的阁楼里，这一举动无疑表明克里斯默斯对自己的边缘或特殊身份的认定。逃离养父母家之前所处的地理空间，克里斯默斯自己无法掌控，但是从养父母家逃亡之后，他所落脚的地方无一不是偏僻或者边缘的地方。流浪的十五年中，他先到西边的俄克拉马州和密苏里州，然后到南方的墨西哥州，又一路向北到达芝加哥和底特律，后又南下到达密西西比州。他在城市、农村甚至荒野之间辗转，从事过形形色色的工作如挖石油、割麦子、勘矿物、卖马票、服兵役等等，他睡过妓院的女人，也睡过街头、蹲过监狱。在种族歧视比较宽容的北方，如芝加哥和底特律，他选择与黑人待在一起，甚至与一个酷似乌檀木的黑女人像夫妻般地生活时，他竭力“trying to breathe into himself the dark odor, the dark and inscrutable thinking and being of negroes, with each suspiration trying to expel from himself the white blood and the white thinking and being”。但是无论他怎么努力，也无法真正融入黑人圈子；在南方，他告诉别人他是黑人却没有人相信他。因此，所走过的每一条路每一条街“ran on: catlike, one place was the same as another to him”。[①]

在克里斯默斯短暂的人生当中，木材加工厂这类工业建筑，作为一个非常特别的地理空间参与了空间建构。木材加工厂在当时的美国南方社会比较常见。南北战争中南方被北方打败，南方传统的棉花种植产业遭到重创，棉花植根于南方的土地之上。棉花产业的衰落暗示了人与地之间的紧密依赖关系被打破。原始森林的木材取代棉花成了战后投机开发商的新宠。南方社会从传统农业向新兴工业转型，人与地的关系逐渐疏离，机器生产进一步割裂了人地之间的相互依赖、自然和谐的关系，地成了人攫取利益的工具。工业发展中最典型的建筑就是这些木材加工厂。因此，重建时期和“新南方”时期的美国南部，随处可见各类木材加工厂，伐木场、锯木厂、刨木厂等。克里斯默斯出生在阿肯色州的一个锯木厂。成年后的克里斯默斯受同龄人之邀，在锯木厂参加所谓的成年仪式，与一个黑人女孩在锯木厂的厂棚里交媾。只有在与黑人女孩发生性关系的时候，克里斯默斯才第一次从心底真正意识到自己的黑人身份，处于两难境地的克里斯默斯于是殴打了那个黑女孩，这引发了他与同伴们的剧烈身体对抗。锯木厂的殴斗事件发生之后，继父麦克依琴并没有因为他的晚归像往常一样用鞭子抽他。这使克里斯默斯第一次意识到了自己的力量，因为他可以空手一人与跟他年龄相仿的

① William Faulkner, *Novels 1930–1935: As I Lay Dying / Sanctuary / Light in August / Pylon*, eds. Joseph Blotner and Noel Polk, New York: The Library of America, 1985: 565.

四人对抗；但同时他也意识到“his own flesh as well as all space was still a cage”。[①]锯木厂成人仪式无疑暗示了克里斯默斯的心理进一步成熟，但同时身份尚未确立的焦虑感日益增强。小说中第三次出现的木材加工厂是逃亡十五年后的克里斯默斯在杰弗生落脚做工的地方，也是克里斯默斯与南方社区正面接触的空间。他利用锯木厂的工作养活自己，后来独自一人贩卖私酒或与伯奇一同贩卖私酒，克里斯默斯都没有辞掉刨木厂的工作。在此期间，白衬衫和黑裤子是克里斯默斯标志性的打扮，说明他还是有着黑与白的强烈认同感，但是他按照白人的社交礼仪，穿整齐的衣服去吃饭，这些细节无一不说明了他内心的分裂和迷失。纵观其一生，他遭受的真正痛苦是白人社会掌控的持续的心理阉割。而这些典型性的建筑意象比如他出生时的伐木场、经历成年仪式事件的锯木厂以及落脚杰弗生镇之后工作的刨木厂，都是这种遭到心理阉割的焦虑状态最佳的象征性暗示。因为这些工厂具有一个共同的特征，就是生产过程中都会使用到锯子。克里斯默斯个人身份的建构之路充满着不可逾越的障碍，并且这种心理遭阉割的焦虑持续发酵，在这种状况下，克里斯默斯自我身份绝对不可能得到有效的确立。

小说对于每一个地理空间的处理，都是把克里斯默斯从一个空间的重重黑暗中拉出来，把他塞进另一个空间。那些空间起初看似充满一线重生生机，但是每一空间，不管是孤儿院、麦克依琴家的小阁楼、低级的色情场所、流动的“街道”还是伯顿小姐的宅子，都属于公共空间的范畴，克里斯默斯始终处于一种公共空间的监视和规训之下，毫无私人空间可言。对于一个健全的社会人来讲，

---

① William Faulkner, *Novels 1930–1935: As I Lay Dying / Sanctuary / Light in August / Pylon*, eds. Joseph Blotner and Noel Polk, New York: The Library of America, 1985: 517.

公共空间和私人空间是形成自我认知必不可少的两个部分。它们既对立又统一，彼此之间的权属和边界必须明确，才能确保形成正确的自我认知。对于没有任何私人空间的克里斯默斯来说，根本没有可能对自己的身份产生清晰的认知。因此他的内心始终处于一种无法确认自我的极端迷失状态，他的内心分裂、愤怒和绝望无一例外导致了他与他人人际关系的破裂与中断。这种地理空间的流动性集中体现了“片段性”的叙事特点以及“向内转”的叙事诉求。克里斯默斯的身份在地理空间的流转中一次次地被自己和他人否定，他“内在自我”的分裂与绝望一步步升级，他的“外在自我”与他人的疏离与对抗也随之升级。他想要寻求一个真正的家来安放自己的身体和灵魂，但是毫无希望。这样一来作为叙事形式的地理空间与人物主体的自我构建之间形成了有机的联系，“内在自我”与“外在自我”之间的张力愈趋紧张，当最后“内在自我”的分裂与绝望完全消融，而“外在自我”与他人的对抗冲突则达到巅峰。福克纳摒弃了传统的时间线性的整体性叙事模式，消解了传统叙事的连续性和完整性，他利用地理空间的再现与变换等片段性的叙事手段把人物内心的分裂淋漓尽致地表达出来。由克里斯默斯内心分裂状态所反映出来的精神危机与其所处的地理空间相互构建，并从地理空间获得意义。在流动不断变换的空间里，克里斯默斯的精神痛苦更胜于遭受到的肉体摧残，这种极端的心理感受为读者呈现出一个清晰的异化形象以及造成异化的深层根源。

四、《野棕榈》：夏洛特和哈里四处突围的分裂

《野棕榈》是本书讨论的唯一一部不属于“约克纳帕塔法”世系小说的长篇小说。之所以选择这篇来分析，也是因为其鲜明的地

理空间特色。这部小说名为《野棕榈》，实际上包含了对位的两个故事《野棕榈》和《老人河》。《老人河》只是作为这部小说的复调和映衬，真正的主调和主旋律在《野棕榈》这个故事之中，本书涉及的只是《野棕榈》部分的地理空间建构。

福克纳把《野棕榈》的男女主人公哈里·威尔伯恩和夏洛特·里顿迈耶首先定位在美国南方的大城市新奥尔良。时年二十六岁、来自俄克拉荷马州一个小镇的单身青年哈里，从医学院毕业后选择在新奥尔良一家医院实习，还差四个月就可以拿到医生职业资格证书。而定居于新奥尔良市的雕塑家夏洛特已是两个女儿的母亲，其丈夫是一位严谨刻板的天主教徒。哈里和夏洛特结识于一次非正式的家庭聚会上。当时的聚会地点在新奥尔良法兰西老城的杰克逊广场与皇家大街之间的一条单行小巷里："一堵潮湿阴冷的砖墙旁边，墙头有一株菜棕，顶端已爆开，参差不齐；墙背后漫出一股浓郁的素馨花香，仿佛有形地压在充满糖果、香蕉和大麻气味的难以流动的空气之上，空气像是呆滞不动的一束束水雾，甚至凝重得像涂料一般"。而聚会的庭院里随处可见潮湿腐坏的砖头和沉寂已久的水塘，但是还长着"一丛马樱丹，一株棕榈，一片茉莉花：茉莉枝叶浓密，开满白色的花朵，沐浴在从敞开的落地门曳进的光线下；院子的三面各有阳台，三面墙头的砖块也一样腐坏，墙头支起一个破残的防护物，却无法挡住高踞低沉晦暗天空之上的城市之光"。[①]大城市该有的繁华与光鲜并没有降临到这对即将认识的男女身上，哈里生活中爱的缺失，夏洛特沉闷压抑、按部就班的家庭生活，使双方的理想和现实之间存在巨大的鸿沟。理想和现实的极

---

① 威廉·福克纳：《野棕榈》，蓝仁哲译，上海：上海译文出版社2009年版，第29-30页。

度不对等造成了他们心理分裂的必然结果。初次见面，夏洛特对哈里心生好感，主动约会从来没有恋爱过的哈里。约会的地点先是在闹市区的午餐厅里，最后一次在远离闹市区的背街小巷的一家旅馆里。尽管两人面临金钱匮乏和道德及宗教的约束，两周多时间的接触和交往后，两人决定放弃现有的一切，包括夏洛特的家庭以及哈里即将到手的医生职业资格证书。敢于抛弃现实生活的所有，只是为了用爱来弥补彼此内心分裂造成的创伤。这对情人，满怀着对爱的渴望，带着哈里从垃圾桶无意得来的一千二百七十八元和夏洛特五年时间积攒下的一百二十五元，逃离了对他们来讲满是压抑腐朽和了无生机的大城市新奥尔良，并且在行驶火车上的特等车厢里，第一次实现了真正的灵肉结合。

新奥尔良作为南方最大的国际化大都市，不能成为哈里和夏洛特爱的避风港，他们逃离南方奔向北方的大城市芝加哥。在旅馆短暂停留一天后，夏洛特找到了一间属于她自己的公寓房："这是一间长方形的大房间，北墙头开了一堵天窗，很可能是先前某个已死或破产的摄影师亲手开辟的，也可能是先前租赁此屋的某个雕塑家或画家；大房间还带着两个小房间，分别当厨房和浴室"。与此同时夏洛特宣告了自己的爱情信仰："一直度蜜月，持续不断，长久永远，直到我们之中一人死去。不能有任何别的活法。不管是上天堂还是下地狱……"[①]这间公寓房除了寄居还兼做夏洛特的工作间，夏洛特为了他们的爱，制作大量的小型雕塑兜售出去，甚至日夜兼程地完成接到手的木偶订单；但是哈里一直没有找到工作，两人在芝加哥公寓的生活维持到九月初。大城市高昂的生活开销与他

① 威廉·福克纳：《野棕榈》，蓝仁哲译，上海：上海译文出版社2009年版，第71–72页。

们的微薄收入形成强烈的反差，两人的爱情在大城市这个地理空间里受到了严峻的考验：大城市似乎并不能医治分裂创伤。为了节省房租，他们用仅剩的钱购买了必需的食物，搬到了更北边威斯康辛湖边的别墅区，寄居在一处无人看管的小木屋里。那里远离城市喧嚣，又无外人打扰，夏洛特每天所做的事情就是游泳、画画，而哈里每天也就是在睡觉晒太阳，在焦虑不安中享受了两个多月的二人世界。在远离现实生活的鸡零狗碎的世外桃源里，他们暂时抚慰了由分裂带来的心理创伤。

但是食物一天天地减少，天气越来越寒冷，促使哈里决定重新南下回到芝加哥挣钱谋生。夏洛特晚上在百货公司布置橱窗，哈里则编一些无聊的爱情小说赚点钱。两人为了生计奔波，曾被视为可以治疗分裂创伤的恋人温情一去不复返，哈利甚至产生了把夏洛特送回她丈夫身边的想法。在芝加哥这座大城市里，圣诞节期间到处是欢快的人群，生活始终窘迫的哈里觉得他们之间的爱快被磨灭了："城市和冬天一起，两者联合，强大得我们受不了……冬天和城市联合在一起，就构成一处地牢，人们逐日频繁犯罪，甚至通奸卖淫也不成为罪过"。[①]在哈里的心目中，生活节奏快、生存压力大的北方城市芝加哥简直就是爱的坟墓。在哈里的坚持下，他们再一次离开了暂住了两个月但没有留下任何印记的芝加哥公寓和"轮流看对方睡觉的地方"，一路向西奔赴下一站——犹他州的卡拉汉矿场。

二月份的犹他州天气恶劣，还处于积雪齐脚踝的冬季。卡拉汉矿场是一个没有正式营业执照的私人矿场，矿场老板雇佣了一个

① 威廉·福克纳：《野棕榈》，蓝仁哲译，上海：上海译文出版社2009年版，第108–109页。

矿场管理员来负责矿场的日常运转，比如分发物资等，矿工都是来自外国的波兰人和意大利人。矿场位于一道峡谷里面，工人们的生活区和作业区相连，他们挤住在六七间大都用铁皮铁板搭建的房子里，住房的窗户刚好与矿场的水平巷道齐平，进出矿场的唯一交通工具就是运矿石的小火车。卡拉汉矿场这个地理空间最大的特征就是冷，不管是矿场用品供应处，还是场井的水平巷道，甚至他们睡觉的小木屋即使烧着汽油炉也阴冷难熬。所以在栖身的小木屋里，哈里与夏洛特两人和矿场管理员巴克纳夫妇分别睡在房间的两个对角；最冷的时候气温下降到零下四十一度，他们四人只有把床垫并拢在一起，两个女人睡中间共同取暖。更让哈里和夏洛特不可接受的是巴克纳夫妇每晚旁若无人激情做爱的响动。卡拉汉矿场并不是哈里和夏洛特追爱的世外桃源，除了恶劣的自然环境以及艰苦的生活条件，矿场老板的拒发工资、巴克纳太太的意外受孕以及矿区工人的威胁都给哈里和夏洛特玫瑰色的爱情梦想蒙上了一层灰蒙蒙的纱。哈里给巴克纳太太做了堕胎手术后，巴克纳夫妇搭乘矿车离开了卡拉汉矿场，哈里接管了矿场管理员的职责，而这对情侣终于可以在小木屋里尽情做爱。四个星期后，哈里和夏洛特想尽办法让那些波兰和意大利矿工明白了他们的真实处境并遣散了他们。

哈里和夏洛特离开犹他州的卡拉汉矿场后辗转到了南方德克萨斯州的圣安东尼奥市。在那里，他们稍作停留，租住在只有一个旧煤气盘的简陋偏僻的单间房里。这时季节已经轮回到了他们俩第一次相遇的时节——菜棕花顶端开裂和马樱丹开花的季节。但是两人的关系不再处于渴望爱抚的激情时刻，夏洛特怀孕了，迫于生计的压力和对于孩子、对于他们爱情的威胁，夏洛特要求哈里为她实施堕胎手术，哈里拒绝了她的请求。夏洛特生命的最后四天，两人又回到了他们最初出走的地方新奥尔良，在密西西比河口一处被弃的海滩上租了一间简陋的小屋。这间小屋墙壁很薄、墙板漏风，不论是在室内还是室外都可以听见野棕榈树叶在海风的吹拂下发出的狂野而干燥的沙沙声响，也就是在这个简陋小屋里，哈里给夏洛特实施了人工堕胎手术。而野棕榈发出的声响成了该小说一个重要的地理意象：在海滩上的小屋、夏洛特临终的医院、宣判哈里非法堕胎的法院和最后关押哈里的牢房里都可以听见的无处不在的声景（soundscape）。这个自然地理意象多次出现在故事的主要情节之中，见证了夏洛特和哈里爱情一步步走向死亡的悲惨结局。

野棕榈不仅仅是提供了小说叙事的背景，也成了这部小说的叙事内容之一。这对情侣出于治愈分裂创伤的本能，以爱情为赌注，抛弃现有的一切以及面临的生活挑战，毅然决然从新奥尔良出走，一路向北先到芝加哥再到更北的威斯康辛州的湖边小屋，折返南下回芝加哥后又一路向西，将自己流放到犹他州冰天雪地的非法矿场，再又向东南穿过德克萨斯州，最后回到了新奥尔良。他们相识在菜棕花顶端开裂和马樱丹开花的季节，第二年的同一时节，夏洛特被证实怀孕，他们在不断变换的时空中追逐着纯粹的爱情，最后在野棕榈树叶的沙沙声响中结束了这场爱情之旅。在无处不在的自然外力和人为外力之下，夏洛特和哈里们所追求的爱情到底意义何在？夏洛特以生命为代价，哈里以余生五十年囚禁为代价，为他们的爱情做了最好的注脚。时空的轮回最后证实了，在现实与理想极端分裂而导致虚无盛行的年代，人类对于人生普遍意义的一种追寻态度，或者说对于虚无人生的一种拯救：爱情是唯一的出路。

哈里被捕后，他既不接受夏洛特丈夫的保释，也不接受其服毒自杀的建议，而是在虚无和悲伤之间选择了悲伤。因为悲伤里还有爱的回忆，那是人生得以继续下去的唯一理由，哪怕是身处监牢也无怨无悔。从这个意义上来讲，爱是治愈内心分裂的唯一可能的良药，爱的主题成了现代人类虚无主义思想最好的注脚。在这部小说中，福克纳创作的主题思想与其他小说截然不同，南方社会精神遗产的问题隐而不见，现存的精神荒原浮出水面。男女主人公以爱的名义南北东西四处突围，但在这一地理空间实践中，其人生的虚无本质依然无法从根本上得到改变。

在《喧哗与骚动》《押沙龙，押沙龙！》等小说中，福克纳对于人生虚无的探索停留在昆丁及其父辈们所表现出来的历史虚无主义，即他们对于南方辉煌历史的湮灭无法接受，无望沉湎于南方神话的安慰剂作用。然而在《野棕榈》中，福克纳将虚无主义认定为现代人类所普遍存在的一种精神荒原。通过夏洛特和哈里追爱之路上不断变换的地理空间建构，福克纳试图用爱的信仰开出一副治疗心理创伤、解救精神荒原的良方。夏洛特和哈里的爱情虽以悲剧结束，但是哈里选择悲伤而不是虚无，心甘情愿在监狱里度过余生。夏洛特和哈里的追爱之路始终伴随着理想和现实的分裂，明知如此，他们仍然选择理想来对抗人生现实中的虚无，这使这部小说具有了很强的悲剧色彩。在此意义上，形而下的地理空间建构成为通达形而上的心灵空间的通道，福克纳小说创作的主题探索不再囿于地方性和民族性，而扩展至人类社会的普遍性和一般性。这种超越性有利于对福克纳的小说创作做出整体的认识和评价。

第二节　封闭空间与人物的压抑感

个体心理空间叙事和人物主体意识的构建是福克纳小说中地理空间叙事的另一重要方面。个体心理空间指具有典型特征的场所及其个人心理场所，它不仅是一种表征的空间，它被赋予了人物思想情感等个体特征，因而成为带有人物主体性的表征空间。在这样的空间里，人物内心具有“内在自我”与“外在自我”两个层面。“内在自我”是指人物在处理自己与自己的内心冲突时，所采取的自我封闭、分裂、破碎、孤独等心理状态；“外在自我”则是指人物在处理自己与他人、自我和社会的关系时，所采取的疏离、对立与异化等心理策略。这些人物的“内在自我”和“外在自我”的各种心理状态，在具体的地理空间中得以淋漓尽致地展现，实际上物质可见的地理空间，构建了另一个抽象的心理空间。这样一来，表征人物内心状态的地理空间与人物主体的自我构建之间形成了有机的联系，揭示了地理空间的差异对主体性构建的艺术影响与美学意义。福克纳利用地理空间的再现与变换等手段，把女性人物内心的分裂、孤独、抑郁等状态淋漓尽致地表达出来，从而实现了地理空间参与人物主体性建构的艺术目的。

一、《我弥留之际》：艾迪·本德伦棺材里的虚无人生

大自然万物的生命都来之不易，人为万物之灵，人的生命自然弥足珍贵。人活在世上时居住在各种各样的房子里，人死后也有盛载遗体的房子——棺材。人类文明发展到一定阶段，棺材以一种特殊的形式，说明生命可贵的外在空间。古今中外，人类对于自己的死亡有着一种不约而同的信仰——人死虽不能复生，但可归于天或者上帝。这种信仰，诉说了人类一种普世的愿望——人死身不在，但精神永存。因此逝者的遗体会被装置在棺材里面再进行安葬，以表达生者对于逝者的怀念之情。棺材可以保持尸首的完整，从而保护逝者从入殓到下葬期间的尊严。在不同的文化中，人们或早或迟准备棺材，在中国，棺材甚至被称为“寿木”，意谓为尚在人世的

棺材主人添寿祈福。但是在《我弥留之际》这部小说中，棺材的意义超出了传统文化的人类学范畴。艾迪弥留之际对于棺材的渴望不仅否认了她活着的意义，更是生动形象地再现了她封闭死寂的内心世界。

弥留之际的艾迪躺在床榻上时，她的头被垫得高高的，为的就是能透过窗户看见儿子卡什为自己赶做棺材的情形。枯瘦如柴、行将就木的艾迪，对亲人没有流露出特别的留恋，她最关心的是卡什制作棺材的进度和质量。因为只要棺材完工，她就有了最后的归宿，只等吐完最后一口气，她就可以被装在棺材里，回到二十多英里之外的娘家墓地去安葬。她还没有死，却对棺材如此渴望，生无可恋，死倒成了最后的心愿。艾迪宁愿永久住在狭小、封闭的空间里，也不愿意待在那个让她一生感到压抑孤苦的现实空间里。

艾迪·本德伦在生前坚持要丈夫安斯承诺，死后要将她送回杰弗生镇的娘家墓地安葬。这在很大程度上是受了其父的人生观影响，因为父亲传递给她的人生观就是为死而活着。在现实生活中，作为小学教师的她对自己的学生充满无名恨意，经常在想象中拿鞭子抽打他们。后来在虚无与自身欲望引起的焦灼中，她自愿下嫁给农民安斯，跟丈夫安斯·本德伦结婚二十多年，生育了五个孩子（其中朱厄尔不是安斯的骨肉）。艾迪在弥留之际亲眼看着自己的大儿子给自己做棺材，心里还在追求所谓的真正自我，她不相信言辞，只是回味着那些幻想被打破时真正活着的时刻，以及在林中与牧师做爱的纯洁却野蛮的真实。对于她和安斯所生的几个孩子，艾迪都是不管不问，在生完卡什和达尔以后，她在内心里宣判了安斯的死刑，尽管后来她有了朱厄尔，又有了杜威·德尔和瓦达曼。艾迪失去了真正的现实，一味地活在幻想世界里，活生生把自己与家人和邻居们都隔离开来，失去了对现实人生的掌控。

艾迪死后终于如愿被装进了棺材，但是这并不能了却她人生的虚无。就在她入殓后的当晚，小儿子瓦达曼用钻机在棺材上钻了三个洞，其中一个洞还穿过棺木板直达艾迪的头部。棺材此时已经失去了实际意义上的功能，她的尊严和所谓的真正自我在进入棺材之后并不能得到保全，这对艾迪生前的虚无人生是个极大的讽刺。

艾迪在棺材里躺了三天后，一家人终于如愿以偿地踏上送葬之旅。《我弥留之际》这部小说是以不同的叙述人来标明章节的，每一章都有一个叙述人。全书共分五十九章，共有十五个叙述人。福克纳在艾迪死后居然还安排了一段她的内心独白，死人开口说话，以一种类似于黑色幽默的手法揭示了虚无主义的荒谬，充分展现了福克纳的现代主义创作思想。艾迪生前没有发出叙事声音，这与她在世时的不在场所映射的虚无现实形成了呼应。死后躺在棺材里的艾迪，倒是被匠心独具地安排了一段话语。棺材这个特定的空间，颠倒了生与死的界限，这对艾迪的虚无人生也是极大的反讽：人活着的时候想着死；死去的人不曾死去，让活着的人感觉到她无处不在的存在感。艾迪在这唯一的开口机会里，叙述了她和安斯相遇、结婚的大致情节，交代了活着的安斯在她心中已死的秘密，以及她和惠特菲尔德牧师私通生下朱厄尔的事实。棺材保全了艾迪身体自我的完整性，但是躺在棺材里的死者开口说话，泄露了死者生前深藏心底的秘密。

实际上，对于其他本德伦们来讲，艾迪之死并不重要，重要的是艾迪躺着的棺材，因为棺材是向杰弗生镇进发必不可少的理由。每个活着的本德伦都有自己的盘算，既有现世的物质利益，也有心理需求：安斯的假牙、杜威·德尔的堕胎药、卡什的留声机、瓦达曼的小火车，还有朱厄尔一心想要完成的送葬以及达尔一心想要终止的送葬之旅。而死者终于以和夫家背离、葬回娘家墓地的反传统方式结束了她虚无的一生。其实位于杰弗生镇的艾迪娘家，并没有一个在世的亲人，只有一个家族墓地。艾迪坚持葬回远离夫家的娘家墓地，是否定了她在本德伦家的现实生活，哪怕她生了五个孩子，这正是她虚无人生里孤寂内心的最后表达。

棺材这个人文地理意象，对于艾迪的意义，犹如《国王的人马》中杰克的“大睡眠”策略。“‘大睡眠’是一种逃避，将现实世界和理想世界、过去和现在隔断成两个不相往来的领域……避免个人生活和集体历史发生交集，也拒绝个人的历史责任”。[①]艾迪对人生的虚无定位迫使她采取一种自我封闭、与他人隔离的策略，这也是当时美国南方社会中妇女生活的一种典型状态。二十世纪人类的生存困境普遍如此：人的自我往往建立在一个冷漠的空间之中，而其存在就是一种虚无。本德伦一家所居住的山区无疑是另一种形式的荒原。本来本德伦一家的生活是建立在传统的支柱之上，但是艾迪的过世斩断了这种表象的传统，每个本德伦在特殊的送葬之旅中暴露出了荒谬的生存本性——虚无。棺材虽然是一个封闭的空间，但是由于太多的人或物都聚焦于它：本德伦自己家，各位乡亲以及沿途经过的陌生人，就连天上的秃鹰与地上的洪水都在与它进行较量或是对抗，封闭的棺材反倒成了一个具有超大叙事容量的地理空间。这种封闭与开放之间巨大的张力使得叙事呈现出一种意想不到的审美趣味，艾迪在现实中的压抑感只有在这种封闭的空间，以这种十分荒谬的方式得以表达。

二、《八月之光》：伯顿小姐在祖传大宅里的离群索居

构成家园空间的元素很多，外部可见的建筑主体包括主宅、庭

① 王欣：《个人创伤和集体创伤：〈国王的人马〉中的历史叙事研究》，《国外文学》2013年第2期，第92页。

院、周围的牧场；内部的空间包括走廊、过道、楼梯、阁楼、地下室等构成部分，室内的各种摆设也是构成家园空间的必要元素。在众多元素中，房间无疑是人物性格最好的空间表征物。建筑学家伊利尔·沙里宁认为"'房间'是文明的人类生活中最不能缺少的形式问题。之所以如此，是因为人生的大部分时间是在房间的四垛墙之间度过的……因此，房间是人的生活和工作的庇护所。房间的精华——房间的气氛——就在于由比例和节奏所组成的给人以精神影响的环境"。[①]所以说房间的布置，如家具品种的选择、家具摆放的位置，乃至家居陈列品，都可以建构出一个能体现其居住者性格特征或精神状态的空间。诚然，家宅或房间是人物的庇护所，这是从一般的哲学意义来讲的，但家宅不是一个静止不动的物理存在物，它也是一个时间或历史的容器。一幢家宅可以见证整个家族的兴衰起落。家宅缔造者的初衷都是为了实现其遮风避雨的功能，意即为家人提供物质上和精神上的港湾，但是一旦世事更迭、家族遭变，整个家宅最初的功能便荡然无存，或仅仅是过去辉煌历史的见证。这种情况下的家宅就成了现代作家笔下常见的"老宅子"。而仍然栖居在老宅子里面的人物大多是遗老遗少，性格特征表现出一种孤僻封闭的共性。

《八月之光》中的伯顿小姐出生在密西西比州的杰弗生镇，其祖父和父亲由北方迁居此地。他们都是坚定的废奴主义者和加尔文教义拥趸。伯顿祖上在定居杰弗生镇之前，一直处于迁徙的流动状态：祖辈最初所居之地为新英格兰的新罕布什尔，一路向西到加利福尼亚州再到密苏里州，又穿过卡罗莱纳州和肯塔基州，最后定居

① 伊利尔·沙里宁：《形式的探索：一条处理艺术问题的基本途径》，顾启源译，北京：中国建筑工业出版社1989年版，第126页。

在南部密西西比州“约克纳帕塔法”县的杰弗生镇。因为伯顿家族废奴的政治倾向与当地人的拥奴倾向处于势不两立的敌对状态，所以伯顿家宅的地理位置比较偏远，距离镇中心还有两英里，虽为白人，但伯顿家并不是镇上白人聚居社区的一分子。伯顿小姐的祖父和同父异母的哥哥加尔文，因为黑人选举权的事情被南方种族主义者沙多里斯上校所杀。十四年后，加尔文的母亲去世，父亲续弦，娶的是从老家新罕布什尔招来的新娘，也就是伯顿小姐的母亲。伯顿家宅在杰弗生镇经历了三代人，最后只剩下四十多岁的老处女伯顿小姐一个人。在杰弗生当地，伯顿小姐没有任何亲戚或者白人朋友可以依靠，独身一人居住在这所大宅里。这些细节无一不透露出伯顿家明显的外来者迹象。当外来者无法融入主流社区时，他们选取的生存策略往往是疏离和封闭自我，只蛰居在自己的空间里。伯顿小姐自己也说：“We were foreigners, strangers, that thought differently from the people whose country we had come into without being asked or wanted”。[①]在种族主义很浓厚的杰弗生镇，身为废奴主义者后代的伯顿小姐理所当然地融入不了当地的白人社会，与她来往的都是黑人。她自己远离那些跟她一样肤色的白人，而白人对她采取的也是漠视排斥的态度。废奴主义的政治立场和加尔文教义的宗教立场，使伯顿小姐一直处于被孤立的压抑状态。在白人至上的南方社会里，她就是白人被排除在外的特例。

乔安娜·伯顿小姐不像克里斯默斯是个到处流浪的人，她定居在密西西比州杰弗生镇郊区的一幢殖民时期祖传下来的房子里，终其一生都生活在这幢房子里。房子半英里之外散落的是黑人居住的

① William Faulkner, *Novels 1930–1935*: *As I Lay Dying / Sanctuary / Light in August / Pylon*, eds. Joseph Blotner and Noel Polk, New York: The Library of America, 1985: 587.

小房子。因为是废奴主义者，在拥护奴隶制的南方小镇里，伯顿家属于异类，镇上的主流人物白人跟他们都不来往，与她来往的都是附近的黑人们，连她聘请的家庭律师也是黑人。伯顿家的大宅隐蔽在树林中间，树木间杂草丛生需要修剪，房屋多年失修，显示出破败的气象，这与传统的南方主流社会里白人的祖宅很不一样。从前辈那里遗传下来的精神遗产包括加尔文教义以及废奴主义，犹如她的姓氏一样，对伯顿小姐来讲是个沉重的负担（伯顿英文为Burden，意为重负）。加尔文教义规训着她要控制自己的情感和激情，因而她外表显得冷酷，而内心压抑无比。同时，废奴思想在当时的南方总是显得格格不入，甚至可以说是一种对当时的南方主流社会价值体系的公然挑战与背叛，这双重的精神压力导致了伯顿小姐内心的分裂，从而导致了她与外界社会的彻底疏离。

在分裂和疏离程度上，定居在祖传大宅里的伯顿小姐和流浪在不同的地理空间里的克里斯默斯可谓是同病相怜。所以乔·克里斯默斯和乔安娜·伯顿“都在奋力寻找某种手段开辟一个生存的自由和自我界定的领域，无论这个领域是多么的狭小”。[①]在伯顿小姐大宅的厨房里和楼房下面的小木屋里，克里斯默斯住了三年多的时间，相对于之前的流浪来讲，这个地方算是住得比较长久。在这期间，两个人彼此试探接近对方，从肉体到感情再到灵魂的较量，越是靠近，双方越不约而同地感受到了某种内在的危险。伯顿小姐由最初像是攻不破的堡垒，变为每晚惊涛狂浪的性举动，这对克里斯默斯来讲既是诱惑，也是深渊。最为吊诡的是，伯顿小姐与克里斯默斯之间赤裸激情性交流的约会场景，与其说是亲密的男女之

① R. G. Collins, “Light in August: Faulkner’s Stained Glass Triptych”, *Mosaic*, 1973, 7 (1): 125.

情，不如说是惊世骇俗的荒唐。他们之间的性爱结合不是出于最基本的情感需求，也不是为了单纯的生理需求。两人都是与社会疏离太久，需要这种毁灭式的爆发，或者利用最原始的身体本能来寻求最后一根救命稻草。过度的身体爆发和情绪宣泄是极度压抑的必然结果。

当南方的白人政治意识超越了种族意识的时候，她只有被白人社会隔离和疏离。因为伯顿小姐的主宅与黑人居住地带相连，除了有色乡亲即黑人的关照外，镇上的白人无人关注她。平时这个地方鲜有人光顾，但是一场大火把镇上的几乎所有人都集聚在一起，男女老幼、穷人富人、黑人白人、公干的和旁观的。活着的伯顿小姐鲜有人关注，但是她的死不仅给全镇人提供了一场观火的罗马盛宴，而且还为白人提供了发泄极端种族情绪的绝佳借口。伯顿小姐被杀这件事，使镇上的人们有选择地遗忘了他们与伯顿小姐之间的政治分歧，也就是说，主张拥奴的白人与赞成废奴的白人之间的矛盾暂时被束之高阁，而白人与黑人之间的矛盾成为关注的焦点。他们义愤填膺，不是因为伯顿小姐被杀这件事本身，而是因为凶手被认定为是一个黑鬼。死后的伯顿小姐，成了杰弗生镇上女性崇拜与“强奸情结”的标本，因为只有在死后，在他人的歇斯底里的种族仇恨里，她才有了被利用的价值：她不再是被疏离的废奴主义者，而摇身一变成了非常可敬的南方白人。所以在另一个世界，伯顿小姐只能是南方社会冥界中的孤魂野鬼，就像她自己的姓氏一样，重负难释。

三、《押沙龙，押沙龙！》：罗沙小姐镇上小屋里的孤岛余生

罗沙·科德菲尔德小姐从头到尾都出现在《押沙龙，押沙

龙！》中，她既是小说中的故事人物，也是小说的叙述者之一。但是，不管是在她自己眼里，还是别人眼里，她那个居住了四十三年的黑屋子无疑是其心理活动最真实的写照：

> … a dim hot airless room with the blinds all closed and fastened for forty-three summers because when she was a girl someone had believed that light and moving air carried heat and that dark was always cooler, and which (as the sun shone fuller and fuller on that side of the house) became latticed with yellow slashes full of dust motes which Quentin thought of as being flecks of the dead old dried paint itself blown inward from the scaling blinds as wind might have blown them. ①

在这间坟墓般的房间里，百叶窗紧闭，无光照，有的只是微尘。室内淡淡的棺材味儿、罗沙小姐由于长期禁欲发出的酸臭体味与墙外二度开花的紫藤的甜味形成了强烈的对照。罗沙毫无生气的性爱幻想似乎包含了小说中另外两个人物朱迪思和埃伦无法言说的一切，而且也体现了《喧哗与骚动》中凯蒂能够言说的一切。久居其中的罗沙·科德菲尔德小姐一身四十三年永不更换的黑衣服，瘦小僵硬的身材，无可奈何的怨怒以及无休无止、沙哑惊愕的絮叨，甚至可以搅醒早已死去的萨德本，其灵魂好像飘荡在满是尘埃的房间里。压抑和绝望充斥了整个房间，也充满了科德菲尔德小姐的灰暗心灵。经年的灰尘、酸臭的体味、密闭的窗户、她那双悬在空中不着地面的双脚，还有令人恐怖的棺材味，这些地理元素巧妙地把

---

① William Faulkner, *Novels 1936–1940: Absalom, Absalom!/ The Unvanquished / If I Forget Thee / Jerusalem / The Hamlet*, eds. Joseph Blotner and Noel Polk, New York: The Library of America, 1990: 1.

时间、人物和事件浓缩在这一特定的空间里。罗沙小姐居住空间的特质决定了她的心理状态，也决定了她作为一位南方淑女战后的宿命："从小说的第一个场景开始，我们就把她固定成了一个形象：坐在一把过高的椅子上，好像一个'被钉死在十字架上的孩子'；'永远一身黑衣'，好像在期待着自己的葬礼；一遍又一遍地讲述斯特潘（亦译萨德本）的故事，既无法对这个故事释然，也无法忘掉这个故事"。[①]在这种不放手又不还手，挣不脱又逃不过的历史命运的裹挟下，一个大活人住在这样一个死气沉沉的空间里，罗沙小姐内心的压抑、怨怒和绝望一览无遗。

在昆丁眼里，罗沙的房子破旧，但是自带"一种阴沉沉的坚忍气质"，似乎这房子也跟罗沙小姐一样，属于这个世界可有可无的补充物。昆丁眼中所见的空间无疑从侧面透露了罗沙这种阴暗心理的根源。接下来随着故事情节的迂回曲折，读者可以理解罗沙在封闭幽暗的空间中这种孤寂愤懑的不正常心理状态的历史渊源，而且这样的空间反复出现在叙事中，使这种心理状态给人的印象得到进一步的加强。她一生的活动空间，仅限于杰弗生镇上父母家的小屋子，以及离家十二英里的乡下萨德本百里地姐姐家之间，她与外部社会的接触几乎为零。即使是在有限的活动空间里，不管是在杰弗生镇自己家还是在萨德本的大宅子里，关闭的门、子宫般的走廊、幽黑的过道以及被挡而上不去的楼梯等意象经常伴随着罗沙小姐。而这些地理空间中重要的元素无疑是其心理最生动的写照。幼年的罗沙，经常在门外偷听大人的谈话。她二十岁的时候听闻邦被枪杀，急速奔向萨德本百里地的大宅，

---

① 萨克文·伯克维奇主编：《剑桥美国文学史》（第六卷），张宏杰等译，北京：中央编译出版社2009年版，第283页。

却被克莱蒂挡住不让她上楼梯。楼梯和紧闭的房门隐喻着罗沙小姐的生活权限和边界被囿于狭小封闭的私人空间，几乎没有进入公共空间的权限和自由。

罗沙小姐的孤独、郁闷与这些上不去的楼梯、紧密的门和幽暗的过道紧密相随。她好像与生俱来就有一种被拒绝被排斥的宿命。除了战后在萨德本百里地居住的一年多时间，其他时候她一直住在杰弗生镇上父母留给她的小房子里。从二十二岁起，她一直独居，整整四十三年，没有亲人也没有朋友，她内心深处的压抑感和愤恨愈演愈烈。罗沙恨父亲，恨萨德本，也恨自己。她那双悬在空中够不着地面的双脚是她生命状态最形象的代喻。脚不沾地，与大地隔绝，意味着她的无知和无足轻重，比如她对于萨德本知之甚少，臆想中的未婚夫查尔斯·邦连面都没有见过。当然青春萌动时的罗沙也拥有过一个自我想象中的“紫藤的夏天”，叙事中多次出现的紫藤这一地理意象是她渴求爱情心理最真实的写照。充满紫藤气味的夏天无疑是她幽闭孤寂生活空间里一抹最靓丽的色彩，虽然只是她的一厢情愿的想象。暗恋的邦她压根儿没见过，连邦死后的遗体她都没有见到过，因此也不难理解为什么后来罗沙能够接受童年记忆里的“妖魔”萨德本的求婚，尽管她也知道自己的在场与否对于萨德本来讲都无所谓。因为罗沙从童年期就一直处于孤苦惊恐的无助状态。作为生活在那个男性至上时代的女性，身心受到双重压抑，女性的依附地位，在南方淑女的价值体系中是得到普遍认可的，但是这对于女性个人来讲无疑是沉重的无法卸掉的枷锁。她们能做的无非就是压抑自己，在历史的重负和自身的渴望中内心分裂，让愤懑和绝望陪伴其终身。

四、《村子》：瓦尔纳太太家庭厨房里的“完满人生”

福克纳在其后期的代表性作品斯诺普斯三部曲的第一部《村子》里，着墨不多、不露痕迹地描绘了南方淑女的另一类典型代表——老法人湾的瓦尔纳太太。她不同于前面所分析过的任何一位女性。《我弥留之际》中的农妇艾迪无论在世，还是在弥留之际或离世，都是处于一种身心分离或者说身体和灵魂分离的状态；《八月之光》的伯顿小姐作为一位来自北方的白人妇女，身上背负着历史、宗教和性别的多重重压，只能离群索居在祖传大宅里；《押沙龙，押沙龙！》中的罗沙小姐作为南方战败的牺牲品，一生未婚，将自己囚禁在杰弗生镇上犹如孤岛一般的小屋里，了却残生。相比较而言，瓦尔纳太太处于一种似乎是自由并且是能够实现自我的空间。换句话说，在南方淑女叙事语境下，如果将南方淑女的阶级性撇开不谈，艾迪、伯顿小姐和罗沙小姐都算不上是典型的或是传统意义上的南方淑女。

瓦尔纳太太身为瓦尔纳·斯诺普斯系列的第一代女性，福克纳对其直接描写很少，读者对其长相、性格特征等信息知之甚少。但是瓦尔纳太太作为一个南方女性的典型代表，其所处空间的审美意义无疑会使整个南方淑女神话的叙事空间变得完满。首先，瓦尔纳太太作为瓦尔纳家族的姆妈，承担着南方男权社会中家庭主妇的精神支柱的地位。身处约克纳帕塔法乡下偏僻落后的乡村空间，瓦尔纳家族从经济、政治、宗教等各个层面控制着这块有限的土地。瓦尔纳家拥有该村唯一的楼房建筑，家里拥有该村唯一的黑人女仆。贵为乡村头号家庭的主妇，瓦尔纳太太的叙事空间被限定在厨房和餐厅里。瓦尔纳太太“忙碌着，离开餐厅到厨房去了，从这里可以听到她令人愉快的声音正在数落那个黑人女厨子”[①]；瓦尔纳太太“在厨房和餐厅之间来回奔忙着，她是个丰腴、喜欢忙碌的女人，她生了十六个孩子，其中五个都没能活过她。她在水果和蔬菜保鲜方面是把好手，在每年举办的乡间集会上依然因此获奖”。[②]

作为女家长的瓦尔纳太太忠实地履行着白人太太的职责，监管黑人女仆、生儿育女、为家人准备食物等，充分展现了南方淑女持家有方的传统，满足了南方社会对于女性的集体期待。即使是在有限的家庭空间里，瓦尔纳太太监管黑人女仆的职责也隐含着南方社会里白人至上的优越感。作为一名南方母亲，瓦尔纳太太一生养育十六个子女，这对于现代妇女来讲绝对是不可思议的事情。考虑到当时南方社会的医疗保健等现实情况，可以推测瓦尔纳太太一生的孕次肯定不止这十六次，也就是说很可能有流产。瓦尔纳一家子女众多，这从另外一个方面也说明，当时的白人妇女在生育方面是不可能采取任何避孕措施的。南方农业社会传统的理念反映在生育方面，即是遵循自然，女性就是大地，任劳任怨孕育着所有的生命形式。瓦尔纳家族即使已经有了十六个孩子，家长威尔并不介意再要更多的孩子。换句话说，南方女性承担着整个南方社会繁衍后代的社会功能，并且提供源源不断的能量使之生生不息。

瓦尔纳太太生儿育女和操持家务，她的生活空间仅仅限于厨房和餐厅等相对封闭的空间，对于其他的生活空间福克纳只字不提。女性在南方传统社会里就是被男性凝视、被建构的客体，特别是标准的南方淑女，她们完全没有主体意识或者说她们根本不具有个体

---

① 威廉·福克纳：《村子》，张月译，北京：北京燕山出版社2015年版，第11页。

② 威廉·福克纳：《村子》，张月译，北京：北京燕山出版社2015年版，第10页。

的主体性特征。她们生活在这种封闭的家庭空间里，并且已经习惯甚至可以说自觉接受了封闭空间对于她们的生产作用，甚至还可以说她们在自觉地维护、延续这种加在南方妇女身上的空间生产。对于超出家庭以外的空间，比如接受教育或者阅读，在瓦尔纳太太看来并无必要。因此不难理解，对于女儿尤拉被儿子乔迪送去上学这件事，瓦尔纳太太明确表达了自己的反对意见："坚持一定要她上学的是你，不是我。我生养的还有其他八个女儿。我认为她们个个都很有出息"。她的个人世界仅限于家庭，个人价值建立在对家庭的奉献之上，除却家庭别无所求。

福克纳对于瓦尔纳太太的家庭空间叙事，充分反映了南方女性的实用性和依附性特征。这也是瓦尔纳太太和前面三位处于封闭空间的女性人物的不同之处。如果说前三者或多或少有一点打破封闭空间的反抗意识的话，瓦尔纳太太则是自得其乐地生活在这种封闭空间中，实现着传统南方妇女的"完满人生"。[①]如果没有南北战争所带来的社会剧变，瓦尔纳太太在这种封闭空间中的"完满人生"或许还可持续。但是时空一体，并且互相作用，静止的空间并不存在。南北战争的不可避免打碎了南方淑女在封闭空间中的"完满人生"。从这个意义来说，瓦尔纳太太所代表的这种"完满人生"与战后的罗沙小姐、艾迪以及伯顿小姐在封闭空间的挣扎与痛苦形成了鲜明的对比。或者也可以说瓦尔纳太太的"完满人生"是南方淑女神话盛行时光鲜亮丽的外皮，罗沙小姐等的困境是其破灭后的原形。瓦尔纳太太表面上的"完满人生"孕育着潜在的巨大危机：对于封闭空间产生的压抑感并不自觉，从而丧失了抵御变化或者外来

---

① William Faulkner, *Novels 1936–1940: Absalom, Absalom! / The Unvanquished / If I Forget Thee / Jerusalem / The Hamlet*, eds. Joseph Blotner and Noel Polk, New York: The Library of America, 1990: 821.

风险的能力。她在封闭空间的满足感与应有的压抑感之间形成了一种极强的反讽张力，更深刻地揭露了“淑女神话”对于南方女性认知的负面影响，以及对于她们心灵的戕害。

按照主流的性别分类，现代社会中的人被分为男女两种；与此相对应，男性和女性的空间实践领域被规定为公共空间和家庭空间。这种二元对立空间的性别观实质上是男权社会的一种文化构建。福克纳小说中女性人物的空间实践主要在相对封闭的家庭空间展开，压抑是她们所共有的集体心理状态。“通过对南方女性特征核心或外围问题的探讨——比如有关教育的选择、几乎并不存在的外出就业机会、女性必备技能或特征、落后的生育观，以及家庭对于女性个人世界的重要性——福克纳旨在描绘一幅南方社会的浮沉起落的历史画卷，分析南方社会对抗变化的能力（或无力），刻画南方人面对新观念和新传统时的纠结”。[①]可以说，南方人在重建时期和“新南方”时期的这种困境实际上也反映了“二十世纪现代人沦为肤浅无知、丧失个性的牺牲品时的无能为力”。[②]

第三节　灾难空间与人物的绝望感

福克纳长篇小说中的人物，大多心理不正常，比如乱伦的兄弟姐妹、强迫性的虐待狂、恋兽狂、痴呆狂人等，因此故事或情节在很大程度上也是骇人听闻的。这些怪人带来的往往是恐怖和罪恶，

---

① Biljana Oklopcic, *Faulkner and the Native Keystone: Reading (Beyond) the American South*, Springer: Springer-Verlag Berlin Heidelberg, 2014: 43–44.

② Bettina Entzminger, *The Belle Gone Bad: White Southern Women Writers and the Dark Seductress*, Baton Rouge: Louisiana State University Press, 2002: 27.

福克纳自己曾经对普林斯顿的大学生说过："记住，你写的是人面对爱的永恒真理、热情，怯懦时的反应。不是事实，而是真理。你要写下真理：一个人的内心挣扎和痛苦"。[①]在福克纳长篇小说中，最常见的地理空间包括家宅、种植园或农场、商业店铺等，但是由各种死亡和犯罪事象构成的空间也是层出不穷。人物内心的挣扎和痛苦，往往在各种灾难性或者说各种极端性的事件中更能体现出来，比如属于天灾人祸的洪水与纵火等，越是接近灾难，越是指向人物的心灵深处和人性的深度。

一、《我弥留之际》：达尔纵火焚烧谷仓

《我弥留之际》中本德伦一家的送葬之旅遭遇到的最大阻碍，不是来自地上的洪水以及天上的秃鹰，而是来自于家庭内部的分裂。洪水很大，装有棺材的大车还是过了河；天上的秃鹰再多，还是抵挡不住本德伦一家人的顽强驱赶。本德伦家的大儿子卡什和二儿子达尔，是这个家中自始至终反对将母亲送回杰弗生镇安葬的，但是其他人又是一心一意只想把她安葬在杰弗生镇。擅长理性思考的达尔和木讷少言的卡什心里早就达成默契，决心要阻止这场滑稽的送葬。达尔之所以这样做，是因为他是这家里唯一一个进行理性思考的人，不想其他人为了自己所谓的理想，把送葬之旅当成一次实现梦想的机会。说达尔理性思考，基于下面两个原因：第一，母亲去世后，理应和本德伦家族的人埋在一起，母亲要求回杰弗生镇与娘家人安葬在一起的遗愿，本身是不合理的；第二，当时正值七月天气炎热之时，遗体极易腐烂变质，尽早让死者入土为安是对死

---

① 杰伊·帕里尼：《福克纳传》，吴海云译，北京：中信出版社2007年版，第357页。

者最大的尊重。

达尔首次在河中终止送葬的计划以失败而告终，倒是付出了惨重的代价：卡什折断了一条腿，两匹骡子被淹死。安斯跑到法人湾去跟斯诺普斯讨价还价买拉车的骡子，硬生生地让棺材在大太阳底下暴晒了整整一天，棺材里发出的臭味吸引了越来越多的秃鹰尾随。到达杰弗生镇的前一天晚上，本德伦一家借宿在乡亲吉利斯皮先生家。因为风向的改变，浓烈的尸腐味随风飘进室内，本来被安置在户外苹果树下的棺材，被抬到吉利斯皮先生家的谷仓里，放置在锯木架上。达尔伺机而动，在月朗星稀的夜晚纵火烧了谷仓。而谷仓与马厩相连，达尔故意引导赶去救火的朱厄尔先去就救马厩的牲畜。在成功救出一匹马、两匹骡子和一头母牛后，即使众人竭力阻拦，朱厄尔还是一头扎进熊熊燃烧的谷仓。没有他人的协助，朱厄尔以自己的血肉之躯保全了母亲的棺材，就像艾迪生前预见的那样，朱厄尔把死后的她从水火中救了出来，就像他的出生给她孤寂虚无的人生带来一点光亮一样。达尔一心一意想要终止这趟荒谬的送葬之旅，这与朱厄尔铁了心肠想要完成它之间，有着可不调和的矛盾，而灾难性的地理空间构建展示了不可调和的矛盾不动声色的较量，人性之间的复杂程度得到很好的展示。“这是人在传统价值观念‘弥留之际’的堕落过程，是人失去那些使他成其为人的品质的过程”。[①]但是在美国南方像杰弗生这样的小镇中，没有人能够根据公正和高贵的永恒原则来处理自己遭遇到的复杂事件。每个人似乎都处于一种无法控制的绝望中，并且这种绝望相互传染，以至于“人们失去了自我，又只为自己而活——这是福克纳对南方的控

① 肖明翰：《威廉·福克纳：骚动的灵魂》，成都：四川人民出版社1999年版，第180页。

诉，也是他对于整个美国社会的控诉”。[①]

二、《八月之光》：克里斯默斯火烧伯顿大宅

《八月之光》中的克里斯默斯一生都在寻找能够安放其身体和灵魂的“家”，以此来确定自己的真实身份。克里斯默斯在美国各地流浪十五年后来到密西西比州的杰弗生镇，这是一个种族主义遍地盛行的地方。在一条行人不少的乡村大道上，他发现有一幢大宅显得与众不同，不仅仅是它破败不堪的外表，而且在其周围散落的黑人小木屋显示出大宅主人与众不同的某些立场。通过打听，克里斯默斯知道乔安娜·伯顿小姐居住在这幢殖民时期祖传下来的房子里，并且跟她来往的人大多数也是黑人，连为她处理法律事务的律师也是黑人。所以当发现夜里翻窗潜进她家厨房的克里斯默斯以后，她不仅为他提供了食物，还允许他住在她楼房下边的一个小木屋里。

寄居在小木屋的三年多时间里，克里斯默斯在夜里进进出出伯顿小姐的主宅多次。黑与白的宿命较量，男人与女人的界限之间的挑战与屈从交织并行。伯顿小姐的房子见证了历史传统与现实悲剧，见证了黑人与白人家之间纠缠不清的历史关系，也见证了男女之间肉体和灵魂的较量。在这样一个看起来包容性极强的空间里，克里斯默斯好像自觉自愿地认同了他的黑人角色：他犹如战前的黑奴一样住在主宅大楼下面的小木屋里，吃着主人提供的带有传统特色的食品，甚至还被要求像黑人一样从打开的窗户溜进白人的房间“强奸”伯顿小姐。以前在“街道”上长达十五年的流浪没有给他

① 杰伊·帕里尼：《福克纳传》，吴海云译，北京：中信出版社2007年版，第355页。

任何肯定自己黑人身份的可能，但是在伯顿小姐的住宅范围内，他可以尽情地自由接受和展示他的黑人自我，从而更快地朝着“一体性”的最终目标迈进。但是每当他的白人自我或者黑人自我无论哪一方占据了优势，他就会意志坚定地加以抵制。也就是说，克里斯默斯真正渴望认同的不是黑人的自我或者白人的自我（black or white），而是黑白融为一体的自我（black and white）。他既要承认自己的白，也要保留自己的黑，他要在黑白之间整合一个完整的自我。但是，“the only authentic basis on which he can construct an overarching identity is that of multiplicity, with on one racial persona gaining effective domination”。[①]

在当时黑白对立的南方社会，这种多元性的诉求无疑是痴人说梦，要么是白要么是黑，只要你的血液里带有一丁点黑人血液，你就被定性为黑人；然而凭克里斯默斯的外表，人们根本就无法把他划归为黑人。他拒绝把自己认同为纯粹的白人，也无法接受自己是个纯种的黑人。同样，他无法抛弃自己的白人成分，也无法抛弃自己的黑人血液。所以从这方面来看，当伯顿小姐执意要把他定性为黑人并按照黑人的模式来教育培养他时，他的白人成分就起来反抗了；再加上伯顿小姐激情的回归以及男女情欲的无望纠葛，处于三重重压之下的克里斯默斯选择了极端的手段来维护自己身份的特殊性。于是他杀死伯顿小姐，以保自己的模糊身份不受破坏。从这个意义上来讲，伯顿小姐为他提供的空间威胁到了他的自我体认，一旦这个空间超出了他的承受范围，他只有选择逃离。小木屋是最契合他的身份的，但是伯顿大宅威胁到了他自我认同的底线。

① Daniel J. Singal, *William Faulkner: The Making of a Modernist*, Chapel Hill and London: University of North Carolina Press, 1997: 178.

小木屋和伯顿大宅交互轮动，一方面推动故事情节的不断发展，另一方面把克里斯默斯身份生产过程的痛苦淋漓尽致地表达出来：随着空间的转换，他的痛苦总是在躁狂和抑郁两极之间不断转换。小木屋是克里斯默斯心理承载的安全阈值，在小木屋里，他尚能保全自己身份的模糊性；一旦超出或跨出边界，这种模糊性就会消解，这是克里斯默斯无法负担的重负，结局只有逃离小木屋，但是逃离后的结局也只能是毁灭。小木屋和大宅这一组建筑空间的较量，也是黑与白、男与女、宗教皈依与逃离的较量，实际上体现了克里斯默斯内心在这三个维度上对于个人身份确认的绝望感。处于绝望之中的克里斯默斯，在大宅里杀了伯顿小姐后，一把火燃烧了整个伯顿大宅，升起的烟柱甚至高过了广场中心的战士纪念碑。这场大火，为杰弗生镇的全体居民带来了一场罗马假日式的观火狂欢，至少持续了三个多小时。也是在灾难性的地理空间中，他人的观火狂欢与克里斯默斯的绝命逃亡形成了一种极富张力的悲喜剧画面。伯顿小姐燃烧着的房子所发出的烟雾也隐喻着在小镇居民心中真实存在的高涨情绪，这为后来格雷姆追杀并阉割克里斯默斯的情节奠定了悲剧的基调。在这个意义上，灾难空间既是叙事手段，也是叙事的内容。

三、《押沙龙，押沙龙！》：托马斯命丧萨德本百里地

《押沙龙，押沙龙！》这部小说最初被命名为《幽暗之宅》，“幽暗之宅”让人不由自主联想到哥特式惊悚的悲剧作品，这一联想与某种形式的大灾难密不可分。押沙龙的故事源自《圣经》故事大卫杀子，押沙龙由于叛夺其父大卫王的最高权力，被大卫王设计杀死，事后大卫王叫着押沙龙的名字恸哭不止。从《幽暗之宅》到

《押沙龙，押沙龙！》，这一更名似乎暗含了福克纳的一种刻意的反讽：大卫王统治以色列期间生育了众多子女，五十男五十女，建立了庞大的王朝；而在萨德本这里，萨德本育有四个孩子，两个纯种白人（亨利和朱迪思），两个黑白混血儿（查尔斯·邦和克莱蒂），但是到了第三代只有邦与其黑人情妇所生的埃蒂尼，第四代只剩下埃蒂尼与纯种黑人所生的智障儿子吉姆·邦德。萨德本的宏伟规划如过眼云烟，其建立起来的王国萨德本百里地及其家族，像希腊神话里阿特柔斯家族一样尽遭毁灭。托马斯·萨德本本人命丧于亲手建立的庄园之上，他死后残存的庄园在混血女儿克莱蒂的一把火之下化为灰烬，留下来的只有吉姆·邦德的痛苦嚎叫，回响在萨德本百里地的上空。

托马斯·萨德本死于穷白人沃许的镰刀之下。在萨德本家族的鼎盛时期，萨德本百里地所属的河床洼地有一个废弃衰朽的旧渔棚，为托马斯·萨德本所盖。他允许穷白人琼斯·沃许和他的孙女栖身于废弃的旧渔棚。这不仅仅是托马斯的恩赐，更重要的是托马斯的南方“英雄”形象和辉煌家业满足了沃许对于南方白人英雄的所有梦想：托马斯在南方坚实的土地上建立起全县最大的棉花种植庄园；他身板硬朗，骑马纵横驰骋在萨德本百里地的形象重复闪现在沃许的脑海里；即使内战南方失败，萨德本百里地只剩一里地，托马斯在沃许心中仍是打不垮的英雄。实际上，沃许对萨德本的膜拜是南方神话的具体体现。出于对托马斯的无限仰慕，沃许毫无怨言地伺候萨德本一家人。战前，沃许的经济状况和社会地位连托马斯的黑奴都不如，他是不被允许进入萨德本主宅的。萨德本躺在院子里的吊床上，沃许靠着柱子蹲着，伺候萨德本倒酒倒水，而水是他从一英里多以外的地方提回来的；战争期间，萨德本家里的黑奴逃跑后，也是沃许主动帮助萨德本小姐朱迪思干园子的重活，还想方设法给她弄来食物。战后萨德本落魄潦倒，沃许还是陪他对坐喝酒，萨德本喝醉之后沃许送其回家，并且在其卧室床边地板上等他酒醒。不管萨德本如何破落，沃许一直将他视若神明，只要萨德本还在，他脚下的土地都让他有种踏实的感觉，并且他深信萨德本肯定会重振家业。即使在沃许确信跟他年龄一般大的萨德本企图诱奸自己年仅十五岁的孙女时，他对萨德本还是抱有一丝幻想，他相信萨德本会善待孙女米妮以及他们的孩子。

沃许和孙女栖息的旧渔棚屋顶都快塌了，门廊也行将朽坏，快要垮掉。在萨德本诱奸米妮期间，他甚至交给沃许一把旧镰刀，让他割掉门前的杂草好方便他来往，沃许带着对萨德本的幻想也是照办不误。那把割杂草的镰刀就支在门廊的柱子上。但是萨德本看到米妮生下的是女儿而不是儿子，便不管不顾，甚至侮辱米妮后拔腿就走。萨德本在沃许心中的英雄形象轰然坍塌，亲人被辱，自己脚底下的土地带给他的坚实感荡然无存，沃许看清了萨德本的真面目，终于明白了南军被打败的真正原因。“南方神话”的破灭终于摧垮了沃许苦苦支撑的信念，绝望之下他终于举起曾为托马斯割草开路的镰刀，手刃了托马斯。在寄居的旧鱼棚的黑屋子里，沃许又用自己最心爱的屠刀杀死了孙女及其刚出生的婴儿，最后拿着杀了托马斯的那把镰刀而被乱枪扫射。自己的偶像，自己的孙女和重孙女，甚至沃许自己，一天之内命丧曾经的萨德本百里地，这种灾难性的空间既是沃许这样的穷白人绝望生活的表征，也是他们空间实践的结果。福克纳将萨德本家族隐喻在《圣经》故事和古希腊阿特柔斯的悲惨结局之中，将南方经验作为人类经验的标本，将神话主题与现代题材有机结合，突出了人类经验的历史性与重复性，这不仅具有现实意义，更具备普遍意义上的历史厚重感。值得注意的是，福克纳认为萨德本的悲剧来自其人性的悲剧——因为至少他的失败来自对自我荣誉和尊严的维护，虽注定失败，却展现了失败中的勇气——这和斯诺普斯家族由唯金钱论导致的毁灭不可相提并论。如果说斯诺普斯们的毁灭是一场讽刺剧，萨德本的毁灭则是一场悲剧，一场可以和希腊古典悲剧媲美的悲剧。

在地理空间建构中，小说人物内心世界的挣扎与外在世界的挑战充满了张力，他们的生存状态体现了现代主义过程中的混乱无序特征。因此人物和空间之间形成了一种相互构建的关系。这也是创伤重复生产的具体表现。历史创伤的代际传递及其重复生产就像时间流一样，汇入美国南方的集体记忆。这种表现在《押沙龙，押沙龙！》中体现得最为明显。《押沙龙，押沙龙！》中的托马斯·萨德本不仅承认带有黑人血统的儿子邦，而且继续以一种不道德的方式来应对战后没有继承人的现实。六十多岁的他诱奸了穷白人沃许十五岁的孙女，得知生下的是一个女婴后毫无顾忌地抛弃了她们。男性至上的优越感和种族歧视使托马斯·萨德本成为受害者和加害者，最终又成为受害者。个人创伤和历史创伤如此地恶性循环，萨德本百里地注定难逃被毁的命运。萨德本四代人之间遭受的种族创伤代代相传，福克纳通过萨德本百里地这个地理空间的发展、繁荣和毁灭，真实地再次地撕裂了个人创伤和历史创伤的伤口。这是治疗创伤的第一步，是残忍的非走不可的恢复之路。这种集体记忆在福克纳的长篇小说中以空间建构的艺术手法得以保存和更新。集体创伤中具体表现出来的各种极端“激情”——分裂、压抑也好，绝望也罢——是南方人群与真实世界得以维持的生存方式。从这个层面上来说，福克纳似乎是以感性的认知方式来接触和理解这个社会，似乎偏离了理性的轨道，但是感性更有利于贴近和走进真实的生存世界。在这一点上，福克纳的美学观可谓延续了爱伦·坡的美学观：“坡的美学观体现崇高感，却从不宣扬宗教神性，不纠缠于哲学，而是本身体现‘存在’的哲学问题”。理性太甚则易于洞穿现实的荒谬无常，从而采取疏离和抗拒的生存策略，正如小说《八月之光中》的克里斯默斯一样。小说中的激情演绎，并不能消解福克纳作为一个伟大作家的理性。在他的小说中，既有对于南方社会辉煌过去的眷念不舍，也有对于时下南方社会的真实展示，更有对于美国未来社会的探索和拥抱。福克纳以其长篇小说高超的艺术价值，实现了他对于南方集体创伤的真实再现，实现了创伤治疗的第一步，体现了作者对南方文化高度的历史责任感。福克纳在小说艺术上的探索和实践，实现了美国国家叙事的目的。这也是福克纳之所以伟大，其作品之所以经久不衰的原因。

上述地理空间的建构中，人物心理特征得到了形象而深刻的刻画。由此可以看出，叙事文本中的人物与地理空间是可以相互作用、彼此构建的，人是某个空间里活动的人，空间是由人的活动参与构建的空间。也就是说，叙事文本中人物的主体性或性格特征和文本中的空间两者是相互作用、相互成就的，两者密不可分。人物总是在某种特定的空间里行动，不同人物的活动空间肯定是不一样的，每个人物的活动空间都带有其自身的特色，而不同特征的活动空间反映了不同的人物主体性或性格特征。因为任何一个独立的个人都必须在某种空间里立足，个人的存在具有本质意义上的空间性。空间为个人的存在提供了立足之地，而个人的存在与空间产生互动，或者说个人的存在参与了空间的建构。可以说，在文学作品里面，空间为人物提供行动和意识的立足之地，这一点超越了传统文学中场景只为人物提供活动空间和为事件提供背景的局限性；而空间也必须被人物感知利用，才能成为具有活性的空间，才能观照人物的某种生存意义和情感。以福克纳长篇小说中的男性和女性为例，女性的活动空间多趋向于静止固定或相对封闭，而男性的活动空间趋向于流动或开放。大致说来，读者可以根据不同的空间特征读出男女不同的权利地位、性格特征及心理状态。比如女性在相对静止、封闭、均质的空间中表现出来的是一种孤僻、偏执的心理状态，并且这种心理状态一直都趋于稳定，小说中女性的心理特征都没有什么变化，具有扁平人物的性格特征；与之相对的，男性人物绝大多数都是处在一种流动变易或开放性的空间，其心理状态也会随着空间的流动变易而发生改变，从而呈现出圆形人物的性格特征。

人与空间最为本质的关系是定居，它是指人类在与世界的交往中不断寻找自己的家园，就像海德格尔说的“人栖息在大地上”，而不是被抛入无边无际的虚空之中。本书关注的人地关系，不是文学家创作也不是文学作品对现实地理环境的干预层面，而是作品中的人地关系，即作品中的人物和其所处的地理空间之间的关系。人物与其所处地理空间交互影响，地理空间赋予人物特色，揭示人物内心状态，人物的空间实践在本质上形塑和改造着地理空间。所以说除了为人物提供必需的活动场所，“故事空间”也是展示人物心理活动、塑造人物形象、揭示作品主题的重要方式。故事空间在很大程度上成了人物内心的外化，外部世界成为人物内心活动的“客观对应物”。小说人物所处的生活空间实际上是人物心理活动的投射，在此意义上可以说人物所处的地理空间实际上就是与人物的心理活动和思想价值密切相关的心理空间。从人物与地理空间的交互影响来说明各种地理空间赋予人物的特色，又从人物不同特色的空间实践揭示人物的内心追求及自由意志的本质，“叙事作品中的空间总是被填满了空间以外的许多意义”。[①]人物的内心世界必须和其所处的地理空间相联系，并从地理空间获得意义。小说中的女性人物所处的地理空间具有幽闭、压抑、静止的特点，而男性人物所处的地理空间具有明显的开放、流动的特点，这也是作为男性作家的福克纳对于男性人物发展的多样性以及构建男性气质的必要性的积极探索。

真正优秀的作品必然通过描述人物内心世界的丰富与矛盾揭示虚构人物与现实人物之间的类比关系，也只有这样的小说才能将读者的好奇心提升到审美层面的艺术欣赏。[②]福克纳的小说中很少直接描写政治冲突和战争厮杀的宏大场面，而是“更愿意把自己包裹在也许更为深刻的面纱似的虚构现实中，那是一些很可能发生过的曲折的故事情节，是在回顾过去的幻想中一遍又一遍经历过的历史的漫漫长痛”。[③]所以说在福克纳的小说中，他没有对历史事件或者历史人物进行真实的再现，而是通过不断地闪回、变换各种地理空间的手段来聚焦于人物的内心世界。因为只有这样的空间变化才能更好地体现这种持久的内心伤痛。就像奥尔加曾经说过的那样：“每一个人物都是多维的，他既是主体又是客体，既是观察者又是被观察者，既是创造者又是被创造者”。[④]就像《押沙龙，押沙龙！》中的托马斯·萨德本在不断变换的地理空间中确认自我认同的过程一

---

① Jan Joost Baak, *The Place of Space in Narration: A Semiotic Approach to the Problem of Literary Space*, Amsterdam: Rodopi, 1983: 37.

② 申丹、王丽亚：《西方叙事学：经典与后经典》，北京：北京大学出版社2010年版，第56页。

③ 埃里克·桑德奎斯特：《破裂之屋》，隋刚等译，上海：上海外语教育出版社2013年版，第56页。

④ Olga Vickery, *The Novels of William Faulkner*, Baton Rouge: Louisiana State University Press, 1964: 66.

样，“被压制的自我完成了不可避免的回归，真正的自我撕碎了设计出来的自我”。[①]这种持久的内心伤痛在地理空间的流动变易中，绝不会止于托马斯本人，而是会延至后代们。

而在这几部小说中，除了灾难性的地理空间展示外，人物的绝望或愤怒也充斥着小说地理空间：《喧哗与骚动》中班吉最后凄苦的嚎叫，《八月之光》中乔·克里斯默斯“被禁锢的黑人血液”的喷涌声，《押沙龙，押沙龙！》中吉姆·邦德的嚎叫，《我弥留之际》中新本德伦太太留声机的音乐声，《野棕榈》中哈里囚室中听到的野棕榈树叶的沙沙声响，无一不在这些灾难性的空间里回荡。这些不同的声音，绵延不绝，让读者无不动容。

福克纳长篇小说中地理空间的流动性、封闭性和灾难性等特征，也是哥特小说元素的再现。英国传统哥特小说比较注重社会化、现实化的场景描写，而美国哥特小说则呈现出内在化和心理化的特征。但是两者之间对于传统哥特元素的保留却体现出一致的特点，比如场景描写中的城堡、古宅、幽闭的房间或空间、废墟、墓地等地理空间要素都比较明显。在福克纳笔下，昔日辉煌的种植园大宅比如康普生的老宅子、萨德本百里地、萨德本的老宅子等，还有罗沙小姐的房间、伯顿小姐的祖宅、阁楼窗户等，都是福克纳哥特元素的再现。美国十九世纪的哥特小说家爱伦·坡、霍桑、梅尔维尔等人非常注重以恐怖场景的描写来制造人物和读者的心理恐怖感受，而在福克纳的《押沙龙，押沙龙！》《八月之光》等小说中，同样可以看到前辈爱伦·坡《阿瑟·戈登·皮姆的故事》、霍桑《七个尖角阁的房子》等小说中恐怖场景描写的再现，不同的是

① 丹尼尔·J. 辛格：《威廉·福克纳：成为一个现代主义者》，王东兴译，哈尔滨：黑龙江教育出版社2016年版，第321页。

福克纳的手法更为大胆、夸张与暴露。美国南方历史上最重大的事件莫过于南北战争，不管是在政治上、经济上还是意识形态上，都对南方人造成了极大的创伤。但是福克纳的长篇小说中没有直接描写杀戮、死亡等血腥的战争场面或者常见的谋杀场面，他只是点到即止，给读者留下丰富的想象空间。比如他在《喧哗与骚动》中提到了昆丁自沉河中，但他只是给读者交代了昆丁自杀的具体地点，并没有直接描写自杀这个行动；还有《八月之光》中伯顿小姐被克里斯默斯杀害焚尸，也没有直接写当时的场面，只是通过后来焚尸引起的烟柱以及尸体被过路乡下人从烟火中抢出来的描写，突出了伯顿小姐被杀的惨烈。福克纳的这种避重就轻的地理空间转换策略是对哥特小说的一种创新。艾肯认为福克纳的作品之所以能够在同时代的虚构和非虚构类作品中脱颖而出，“His powerful expression, more than his material, distinguishes it”。[①]福克纳在其前期作品中通过空间建构充分表达了南方人的愤怒与绝望，这些都是小说中的个人创伤表达。个人创伤指的是“对心理的一次打击，这种打击如此突然，并伴随着如此野蛮的力量，它撕裂了一个人的抵御机制，以至于个人不可能有效地回应”。[②]而在《押沙龙，押沙龙！》中，福克纳更进一步，追寻了导致这些极度痛苦的根源。在此之前，福克纳对于南方贵族神话采取的态度都是模棱两可的，或许因为深爱而不敢去揭它的伤疤，但是在《押沙龙，押沙龙！》中，福克纳对贵族神话表现出了决裂的态度。

---

① Charles S. Aiken, *William Faulkner and the Southern Landscape*, Athens: The University of Georgia Press, 2009: 226.

② Kai Erikson, “Notes on Trauma and community”, *Trauma: Explorations in Memory*, ed. Cathy Caruth, Baltimore and London: The Johns Hopkins University Press, 1995: 187.

福克纳同时代的南方小说家在他们的作品中，关注点都有所不同。福克纳的作品聚焦人物的心灵冲突，托马斯·伍尔夫的作品关注人类悲剧性命运，罗伯特·佩恩·沃伦的作品提出了当代社会中不断分裂、消解的自我及其重塑的可能性，韦尔蒂的作品阐释了人类社会的普遍问题。[①]上述作家的小说中虽然关注点有所不同，但是对于南方创伤的叙事保持着高度的一致。福克纳的长篇小说中地理空间的建构是他与其他作家的不同之处。由地理意象、地理景观和地方组成的地理空间承载了美国南方文化的集体记忆，它们与南方的社会历史语境息息相关。福克纳的长篇小说，特别是他的"约克纳帕塔法"世系小说，通过个人创伤、家庭创伤和集体的文化创伤的地理书写，打碎了南方前期家庭罗曼司作家们建构的南方神话，重建了真实而残酷的南方，这对于南方集体自我认识的偏狭性和逃避性无疑是一种深刻的警醒。创伤是指"在突然的或灾难性的事件面前，个体原有的经验被覆盖，对这些事件通常表现出延迟以及幻觉和其他方式重复出现的无法控制的反应"。[②]在个人创伤层面，乔·克里斯默斯、查尔斯·邦以及罗沙小姐无疑是最典型的代表；康普生家族、萨德本家族、本德伦家族以及斯诺普斯家族既在时间维度、空间维度，又在阶级、种族和性别维度上，展示了不可言喻的家庭创伤。而个人创伤、家庭创伤与更为广阔的社会文化联系在一起，南方的个人、家庭实际上是美国南方每一个个体、每一个家庭的代言人。因此，个人、家族和南方社区的创伤叙事成为一个有机的整体，成为南方集体创伤记忆的统一体。"南方创伤小说

---

① 李常磊、王秀梅：《当代美国南方文学的现实性回归》，《当代外国文学》2011年第1期，第150页。

② Cathy Caruth, *Unclaimed Experience: Trauma, Narrative, and History*, Baltimore and London: The Johns Hopkins University Press, 1996: 11.

展示了历史性创伤和个人结构创伤对社会和传统秩序的破坏，创伤事件对自我造成的伤害以及个人和集体之间联系的破裂”。[1]在地理空间的建构中，福克纳通过转换、流动、变易等手段把小说中人物迷失、压抑、绝望等创伤心理的特征一一表现出来，或延宕、或重复、或解离或潜伏，从空间的角度展现了不可治愈的历史创伤。在《八月之光》中，福克纳通过流动的地理空间把乔·克里斯默斯的创伤做了一个历时性的展示。从他婴幼儿时期被弃在孤儿院的悲惨生活开始，个人创伤和集体创伤以叠加的形式累积在他的内心世界：家庭创伤、种族创伤、性别创伤以及宗教创伤一步步地把克里斯默斯的人生推向绝望的深渊。在罗伯特·佩恩·沃伦的小说《国王的人马》中，同样遭受个人创伤和集体创伤的杰克利用“大睡眠”和“大抽搐”的方式来消极对抗这种创伤，而乔·克里斯默斯却是用一种更为主动和破坏性的方式来对抗创伤。因此人物与地理空间的相互建构得以完成。“创伤主角在创伤小说中担任一个重要的作用，在他或她所展示的创伤经历背后，往往隐藏着更多人的集体记忆，因而具有普遍意义”。[2]

但是福克纳作品的伟大并不仅仅在于表现或展示，作为一个有着强烈历史责任感的南方作家，他的最终目的在于对这种集体创伤的积极治疗，即通过小说创作探索人类如何以信仰的建立来走出精神荒原。福克纳通过地理空间的特征性创造，将现实与历史、真实与虚构并置起来，寻求南方社会精神荒原的救赎之路。创伤治疗专家赫尔曼认为“心理创伤的核心经历是自主权的丧失

---

① 王欣：《美国南方创伤小说研究》，《西南民族大学学报（人文社会科学版）》2013年第5期，第190页。

② 王欣：《美国南方创伤小说研究》，《西南民族大学学报（人文社会科学版）》2013年第5期，第191页。

（disempowerment）和与他人感情联系的中断（disconnection）”，她提出的创伤复原过程包括“建立安全感，还原创伤事件真相，修复幸存者与其社群之间的关联性”。[①]不像前期的南方神话小说给南方人开出的安慰剂，福克纳的作品就像一剂苦涩难咽的良药。

福克纳通过建构不同特征的地理空间，使众多被南方社会边缘化的人物的内心得到真实的展示，这颠覆了南方社会的价值理念，提示了南方神话所忽略的社会现实，这既是对“南方神话”的解构，也是对于南方社会的最后一曲挽歌。南方社会的分崩离析加速了美国作为一个民族国家真正建立的脚步。从此以后，南北双方开始了在政治、经济和文化上的融合探索。福克纳在美国文艺复兴的众多作家中脱颖而出、独树一帜，正是在于他展示了美利坚合众国的民族人群在特定的关键历史时期最真实最艰难的生存困境。舍伍德·安德森通过笔下温斯堡中的“小镇畸人”打破了美国早期现代主义小说中“贵族”和“平民”的二元对立，以地方色彩和异化主题对美国小说的现代化起到了示范和引领作用。他作品中的“畸人”大多因为不能适应资本主义社会的发展，表现出心灵扭曲或价值沦丧。对安德森来讲，新兴的资本主义工业秩序和疯狂的物质主义是导致现代社会一切疑难杂症的主要根源，这体现出作者对传统社会的留恋和对现实的不满。紧随安德森之后的福克纳，其同样以地方色彩和异化主题为特色的作品中，各类边缘人形象承载各自的主观经验，同时带有深厚的文化价值塑造，通过不同地理空间建构出的人物心理折射出南方集体的精神世界，将小说形式的革新与对精神领域的探索结合起来。福克纳小说中人物的病态心理由表及

---

① 朱迪思·赫尔曼：《创伤与复原》，北京：机械工业出版社2015年版，第124、XII页。

里、由微观到宏观、由个体到集体的层级推演，有助于深层挖掘南方的社会矛盾和集体的精神危机，叙事策略与主题阐发完美结合，达到作者“异化”主题的创作目的。福克纳小说中的人物形象塑造符合现代主义小说创作的时代需求，体现出福克纳的现代主义文学创作理念，福克纳的小说创作从此由必然王国一步步走向自由王国。在此意义上可以说，福克纳是美国小说现代化的领军人物。

第四章　福克纳小说中的地理空间建构与主题表达

长期以来，“美国南方”是在“美国国土上残留的唯一独特地域”。[①]一般来讲，“美国南方”包括战前南方或“老南方”以及战后南方或“新南方”，新旧南方在南方作家的笔下呈现出迥然各异的地理制图模式。第一幅图上呈现的是历史悠久、浪漫优雅、温馨有爱的景象：在其前景布局中，最具有代表性的景观就是由橡树、山核桃树、楞树、枫树等南方树种构成的成片树林。由白色大理石廊柱支撑的大宅掩映其中，构成中景；大宅的前庭后院种满了玫瑰、丁香、木兰以及忍冬花等典型的南方植物；画面的中心是坐在大宅阳台上的充满阳刚气质的男主人和天使般的女主人，他们充满慈爱地看着孩子们在院子里自由快乐地玩耍。其远景则是延展开来的棉花种植园以及散落四处的黑人小屋。毫无疑问，这是一幅充满田园牧歌式的浪漫制图，它成功建构了以种植园园主为南方社会标杆的“南方神话”。第二幅完全就是第一幅地理制图的反转：倒塌荒废的大宅、贫瘠无收的土地（毫无生机的南方淑女）、贪婪无知

① Harry S. Ashmore, *An Epitaph for Dixie*, New York: W. W. Norton & Company, 1958: 172.

的农民、四处游荡的混血儿充斥着整个画面。

导致南方地理制图模式发生反转的根本原因是南方社会近三个世纪的发展所积累的矛盾。经济、政治、性别、阶层等层面的矛盾，以一种不可遏制的形式——南北战争——爆发出来，南北战争成为美国南方发展史上的分水岭。在此之前，建立于农耕文明基础之上的南方文化一直是南方人引以为傲的精神支柱。南北战争后，南方遭到经济、政治和文化上的多重创伤，特别是“南方精神”遭到质疑。在文学表现方面，有些南方作家在他们的作品中虚构出种植园贵族统治下的“南方神话”，试图用传统的南方绅士（比如随处可见的南方将士纪念碑）、淑女形象和清教思想（甚至是“奴隶制也是上帝的恩典”）来表达他们对南方传统价值观的敬意以及为南方在战争的惨败进行辩解和粉饰，以此来治疗战争带给他们的创伤。田园农耕生活、种植园贵族生活、“白人神话”、南方淑女以及“失败的事业”（The Lost Cause）等，是“南方神话”的重要组成部分。

“南方神话”小说最具有代表性的就是战前和战后二十年左右的南方家庭罗曼司。战前的代表作有约翰·佩奇的《弗吉尼亚木屋里的罗宾叔叔和波斯顿没有屋子的汤姆》以及卡洛琳·亨茨的《种植园主的新娘》。战后南方家庭罗曼司沉寂了近二十年后再次出现高潮：1880年后的二十多年里，上百部种植园小说和南方传奇得以出版和流行，这些小说表达了南方人对于他们遭受的精神创伤所进行的不屈不挠的抗争，具有政治上和心理上的价值。其中的代表作有舍伍德·博纳的《苏瓦尼河传说》、佩奇的《弗吉尼亚往事》和《红岩》、乔尔·钱德勒·哈里斯的《拉姆斯叔叔的歌谣与格言》、乔治·卡博尔的《骑士》等。就像托马斯·伍尔夫在其小说《远方的群山》中写的一样，这些神话“及时地获得了一种几乎是超自然的制裁力量。它成了一种民间宗教。在它那抚慰人的、超俗的符咒下，南方开始转过脸去，不理睬它周围日常生活的冷酷而丑恶的现实，并且逃进了已经消逝了的繁荣的美梦之中。这繁荣是想象的，是从来不曾存在过的”。[①]但是这些神话却“成为南方人的精神避难所，使他们对南方社会的弊端和邪恶视而不见，从而进一步加深了南方的保守封闭和贫穷落后”。[②]

相对于前期家庭罗曼司作家们的一味美化南方社会，“南方文艺复兴”时期的小说家们对南方精神遭到重创做出了比较客观的分析，特别是以兰色姆、华伦、泰特、韦尔蒂、奥康纳等为代表的“重农派”作家对“南方神话”进行了辩证的重新审视。这些作家已然意识到“南方神话”的伊甸园与不断变化的现实之间巨大的落差，但是他们中的绝大多数人认为南方价值体系中的某些部分对于人类精神生活仍具有重要意义，并且在回望中极力拥护。相比于这些温和的“重农派”作家，福克纳走得更远。福克纳被认为是“南方文艺复兴”的代表作家，是因为他作品的“艺术成就最高，而且他在小说中对南方社会、历史和文化传统的批判也最全面深刻”。[③]虽然他与“重农派”作家阵营显得格格不入，但正是源于对南方文化真正的热爱，他才不惜以笔为剑，刺中了南方精神遗产中隐匿的顽疾。

---

① 李文俊编：《福克纳评论集》，北京：中国社会科学出版社1980年版，第179页。

② 张晓梅、吴瑾瑾：《南方文学、地域特征与文化神话：美国南方“重农派”文学运动研究》，《东岳论丛》2013年第6期，第154页。

③ 肖明翰：《福克纳与美国南方》，《四川师范大学学报（社会科学版）》1998年第3期，第57页。

第一节　地理空间变易与农耕文化的没落

南方社会在美国南方人心目中一直是充满浪漫、闲适和优雅的，与北方“扬基佬”（Yankees）的粗俗、势利形成鲜明对比。南方人特别重视扎根于土地的坚实感，闲适优雅、清新质朴的田园生活和能体现荣誉、尊严的种植园生活方式是“南方神话”的有机组成部分。在二十世纪美国“南方文艺复兴”运动中，“重农派”作家们旗帜鲜明地批判以美国北方为代表的工业主义忽视了人之为人的基本属性，他们认为人远比机器重要。他们宣称建立在家庭和土地基石之上的南方生活方式才能代表一种理想的生活模式——因为只有这种模式才能表明人与其所处地方的真正关系。[①]人与地的亲密关系构成了美国南方文学中鲜明的地方特征。福克纳作为生于南方、长于南方并且成就于南方的作家，其小说中典型的地理空间以棉花种植庄园、小镇、荒野、乡村等为主，具有鲜明的南方地理特色。这些地理空间，相对于北方工业文明的摩天大楼和大都会来讲，显得落后、封闭、保守，但是植根于农业文明的南方人始终坚信南方精神的高尚与优越。由此农业文化衍生出的“绅士”和“淑女”等价值体系，得到南方人的集体认可和拥护。比如“绅士”不仅仅意味着男人们的优雅举止和果敢行为，还暗含着人生而不平等的信念：有些人天生是领导者，是“绅士”，其他大部分人需要尊崇、服务他们（比如亨利对来自新奥尔良的邦的仰慕以及沃许对萨德本的尊崇，完全出自他们对于南方传统价值观的绝对信念）；在性别范畴上，男性优于女性，“淑女”永远是被保护的对象；在种

① Biljana Oklopcic, *Faulkner and the Native Keystone: Reading (Beyond) the American South*, Springer: Springer-Verlag Berlin Heidelberg, 2014: 3.

族范畴上，白人优于黑人和混血儿。南方人的生活理念植根于农耕文化之上，笃信依靠自然的力量，其生活方式也顺其自然，呈现出闲散慵懒、沉溺于物质享受等特点，这与北方所推崇的勤奋上进、资本理念、利益分配，特别是伦理道德、保守勤俭等理念格格不入。从以上分析不难看出，“南方神话”本身就带有致命的缺陷，特别是在北方资本主义日渐日盛的历史趋势下，南方的农耕文化难逃日渐日衰的历史命运。在南北战争中，南方的溃败则是加速了“南方神话”的破灭。

一、《押沙龙，押沙龙！》：破裂之屋与宏伟规划的瑕疵

美国南方社会实际上是一个阶级分层特别明显的社会，主要由种植园贵族、中产阶级以及穷白人三级构成，黑奴只是作为种植园贵族阶级的附庸或财产而存在。其中的种植园贵族阶级是“南方神话”最具有代表性的阶层。南方的贵族阶级一般可分为两种：一种是福克纳笔下的沙多里斯家族，其祖先可追溯到几个世纪前的欧洲大陆的贵族门第；第二种则以萨德本家族、麦卡斯林家族以及康普生家族等新贵构成，他们没有第一种贵族那样的祖传的荣光，但是他们都有着不可抑制的想跻身老南方上层社会的强烈渴望、势不可挡的行动力以及无可匹敌的精明狡诈。通过自己坚忍不拔的本性和毫不留情的操控，第二类贵族构建了属于他们自己的空间——大片的土地、成群的黑奴、豪华的大宅以及作为南方淑女的纯洁妻子。他们的所作所为建构和保留了南方社会的价值体系——他们使奴隶制成为现实，他们甚至用《圣经》来证明奴隶制的合法性，美德和

人性在这种规划中则显得无足轻重。[①]

《押沙龙，押沙龙！》中的萨德本百里地，是萨德本家族第一代托马斯·萨德本在美国南方密西西比州杰弗生镇西北部建成的家族产业。少年时期的托马斯·萨德本，随家人从弗吉尼亚山区迁往该州东部发达的棉花种植园区泰德沃特。天真无畏的少年托马斯被为庄园主看门的黑人拒入大门之后，立志实现自己的宏伟计划——雄伟的大宅、大片的土地、成群的黑奴、白人妻子等具体可见的目标——来体现自己作为一个白人的荣誉和尊严。于是年仅十四岁的萨德本利用有限的地理知识，出走海地寻求发展。虽然从这部小说中可以看出福克纳对于海地历史的理解有些偏差（海地曾经是法属殖民地，在小说时间中海地已经独立），但是全球海外殖民和奴隶制滞后性的实质存在却是真实不虚的。托马斯漂洋过海到达的海地岛，就是由法裔殖民者的后代掌控的，很多黑人为其雇佣来种植甘蔗，这是美国南方各州雇佣黑人种植棉花的翻版。托马斯·萨德本好学进取、英勇果敢，在与黑人起义的对抗中，他的立场和做法完全赢得了种植园主的信任，后者还把自己的女儿许配给他，托马斯因此有机会获得一份丰厚的家产。

但是儿子出生后，托马斯察觉出儿子带有黑人血液，于是不惜任何代价，他放弃了用生命换来的家产，抛妻弃子，带着一批黑奴回到美国本土东山再起。在十九世纪三十年代辗转来到密西西比州的杰弗生镇后，托马斯利用不为人知的手段，从契卡索印第安原住民手中取得了一大片土地。这片土地占地一百平方英里，因此被称为“萨德本百里地”（Sutpen's Hundred）。他利用从海地带过来

① Biljana Oklopcic, *Faulkner and the Native Keystone: Reading (Beyond) the American South*, Springer: Springer-Verlag Berlin Heidelberg, 2014: 8–9.

的二十多个黑奴，花了五年的时间把这片土地打造成约克纳帕塔法县最大的棉花种植园。萨德本家族的精神支柱都指向这个“萨德本百里地”地理空间：托马斯是家族的开创者，萨德本百里地对于其存在的意义是不言而喻的，否则他不会放弃在海地丰厚的家产重新白手起家，也不会在庄园只剩下“萨德本一里地”、年过六旬的情况下，急切地想要再生个男性继承人，结果死在自己亲手建立起来的家族产业的废墟之上。可以说，萨德本百里地已经超越了纯粹的空间概念，成了家族的精神家园。四代中的每一个家庭成员，不管出生在哪儿，不管身份得到承认与否，最后的归宿都是萨德本百里地。正是由于其魔力般的家族精神，萨德本百里地成为其家族的神圣空间。

萨德本三次不屈不挠，完全按照自己的设计实施着自己的宏伟计划，他的这一做法建构了“南方神话”的重要部分。萨德本百里地最初是萨德本家族的奠基石，接着是家族城堡，但是随着被托马斯抛弃的儿子查尔斯的到来变成了家族战场，最后这个昔日全县最大的种植庄园，只剩下了破破烂烂的大宅空壳以及附近那五块墓碑，来作为整个萨德本家族的纪念碑。由于在获取土地时使用了欺诈手段，萨德本百里地天生带有原罪的诅咒阴影，对黑人的奴役使萨德本百里地在原罪的阴影上又浓墨重彩地增添了一层罪恶。当时南方大规模的棉花种植园几乎都是以这样的方式建立起来的，并且种植园主们理所当然地认可这种“英雄”式的做法，丝毫不认为这是对南方文明的腐蚀和亵渎。萨德本百里地的空间变易过程，是整个萨德本家族梦想兴起、实现、保卫以及破碎的过程，也是整个“南方神话”破灭的缩影。美国内战时期的总统林肯曾用“破裂之屋”（The House Divided）来隐喻当时的美国并且指出“破裂之屋难自立”（The house divided against itself cannot stand.）。林肯所指的国家层面的“破裂之屋”与萨德本家族的“破裂之屋”有着很强的可比性。托马斯是萨德本家族的英雄，林肯是美利坚合众国的英雄，两人都竭尽全力在打造或维护一个基于宏伟梦想的“房屋”意象。虽然两者的设计方案背后支撑的理念背道而驰，托马斯极力拥护奴隶制，林肯极力废除奴隶制，但是两者都是为了实现自己的梦想，前者是“南方神话”，后者是“美国梦”。虽然两个人白手起家的发迹验证了“美国梦”实现的可能性，但是这两个梦的设计中具有的明显缺陷，注定了他们梦想必败无疑的宿命。林肯在其演讲中宣扬平等，但是他的白人优越论无法掩盖；萨德本少年时候被黑人拒之门外的精神创伤永远无法愈合，他的人生词典里没有林肯言词中的平等观念，黑人只不过是动物，是能够助他完成宏伟规划的工具。与生俱来的设计缺陷，使梦想之中的“房屋”成为“破裂之屋”在所难免。虽然在福克纳创作《押沙龙，押沙龙！》时，“The House Divided had long been restored in name, on paper; but the South and the fictions it lived by, and the nation and the policies it tacitly or legally endorsed, were as nearly divided as ever”。[1]福克纳从林肯的“破裂之屋”出发，对历史进行回顾和反思，他发现一百多年以后的美国南方，“破裂之屋”仍然存在，它阴魂不散，以延宕惊悚的方式诉说着对南方农耕文明的依恋和回望。

二、《村子》：荒废乡村与种植经济的萎缩

南方传统社会的经济命脉在于农业，具体来说，棉花种植园经济占了相当大的比重。在美国内战前二十年，南方的人口只占全

① Eric J. Sundquist, *Faulkner: The House Divided*, Baltimore and London: Johns Hopkins University Press, 1983: 130.

国的百分之四十，但是贸易出口总量却占了全国的近三分之二。在那个时期，北方的工业经济正在扩张之中，南方的出口贸易对于美国工业化所需的进口起到了很大的作用。[①]北方的进口需求与南方的出口贡献却造就了南北双方不可调和的矛盾，经济上的矛盾归结到政治矛盾，建立于奴隶制之上的种植园经济势必成为南北对峙的焦点。

《村子》的老法人湾是南方种植园经济遭到毁灭性打击之后的典型空间代表。该乡村空间位于约克纳帕塔法县东南约二十英里的地方，在约克纳帕塔法河南岸的河湾地带。该空间呈现出仍以种植经济为主的战后南方乡村的特色：荒芜的大宅、贫瘠的土地、心态各异的村民。那个地方最先是法国人的殖民地，战前被开垦为棉花种植良田。这个乡村空间中最引人瞩目的就是战后留下的废墟：内战后法国人的大庄园主体建筑尽毁，方圆数十英里的地方只有空荡荡的大房架、倒塌的马厩以及杂草丛生的花园。该废墟的存在就是南方种植园经济遭受战争重创的历史见证。这片荒芜土地上的南方乡村社区，生活着以庄园主后代威尔·瓦尔纳为首的南方乡村村民，他们主要以种棉花和玉米为生。该社区地跨两个县，但在行政归属上又不属于任何一个县，这一特性似乎是整个南方与美国关系的隐喻。那时的南方，“南方神话”根深蒂固，看起来就像这个建立于废墟之上的乡村空间，但是这片土地只是南方人的土地，不是北方人的土地。尽管北方人最后的胜利蹂躏摧毁了这片土地，依然无法改变南方人对于这片土地的深情。瓦尔纳家族开办了该社区的教堂、学校以及各种店铺，并且担任乡村事务的仲裁；村民们安于

① Carl N. Degler, “Thesis, Antithesis, Synthesis: The South, the North and the Nation”, *The Journal of Southern History*, 1987, 53 (1) : 8.

现状，在遭受重创的土地上操持着自己的生计。瓦尔纳家族经营的杂货铺是这个乡村的聚合点，人们集聚在此，它不仅仅是购买生活必需品和生产资料的地方，更是相互交流的重要场所。如果说，杰弗生的中心广场是整个约克纳帕塔法县的中心，那么这个店铺就是整个老法人湾乡村的中心。总体说来，即使遭受内战重创，在斯诺普斯家族到来之前，老法人湾乡村的维系和运转处于一种相对稳定、落后封闭和自给自足的传统农业模式。

《村子》由四部组成，主要讲述了以弗莱姆为首的斯诺普斯家族对村子巧取豪夺的故事。小说第一部中，该乡村实际掌管在以威尔·瓦尔纳为头人的瓦尔纳家族手中。瓦尔纳家族拥有该乡村方圆十英里的地盘，其家宅建在昔日老法人庄园的草地上。家长威尔要么骑着自己的大白马游弋在自己的地盘上，要么坐在自家铁匠用面粉桶打造的椅子里，守着身后那座大庄园，尽管庄园已经衰败荒芜，全然失去了昔日的荣耀。弗莱姆·斯诺普斯单身一人，拎着个草编箱子“空降”到该村，以一种无法拒绝的强势进驻乔迪·瓦尔纳（威尔·瓦尔纳的儿子）掌管的乡村店铺。第一部结束的时候，威尔那匹曾经自由驰骋在祖传地盘上的白马，已经和另外一匹马拴在一起，成了一匹拉轻便马车的马；坐在轻便马车里的，是弗莱姆和威尔两个人，而坐在面粉桶打造的椅子里守望着身后大片废弃土地的人，也由威尔变成了弗莱姆。小说第二部虽以“尤拉”为名，但讲述的还是弗莱姆的故事。他用一年的时间，把自己家族的另外一个人明克·斯诺普斯安插进了乡村店铺，并且和瓦尔纳的家人同吃同住，与威尔进出瓦尔纳的家，照料他自己和瓦尔纳家族的生意。

前两部主要讲的是弗莱姆如何一步一步渗透到乡村头人的家庭，从外在的商铺入手，最后到瓦尔纳和核心家园空间的占有，弗莱姆完成了对乡村空间进行掠夺的关键环节。处于兄长乔迪严格监管之下的尤拉·瓦尔纳，还是与他人发生关系，精于算计的弗莱姆娶了未婚先孕的尤拉，带着自己的草编箱子和一只巨大的伸缩皮箱，到德克萨斯度蜜月去了。

小说第三部“漫长的夏天”讲述了斯诺普斯家族其他成员在村子的存在状况、斯诺普斯家族成员之间的矛盾以及他们本身存在的问题，从侧面暗示了斯诺普斯家族对于乡村空间的全面参与和渗透。第四部“村民”里“卖马”和“卖地”两个主要故事，则是完成了斯诺普斯对村民经济上的剥夺以及对村民残存的价值信仰的摧毁。弗莱姆伙同德州商贩使用诡计，利用家族其他人的名义，把一批在德州捕获的野马当做驯马卖给村民。淳朴善良的村民为买马倾尽家当，但是最后野马跑散，村民图尔被野马所伤，亨利等人买的野马四处逃窜，村民落得人财两空的悲惨境地。遭遇过弗莱姆买马算计的村民把希望寄托在传说中的地下宝藏上。弗莱姆又利用这一传说，故意引诱挖宝的亨利、拉特利夫等人，最后以高价把老法人湾的废弃土地卖给了他们，完成了斯诺普斯家族财富的原始积累。乡村空间的财富，包括物质和精神的，在弗莱姆的精心设计下被洗劫一空。村民在经济上一贫如洗，并且失去了淳朴、勤劳、勇敢等基本的农业生活价值理念。在亨利·阿姆斯蒂德发疯般的机械铲土动作中，村子的土地被掘地三尺，却无法找到传说中的任何宝贝。而在《八月之光》中，阿姆斯蒂德曾经主动让大腹便便的莉娜搭乘他的马车，他的妻子也把积攒下来的零用钱都塞给了临产的莉娜。弗莱姆利用贪婪狡诈的资本式运作手段，彻底征服了村子里的核心力量瓦尔纳家族，彻底夺取了普通村民最基本的生活资料和最淳朴的道德情操。

对于斯诺普斯家族来说，从一贫如洗到南方新贵，其发家史与金钱是紧密相连的。弗莱姆是该家族暴富的典型代表，他的财富和社会地位的抬升都是通过一桩桩的商业交易得来的：与未婚先孕的尤拉·瓦尔纳结婚，他得到了金钱和土地；利用当地盛传的地下藏宝的神话变卖法人湾的土地，他再次获得一大桶金；在镇上，他又利用敲诈勒索等手段成为银行行长和德·斯潘大宅的新任主人。弗莱姆的成功是资本主义经济成功瓦解南方传统农业经济的缩影，他所代表的斯诺普斯家族成了“新南方”的代言人，这表明在“新南方”社会里，“资本，意即金钱取代家族或血统，成为南方社会秩序的决定因素”。[①]遭受战争创伤的乡村空间在弗莱姆资本手段的运作下，南方传统的种植经济土崩瓦解，村民渴望挖宝致富，而不是靠传统农业经济生活，建立在农业基础之上的南方失去了恢复重建的信心和希望。福克纳通过斯诺普斯家族空间从农村到城市的变易性建构，重现了南方社会从传统种植园经济向工业的资本主义经济转型的历史。在《村子》中，南方社会有着很强的家庭和共同体观念；在《小镇》中，南方成了一个具有转折意义的空间，它抛弃了南方乡村田园牧歌式的共同体，转向更大的同质化的城市共同体；在《大宅》中，随着“南方神话”的进一步解体，南方社会被充分资本化和美国化，具备了美利坚民族共同体的统一性，彻底丧失了原来乡村共同体的风貌。

三、《没有被征服的》：家园变迁与“南方父亲”的隐退

出版于1938年的《没有被征服的》，由七个短篇《伏击》《撤

---

① Mauri Skinfill, “Reconstruction Class in Faulkner’s Late Novels: The Hamlet and the Discovery of Capital”, *Studies in American Fiction*, 1996, 24（2）: 151–169.

退》《突袭》《第三次反击》《族间仇杀》《沙多里斯的小冲突》《美人樱的香气》组成，讲述了南方英雄或“南方父亲”沙多里斯家族的故事。约翰·沙多里斯是“约克纳帕塔法”世系小说中的灵魂人物，也可以说他满足了南方人关于南方英雄的集体想象。在这部小说里，福克纳以约翰·沙多里斯即沙多里斯上校的儿子巴耶德的视角，通过沙多里斯家园空间的不断变迁，讲述了“南方父亲”逐渐隐退的过程。

《伏击》中的沙多里斯，是一个标准的“南方爸爸”形象：他即使身在战场，也会利用休战间隙从别的州赶回密西西比的家乡，和家人（包括黑人）一起修筑新的牲口圈；他骑在骏马“闪电”背上用战刀砍断小树枝做篱笆的形象，是其英雄爸爸的具体意象，也是他维护家园的具体表现。在《撤退》中，沙多里斯上校单枪匹马截获了北军的给养，并且让六十多个俘虏体面溜走。他的传奇经历进一步夯实了“南方父亲”的神勇和风度。与此同时，巴耶德了解到麦卡斯林家族的布克和布蒂大叔对待黑人的不同方式：他们不把黑人当做自己的财产，而是帮助他们通过自己的劳动获得人身自由。并且布克和布蒂认为人与土地之间，不是人占有土地，而是人属于土地。这种新型的人地关系让巴耶德开始意识到父亲沙多里斯对于白人和黑人之间主仆关系的看法的局限性。《突袭》中，巴耶德亲眼目睹了南方旧庄园被北军所焚毁、南方支柱产业棉花加工厂被捣毁以及铁路被拆除的战败景象，他还听闻了南方黑人集体奔向北方的震撼情景。

家园被毁的沙多里斯依然显出了独到的“南方父亲”本色。在战后重建时期，他极力反对黑人获得政治权利，组织3K党，并且杀害了来自北方的废奴主义者伯顿父子（即《八月之光》中伯顿小姐的父亲和同父异母的哥哥），原因就是伯顿父子组织了黑人参与政治投票的活动。射杀伯顿父子当天正是沙多里斯和德鲁西亚结婚的日子，他甚至因为此事忘了自己的婚礼。沙多里斯不惜以杀害他人的手段竭力维护奴隶制的做法，引发了巴耶德对于父亲“英雄”形象的质疑。战后南方经济颓废，沙多里斯作为南方的代表人物，积极重建家园。他与德鲁西亚成婚，支持儿子上大学攻读法学，在原先被烧焦的地基上重新盖起了更大的房子，还与他人合资重建铁路。铁路作为沙多里斯的家族产业，其意义可谓深长。南方在战前和战时修建的铁路虽然不能与北方相比，但是修建铁路本身表明南方封闭的边界被打破。火车的开通改变南方社会人与人之间的交流方式，高效的物流系统使南方社会的生活不可避免接受了外来的影响。这对于习惯传统农业经济下闲散生活方式的南方来讲不啻为一种刺激。

在《花园里的机器》中，利奥·马克斯梳理了影响十九世纪美国文化的两种理想之间的差异，即田园理想和进步理想。他通过文学作品中反复出现的技术物品景观来阐述十九世纪美国文学中一个重要的主题，即机器技术带来的激烈彻底的变革和田园理想之间的辩证而又充满张力的关系。他认为这种张力无处不在，表现为一个不断出现的意象——花园里的机器，即机器突然而又令人震惊地侵入田园风景中，表明美国人“将荒凉的腹地改造成‘世界的新花园’”是美国想象或者“美国梦”的思想基础。[①]铁路作为一种新的技术，带给南方的不仅仅是经济上的影响，最重要的还是文化和精神上的影响。内战期间，南部邦联修建的铁路被北方捣毁；战后，沙多里斯与他人合资重修铁路。铁路这一意象融合了沙多里斯恢复“南方神话”、重建“新南方”的梦想。南方的农业传统融入了

① 利奥·马克斯：《花园里的机器：美国的技术与田园理想》，马海良等译，北京：北京大学出版社2011年版，第102页。

现代的元素，具有特殊的象征意义。南方农耕文化被现代所毁，又在现代的基础上重建，这一事实充满了悖论。随后沙多里斯被昔日修建铁路的合伙人雷蒙德杀死，他通过铁路重建了自己的家园，又因为铁路而丧失了自己的生命。巴耶德正是亲眼目睹了父亲沙多里斯的人生悲剧，认识到南方战败的真正原因，所以成年后的他，修正了小时候对于“南方父亲”的英雄形象单维度的仰慕。巴耶德并没有按照他人的强烈建议和要求去找雷蒙德决斗复仇，而是采用和解、不伤害彼此的方法了结此事；父亲和儿子之间固有的沿袭之链被断开，避免了世代厄运循环的宿命。“南方父亲”从固有的英雄模式隐退，融入更多现代元素的家园空间日益远离传统的家庭罗曼司模式，蕴涵了更多的人人平等的现代性民主诉求。

《押沙龙，押沙龙！》中的萨德本百里地成为废墟之后，加上密西西比河的数度泛滥，最终成为麦卡斯林家族后人的打猎场，萨德本宏伟设计中的瑕疵注定暗合了林肯所预测的“破裂之屋”的宿命；《村子》里南方乡村种植经济遭受来自战争的破坏和后续资本主义经济的劫掠，空降到老法人湾的斯诺普斯家族取代昔日显贵斯班家族、沙多里斯家族等；《没有被征服的》中“南方父亲”沙多里斯英雄形象隐退。这三个层面分别代表了南方社会农耕文化的日渐没落和工业资本经济的兴盛。南方伊甸园、田园生活、英雄父亲等“南方神话”的构成元素逐渐消解，南方社会在深情回望中不得不走进“新南方”。每一个地理空间都是南方社会的地理坐标，它们的变易见证了南方社会的历史文化走向，在此意义上，空间建构成为小说主题表达的手段。

第二节　地理空间并置与“南方淑女”价值的崩溃

作为一种特定时期的社会现象和精神价值取向，“南方淑女”一直是南方种植园奴隶主阶级极力推崇和打造的女性形象。在其阶级范畴中，淑女是“南方精神”中高贵、贞洁、顺从和奉献的完美女性形象。淑女这一身份来源于十九世纪欧洲的文化标准，它要求女性成为社会中值得尊重的正派的群体，成为维多利亚时代完美的女性典范，比如要求女性摆脱任何性欲望，尊崇男性的绝对权威，完全献身于照顾家庭、保全女性贞洁和培育家庭共同体等。在福克纳短篇小说《曾经有一位女王》中，沙多里斯家族的女性人物詹妮姑婆就是传统价值体系下的一位淑女典范。而她的侄孙媳妇纳西莎是“新南方”淑女的代表，她身着白色或灰色这类安全的衣服，脸上有着“百合花般的安详和宁静”，狂热地保护着她居住的那座“有围墙和平静的花园”及其边界，甚至她还拒绝读莎士比亚的作品。“南方淑女”的道德观迫使纳西莎理性地扼杀生活中的某些东西，但是它们仍然大量存在于她的潜意识中。因此纳西莎本我和自我之间持续的张力给她的内心带来了极大的分裂感和压抑感。同样，在《献给爱米丽的玫瑰》中，艾米丽小姐迫于“南方淑女”的价值体系，先是依附于父亲，可是父亲去世后，她无法像正常人一样去爱其心爱的男人，最后用砒霜杀死男友，并且与男友死尸共眠二十多年，直到艾米丽小姐死后真相才大白于天下。这不能不说是“南方淑女”残余的价值取向给南方社会女性酿成的人生悲剧。福克纳在其小说文本中，善用并置的空间建构手法来探讨“南方淑女”的人生悲剧。本节就《喧哗与骚动》《圣殿》《押沙龙，押沙龙！》中并置的碎片空间、公共空间和微观空间意象来还原“南方淑女”的价值体系是如何一步步走向崩溃的边缘。

一、《喧哗与骚动》：碎片空间与凯蒂的沉沦

凯蒂是《喧哗与骚动》中康普生家族的女儿，排行老二，上有长兄昆丁，下有弟弟杰生和班吉。该小说一共有四位叙事者，前三章分别是由班吉、昆丁、杰生叙述，最后一章由康普生家的黑人女仆迪尔西叙述。每章的叙事时间、空间、事件都不相同，但是主要的故事时间却是内在统一的，那就是每个叙事人讲述的都是凯蒂的故事，只不过每个人讲述故事的时间不尽相同。每个叙事人讲述的都不是一个完整的故事，而是有关凯蒂故事的某些片段。而且因为班吉的痴呆性和昆丁自杀前意识混乱，凯蒂故事中的有些情节一再重复。只有读完了整部小说，读者才能在头脑中形成一个关于凯蒂的完整故事。这种叙事的空间结构称为“橘瓣式”类型：“‘橘瓣’是个形象的比喻，它表明并置或并列的故事情节是向心的而不是离心的”。[①]在这部小说中，向心的人物就是凯蒂，向心的主题就是凯蒂的失落。

当然，本文讨论的重点不是“橘瓣式”的叙事空间，这种空间是抽象的，是读者或批评家们运用抽象思维得出的结论。本节讨论的重点是地理空间建构对于凯蒂“南方淑女”身份失落的意义及其对“南方神话”的解构问题。在第一章班吉的叙述里，凯蒂充满了“树香”，小时候的班吉只要是和姐姐在一起，就能闻到她身上的“树香”：比如姐姐陪他睡觉时、姐姐带他出去放风时，还有姐姐安慰他时等，他都能感受她的“树香”；甚至在姐姐长大成人涂

① 龙迪勇：《空间叙事研究》，北京：生活·读书·新知三联书店2014年版，第163页。

抹香水或者与男朋友幽会亲吻后，敏感的班吉就会察觉姐姐有异，非得要求凯蒂用清水洗掉后，才能再次闻到她的“树香”。“树香”这一特定的地理空间元素，实际上就是凯蒂对于痴傻弟弟班吉的一种无条件的爱，这份爱背后的支撑就是南方贵族价值体系的淑女精神。它要求“南方淑女”在道德上保持清白，对家族给予无私的爱，并且在性这个层面维护绝对的纯洁。对于班吉来讲，姐姐身上的“树香”只能保留在他的童年记忆里。痴呆的班吉只能在现实生活中院子里的栅栏边上，或是室内某个犄角旮旯里，一遍又一遍地回味凯蒂身上的“树香”。“树香”的在与不在、重现与消失，把凯蒂一步一步走向堕落的历程展现出来，凯蒂“南方淑女”身份的失落通过“树香”这一地理空间元素蒙太奇似的变换得以形象地表达。

在昆丁的叙事中，忍冬花香是出现最多的地理意象。忍冬花香与“树香”是性质完全不同的香型。“树香”是一种天伦之爱的象征，它要求“南方淑女”给予家人无私之爱，比如对父母之情、手足之情等；忍冬花香则是一种乱伦之爱，它是指向“南方淑女”的性纯洁这个层面。对于昆丁来讲，凯蒂就是能连接康普生过去和现在的救命稻草，凯蒂就是他潜在的情人。因为家族权势日渐式微，唯一能值得骄傲的就是妹妹的贞操，那是“南方淑女”价值的核心内容，也是南方精神得以延续的最后一块壁垒。昆丁宁可冒着乱伦的道德风险，也不想妹妹失贞于他人。但是，凯蒂似乎天生就是一个慕雄狂，青春期一到就无所顾忌地找男性发生关系。虽然凯蒂的这种女性认同模式彻底颠覆了淑女的典范，但是她的下意识里还是被传统的淑女意识所控制，否则她也不会在第一次约会、第一次亲吻男人和失去童贞之后，都用水来洗涤自己。忍冬花香一再出现在昆丁的意识流转中，每一次出现都是对昆丁内心的撞击，他对妹妹失贞和乱伦的无能为力所导致的绝望感一步步增强。凯蒂未婚先孕，匆忙嫁与他人，凯蒂愈行愈远，其淑女身份的彻底迷失击垮了昆丁脆弱的心灵，他失去了最后一根苟延残喘的稻草。班吉感官世界里无所不在的“树香”与昆丁意识里挥之不去的忍冬花香，无一不是在暗示凯蒂作为女性身体发育的成熟，而这预示着伊甸园的摇摇欲坠和层层逼近的威胁，最后凯蒂与他人的性交宣告了“南方淑女”精神的彻底崩溃，昆丁毫无留恋地走上自杀的绝路。

对于弟弟杰生来讲，凯蒂无疑就是一个荡妇。杰生用这么刻薄的词语来形容凯蒂，直接原因在于杰生失去了凯蒂丈夫许诺给他的银行职位，而杰生把这归结于凯蒂本身的淫荡。凯蒂婚前与他人有染而怀孕，婚后这事被夫家知晓，理所当然这桩婚姻以离婚收场，当然杰生念念不忘的银行职位也就泡汤了。杰生内心里恨透了凯蒂，他把对凯蒂的愤恨转嫁到凯蒂的女儿小昆丁身上。杰生叙事部分不像前面两章的叙事部分，班吉和昆丁的叙事空间和故事空间都是在现实和过去之间切换，并且两者的空间都依附特定的嗅觉景观（smellscape）。查尔斯·艾肯认为：“Faulkner's ability to convey sensation extends to odors, which often are overlooked but are very much a part of the geography of a place and persons who inhabit it”。[①]杰生竭力与过去决裂，所以他关注的只是眼前，但是做不到与过去真正割裂开来。凯蒂的淫荡成了杰生现实生活失败的最好借口。杰生不仅克扣凯蒂寄给女儿小昆丁的生活费用，还在言语和行为上对外甥女小昆丁进行猥亵和侮辱。杰生这种跨越时空的泄愤行为，生动地再现了他对凯蒂淑女身份迷失的在意。

---

① Charles S. Aiken, *William Faulkner and the Southern Landscape*, Athens: The University of Georgia Press, 2009: 226.

显然，康普生三兄弟对于凯蒂故事的讲述，以一种“高度现代主义的风格吞噬了文本的历史背景，并且将人物们表现为与世俗社会隔绝的状态”。[①]凯蒂是处于小说叙事形式上的真空地带，但是她以一种显而易见的不在场方式达到了显性出场的叙事效果。因为凯蒂既是“南方淑女”被动的拥护者，也是“南方淑女”主动的摧毁者。“南方淑女”的价值体系使凯蒂同时拥有圣母和妓女这种双重性的身份特征，但正是这种不可调和的双重性使她无法在现实世界里找到自己的坐标，因而在叙事话语中凯蒂只能处于失语状态。然而，借助于这种碎片式地理空间的并置建构，凯蒂的形象时而退隐时而浮现又再次退隐，作为“南方淑女”的凯蒂及其女儿小昆丁们注定厄运缠身、缥缈无定。有关她们的碎片，历史的或现实的，真实的或想象的都有了统一的叙事指归，而且碎片本身所具有的时间维度和空间维度给予叙事一定的广度和深度，小说的叙事逻辑却因此获得了一种意想不到的连贯性。因此，小说在形式和内容上达到一种交融的状态。凯蒂在兄弟们不同的叙事空间里呈现出不同的面貌，但是这种不确定性的人物刻画，都不约而同地指向凯蒂“南方淑女”身份的“迷失”。因为在传统的价值体系中，女性是生殖女神，象征着南方社会的坚实沃土，是整个南方得以生存繁衍的基础。但是随着凯蒂的沉沦，这种繁衍能力已经被洗劫一空，这表明“南方淑女”特有的精神品质不复存在，“南方淑女”神话从内部自行解体，并且导致南方社会陷入永久的精神荒原，永无复原的希望。

---

① 张曦：《威廉·福克纳小说叙事艺术研究》，北京：中国社会科学出版社2017年版，第170页。

二、《圣殿》：公共空间与谭波儿的失语

在艺术手法上，《喧哗与骚动》和《我弥留之际》以意识流、多视角和内心独白取胜；而在随后发表的《圣殿》中，福克纳另辟蹊径，启用了骇人听闻的强奸情节，这一写作策略为这部小说带来了巨大的商业价值。既然强调情节，故事本身的要素就尤为重要，而空间建构成为福克纳进行叙事的重要手段。《喧哗与骚动》通过凯蒂不在场的方式，讲述了南方社会贵族世家康普生家族的淑女逐渐沉沦的故事。在《圣殿》中，女主人公谭波儿一直被置于各类公共空间中，福克纳对于“南方淑女”的探讨也由家族空间逐渐扩展到社会公共空间。与凯蒂的不在场相比较，谭波儿的在场更能对“南方淑女”价值体系进行公开深入的揭示。

谭波儿被金鱼眼用玉米芯强奸的情节，发生在老法人湾的废弃大宅。该大宅前身是建于战前的大种植庄园，在《圣殿》的故事时间里，该空间已然由战前的大庄园衰退至战后尽毁的蛮荒状态，聚居活动在那里的都是一些酿贩私酒的社会盲流。出生于法官之家的谭波儿是城里一名住校的女大学生，耽于享乐。周末谭波儿跟随醉酒驾车的男朋友高温闯进老法人湾买私酒，被那些盲流们觊觎。在性变态金鱼眼、痴傻汤姆、戈德温等人肆无忌惮的窥视下，被男友高温弃之不顾的谭波儿下意识的反应就是说“我父亲是法官”。这句话表面上赋予了“南方淑女”谭波儿发声的权利，但是不能对她起到丝毫的保护作用。谭波儿在昔日为“南方淑女”提供保护伞的庄园废墟上，被金鱼眼用玉米芯强奸。被强奸的谭波儿不仅没有反抗，反而配合金鱼眼的劫持到了孟菲斯的瑞芭妓院。在妓院这种淑女不敢踏足的地方，谭波儿和“爹爹”金鱼眼安排的瑞德两人忘情交欢，这直接导致了瑞德的被杀。妓院这个公共空间不仅彻底玷污

了“南方淑女”，还使“南方淑女”成了腐朽社会的帮凶。杀人命案使谭波儿被带至法庭，同时也意味着她被强奸的事情公之于众。在法庭这样的圣殿式的公共空间，为了维护所谓的家族名誉，身为法官的父亲竟唆使谭波儿作伪证，使真正实施强奸和杀人的金鱼眼逃脱了法律的制裁。法院这个公共的权力机关也无法为谭波儿提供最基本的人权保障，她只不过是一只传声筒，传达的是为了家族荣誉而被设定的声音。当谭波儿从法院出来时，她弯成弓形的身影以及迟疑的脚步淹没在四个哥哥和法官父亲的包围之下。在小说的最后，谭波儿现身于法国的卢森堡公园，陪伴在侧的依然是她的法官父亲。具有古希腊风格的卢森堡公园修建于两百多年前，为的是缓解当时法国王后的思乡之情。公园里，那些按顺序摆放的死去王后的大理石雕像污迹斑斑，谭波儿百无聊赖地打开镜子看着自己郁郁寡欢的面孔。这一组意象生动地再现了谭波儿“南方淑女”身份的丧失以及“南方淑女”时代的终结。

不管是在被骇人手段强奸的法人湾、疯狂交欢的孟菲斯瑞芭妓院，还是在作伪证的法院和远离故土的法国卢森堡公园，谭波儿的声音都被他人的声音淹没或者控制。谭波儿的空间实践看似越过了“南方淑女”隐形的边界，实际上她仍然被囿于“南方淑女”这无形的社会牢笼中：在男权社会的霸权下她永远无法实现与男性之间平等的主体空间性，仍是其父兄和其他男人眼中的客体。客体只有在主体的凝视之下才能彰显其存在的价值和意义，其本身没有任何价值和意义，更遑论话语权了。福克纳通过把谭波儿并置于不同的公共空间，描述了现代南方社会的“淑女”谭波儿始终处于失语状态的真实现状。在个人层面，谭波儿毫无疑问是“南方淑女”价值体系的牺牲品；在社会层面，谭波儿是南方社会“南方淑女”和菲勒斯中心价值体系得以苟延的工具。

三、《押沙龙，押沙龙！》：微观空间与埃伦的消逝

《押沙龙，押沙龙！》是福克纳“约克纳帕塔法”世系小说中最具有史诗性、最为复杂的一部，其叙事视角的频繁转换、叙事的多层穿越增加了该小说的理解难度。但是，如果从地理空间的角度来理解，不仅可以降低理解难度，还可以领略到小说中的地理诗性魅力。小说中萨德本百里地的女主人埃伦的故事就包含了这样的魅力。其中最具有代表性和凝聚力的蝴蝶和墓碑相组合，构建了埃伦人生故事中令人难以忘怀的地理空间。

埃伦·科德菲尔德·萨德本是托马斯·萨德本在杰弗生这个南方小镇娶的白人妻子。埃伦在小说中第一次出现是由萨德本的故事带出来的，也就是说她并不是作为独立的人物出现的，而是萨德本附带出来的。当时萨德本经过三年的努力，终于在离杰弗生镇十二英里的乡下，建起了庄园大宅；他利用从海地带来的二十多个黑奴，开荒种棉，其棉花种植面积达到全县最大的规模，因而他急需一位妻子来实现他宏伟计划的关键一步——完整的家必须要有女主人，这个女主人得有相应的社会地位以及生育能力，最关键的一点就是女主人必须是白人。当杰弗生镇居民明白萨德本找小店主科德菲尔德先生是为了商议婚姻大事的时候，他们才明白自己都已经忘了科德菲尔德先生有一个女儿。由此可以看出，埃伦的在场对于他人、对于整个社区都是可有可无的。她是由于人们对萨德本的关注才被关注被出场的，否则她一辈子也许就是个不出闺房的老姑娘。婚前的埃伦除了她的不在场状态外，其他情况读者一无所知。埃伦的婚姻也是由萨德本和他父亲共同商定的。这也就是说，埃伦只不过是萨德本百里地的附属物，她并不是萨德本百里地大宅真正的女主人。萨德本大宅建好了，需要一位女性来与萨德本共同完成他的

宏伟规划，而当时的埃伦适龄，其小资产阶级的社会地位和白人血统是萨德本梦寐以求的，所以她被命运偶然安排进了萨德本百里地。埃伦成了男权社会里“模式化、文化控制以及性的客体化”的标的。[1]由于萨德本住在乡下，又是来历不明的外来暴发户，对镇上的人来说就是一个他者。镇上的居民把他和埃伦的婚礼变成一场罗马假日式的狂欢盛宴，埃伦因此倍感委屈，但是合乎法律和合乎南方文化传统的婚姻，使埃伦成了约克纳帕塔法县里最大的棉花种植园萨德本百里地的女主人。

除了从乡下到杰弗生镇上买东西，以及顺道到娘家炫耀一番之外，埃伦的余生就在萨德本百里地的大宅里度过，几乎过着与世隔绝的家庭生活。对于这样一位重要而毫无主体意识的人物埃伦，福克纳多次使用蝴蝶来构建其独特的地理空间。埃伦成为萨德本百里地的女主人，完成了生儿育女的“淑女”使命以后，似乎就羽化为蝶，飞入真空之中；接着埃伦过完人生的夏季后就消逝了。确实，这只残存的蛾子被彻底忽视，被杰弗生镇人忽视不说，连在自己庞大豪华的大宅里，埃伦也是一只被忽视的蝴蝶，除了生儿育女，一厢情愿地张罗邦和朱迪思的婚礼，家里任何重大事情都看不到她参与的影子。比如她丈夫托马斯·萨德本到新奥尔良去调查邦的底细，她根本就不知道为什么丈夫会去，并且一点也不在意。弥留之际的埃伦躺在萨德本百里地大房子里一间黑屋子的床上：“the butterfly, the moth caught in a gale and blown against a wall and clinging to life, not in particular pain since it was too light to have struck hard…”。而死后的埃伦留给后人的也像一只蝴蝶标本：“the butterfly of a forgotten summer two years defunctive now-substanceless shell, the shade impervious

① S. L. Bartky, *Femininity and Domination*, New York: Routledge, 1990: 23.

to any alteration or dissolution because of its very weightlessness: nobody to be buried: just the shape...”。[①]蝴蝶有三个最基本的特征：生命短暂，无足轻重，最重要的是作为一只动物的蝴蝶没有任何思想。作为约克纳帕塔法县里最大棉花种植园的女主人的埃伦，福克纳竟然仅用一只蝴蝶的意象来概括其生前身后，蝴蝶的无足轻重与萨德本百里地的辉煌风光形成强烈对比，这不能不说是一种强烈的反讽。

埃伦生前轻若自然界中的蝴蝶，死后却被千磅重的大理石墓碑压身，这一组自然与人文的意象组合不能不说是福克纳的独具匠心。埃伦坟墓周围是稀稀拉拉的荒草，那一块从意大利走私到美国、跟随萨德本行军打仗一路跋涉运回来的昂贵的大理石墓碑，是埃伦生存空间绝妙的注解：墓碑的主人自身没有任何存在的意义和价值，就像自然界的一只无足轻重的蝴蝶；她只不过是托马斯·萨德本宏伟规划中的一枚棋子，其价值还不如那块昂贵的大理石墓碑。因为那墓石上由萨德本请人刻的碑文，只交代了埃伦生卒年月以及姓氏，并没有刻上萨德本爱妻等字样。墓碑是一个无生命的物象，但在文明世界里，墓碑是一种极为特殊的物，它由时间之链与生命、情感紧密联系在一起。从叙事的角度来讲，墓碑是一种时间标志物，将墓碑主人生活的历史融入其中，以视觉性的形象特征展示当下的存在，甚至延续到未来。墓碑这种特殊的石头“不仅可以瞬时复活全部的历史记忆，而且可以穿越未来之境”。[②]墓碑集过去、现在和将来于一体的时间特性，隐去了时间的线性痕迹，以地理空间独特存在物的形式而具有独特的叙事功能。所以，墓石超越

① William Faulkner, *Novels 1936–1940: Absalom, Absalom! / The Unvanquished/ If I Forget Thee / Jerusalem / The Hamlet*, eds. Joseph Blotner and Noel Polk, New York: The Library of America, 1990: 69, 104.

② 祝勇：《大江东去》，《新华日报》2017年9月29日。

了本身的物质属性，成为具有精神属性的地理意象。

埃伦的妹妹罗沙小姐拒绝姐夫萨德本的求婚，虽然在男权社会中显得无力，但正是这种对抗使罗沙成为自己的主体；埃伦短暂的一生则因为无条件地服从男权社会的规约，丧失了其存在的主体性，成为女性客体化的完美标本。在偌大的种植园大宅里，埃伦不由自主地蜕化为一只蝴蝶，内心空虚、麻木的花蝴蝶，没有任何思想，生前被世人所忽略，即使在家人心目中也无足轻重，死后被世人所彻底遗忘的花蝴蝶。蝴蝶与大理石墓碑这一组意象的并置，形成一种具有强烈对比的深刻反讽，形象地勾勒出处于传统社会下被保护的“南方淑女”埃伦的一生。所谓的“南方淑女”只是南方男权社会里的一种工具，用来维护白人男性权威，保证家族血统纯正。在那个时代，大庄园女主人的状态尚且如此，其他女人的地位和遭遇可想而知了。

“南方淑女”这一价值取向是建立在残忍的奴隶制和男性至上的强势思维基础之上的。它的消亡可以说是社会的进步，但是对于绝大多数女性来讲，不啻一种个人的人生悲剧。内战结束后，南方绅士不管从生理还是心理上都被北方强大的军事和价值理念所彻底摧毁，而“南方淑女”价值体系的消亡却是一个缓慢而更加痛苦的过程。福克纳正是利用这个特殊的空间建构，把科德菲尔德小姐经历整个“南方淑女”价值体系的崩溃所遭遇到的心理危机和阴暗的生活状态完整生动地表现出来。当然，“南方淑女”价值体系崩溃后，确实有一部分“南方淑女”很快调整自己的状态，她们敢于放弃过去的辉煌与优越感，以一种崭新的姿态去迎接新时代的挑战和机遇。比如米歇尔《飘》中的斯嘉丽小姐，她为了自己和家人的生存，不屈不挠甚至不择手段去钻营和算计，体现了一种对传统“南方淑女”价值的背叛和决裂。

但是绝大多数的“南方淑女”却像福克纳笔下的所描绘的：要么表现出自甘堕落式的反抗，如《喧哗与骚动》中的凯蒂和其女小昆丁和《圣殿》中的谭波儿；要么表现出沉默式的反抗，如《我弥留之际》中的艾迪；要么顽固到底，坚守旧有的价值观，其结局只能是不可避免地枯萎。就连福克纳自己的姑母，在看到有北方将领格兰特将军的电影片段时，还会愤然离场。这类顽固到底的“南方淑女”根本无法“改变客观世界来适应主观世界，她们只好筹划一个小小的孤岛来满足自己的心理需要……她们所能做的就是死死抓住过去，自筑坟墓，如冬眠的动物蛰居其中，小心翼翼地保持原先的尊严和习惯……”[①]为了表现出“南方淑女”们孤岛求生的绝望和孤独，衰破荒凉的老宅子、封闭隔绝的房间或蝴蝶与墓碑的奇异意象组合无疑是空间建构的最佳选择。这样的空间并置建构给读者带来的不仅仅是文字上的想象空间，其独特的空间性也能够增强一种视觉上直观的图像效果。而且空间里的各种元素相互作用，比如灰尘、窗帘、混浊的空气以及空间里人物的形象和行动等，在平面图像的基础上，增添了更多的感性效果，使读者犹如身临其境，头脑中自然会建构起一种动态、立体的影像，与身处其中的人物感同身受。当现代的工业文明以摧枯拉朽的架势横扫“南方淑女”价值时，南方传统的淑女们不论在物质层面还是精神层面都受到了重创。随着地理空间的萎缩、封闭和丧失，她们坚守的淑女价值也成了她们余生中自觉或不自觉的精神枷锁。在福克纳中后期小说中，女性意识的觉醒从其交通工具的变化可窥见一斑：比如《大宅》中的琳达、《喧哗与骚动》中补叙部分里的凯蒂以及《坟墓的闯入

① 钱满素：《美国“南方淑女”的消亡》，《飞出笼子去唱》，北京：作家出版社1998年版，第248页。

者》中尤妮丝小姐等对汽车的占有和利用，意味着女性支配空间的能动性大大增强，这实际上是女性主体意识的增强。这些女性人物与南方的物理空间越来越远，她们逃离南方，给了“南方淑女”神话沉重的打击并导致其最终解体。

第三节　地理空间切换与“白色神话”的破灭

虽然南方典型的地理空间以种植园、小村、小镇为主，这似乎与落后、封闭、保守等词语联系在一起，但是美国南方人都坚信南方精神的高尚与优越。李杨认为来自欧洲的传统文化元素增强了南方人对于南方文化的自信：“人是天生不平等的，有些人是天生领导者，其他大部分人需要遵从他们、为他们服务”。[①]比如在性别范畴上，男性优于女性；在种族范畴上，白人优于黑人和混血儿，“白色神话”是“南方神话”最核心的组成部分。无论是内战前的奴隶制，还是战后日益嚣张的种族歧视，它们得以在南方昌盛的重要基础就是“白色神话”。南方贵族从《圣经》传统里找到“白色神话”天经地义存在的合理性：黑人都是“含”的子孙，命中注定会给自己的白人兄弟做奴仆。在现实层面上，南方空前繁荣的种植园经济离不开黑人奴隶的辛苦劳作。因此捍卫奴隶制成了一些南方人的使命。1861年美国南部十一个州脱离美国联邦政府，成立了南部邦联政府。其副总统亚历山大·H．斯蒂芬斯鼓吹白人至上，力挺黑人奴隶制度，这与联邦总统林肯废奴的做法争锋相抗。南方战败后，奴隶制在国家政治层面得以废除，但是南方社会的种

① 李杨：《欧洲元素对美国“南方文艺复兴”本土特色的构建》，上海：同济大学出版社2015年版，第17页。

族歧视更为猖狂。福克纳作为一个受到现代平等思想影响的作家，理所当然地认识到战前奴隶制和战后种族歧视的残忍与反人性。因此，解构“白色神话”和探索种族主题不可避免地成为福克纳重新审视“南方神话”的突破口之一。种族问题包括种族冲突、种族通婚以及“黑白乱伦”等方面，在福克纳早期作品中都是隐性的。但是从《八月之光》起，种族问题就成了福克纳小说中显而易见的主题了。

一、《八月之光》：异质空间与“黑人基督”

在《八月之光》中，最能激发种族歧视幻想的客体莫过于乔·克里斯默斯了，而其主体则是克里斯默斯的外祖父海因斯和对克里斯默斯处以私刑的格里姆。整部小说中没有哪一点可以确证克里斯默斯是一个黑人，所以说他完全是种族歧视幻想的产物，也是一种将黑人完全内化于白人的极端情况。在克里斯默斯的自我幻想与他者的凝视中，“体内的黑鬼”使他成了一个不折不扣的黑鬼。

作为一个种族歧视幻想中的带有黑人血统的白人，乔·克里斯默斯从出生起就一直生活在异质空间之中。因其父身份不太确定，仅仅因为可能是带有黑人血统的某个人，还未出生的克里斯默斯就被具有狂热种族情结的外祖父海因斯所憎恶，婴儿时期的他被海因斯有意遗弃在田纳西州的孟菲斯孤儿院。从婴儿期的孟菲斯孤儿院到乡下养父母麦克依琴家，再到十五年的逃亡生活，再到他在杰弗生镇落脚下来的伯顿小姐大宅旁边的小木屋，所有这些地方没有一个能让他安定下来。只有一处例外，那就是城市某个偏远角落的红灯区，就像以前他奔向当妓女的情人博比寻求慰藉一样。红灯区是主流社会竭力避免涉足和留恋的地方，是道德之光无法照耀的地方，因此在红灯区里谋生的人和客人都是一些跟克里斯默斯一样被边缘化或无根的人。一般来讲，心理不正常的人在正常的社区中会感到不自在，只有在不正常的社区中，这种人与他人与社会的疏离感才会减轻一些。所以他只能选择不断地流动，不断地否认又不断地追寻，内心的痛苦与绝望仿佛成了他生命中挥之不去的阴影。

当克里斯默斯最后在密西西比州的杰弗生镇停留时，他得到了废奴主义者、单身白人伯顿小姐的接纳，得以在其大宅下面的小木屋里安身。小木屋在战前是黑奴居住的地方，一般都散落在主人家宅周围不远的地方，附近社区的居民也以黑人居多。此后三年多时间，小木屋、厨房和伯顿小姐的卧室是克里斯默斯辗转出入的物理空间范围。虽说伯顿小姐对黑人并没有种族仇恨，但是小木屋、厨房里伯顿小姐提供的典型黑人食品以及伯顿小姐的白人身份无时无刻不在提醒克里斯默斯的种族身份。漫长的逃亡流浪并没有让他对自己的种族身份有一个清晰的认同。最后当伯顿小姐的要求从种族、性别和宗教三个维度都触及克里斯默斯心里承受的底线时，克里斯默斯的内心无比分裂，只有选择杀死伯顿小姐并且纵火焚烧了伯顿大宅。恰恰是克里斯默斯这种极端的自我防卫行为把种族歧视的幻想由他的个人层面提升到公众层面，伯顿小姐被杀让杰弗生镇的居民享受了一场观火盛宴，最为恐怖的是激发了镇上居民的极端种族仇恨情绪。

杀人放火之后的克里斯默斯在逃往荒郊野外的时候触摸大地，大地的坚实感让他真正得到了心灵的顿悟。挑战命运带给他太多的精神痛苦，接受命运在某种程度上反而实现了对命运的控制。他不再抗拒自己的黑，穿着那双“带着黑人气味的黑皮鞋”，承担起了从历史命运走过来的自己。所以他搭车到了摩兹镇，主动安排了自己的被捕。在摩兹镇，克里斯默斯光明正大地被称为“白皮肤的黑鬼”。从孤儿院记事起，克里斯默斯的身心一直在流浪，一直在寻找，终于在摩兹镇可以展现真实的自己，接受了真正的自己就是“白皮肤的黑鬼”这一现实。大自然的感召使他暂时超越了“白色神话”的掌控，内心反而获得了一种从未有过的从容与平静。“在表现黑人生活和黑人性格方面，福克纳作品中体现出来的所有张力都达到了极致”。[①]但是“在这个黑黝黝的身影周围，每一个白人的灵魂都非常地警觉”。[②]迁居至摩兹镇多年的外祖父海因斯得知此消息，内心狂乱的种族情绪再次迸发；而克里斯默斯被转移到杰弗生镇后，遭到极端种族主义者格里姆的枪杀，后者在杀死他后，还阉割了克里斯默斯的生殖器。

在克里斯默斯生命的最后，他的“内在自我”得到调和，但是他的“外在自我”处在“黑基督”的强势高压下，即使暂且把性别压力和宗教枷锁悬置一边，他也注定无法改变与他人和这个社会的疏离与对抗关系。不是因为他自己不愿意，而是因为他人和这个社会不允许。克里斯默斯被建构的“黑基督”的宿命在流动和转换的异质空间里得以完整演示，他抗争命运的个人悲剧在不断流动变换的地理空间中，虚实相应，他承载着来自种族、性别、宗教三个维度的多重痛苦，因此具有悲剧的强大力量。克里斯默斯的精神危机在人为干预色彩浓郁的地理空间里无法得到化解，只有在远离他人的旷野大地上，克里斯默斯的内心才能真正得到安宁，“内在自我”才能和解，这种异质空间呈现出的差异性建构表现出作者福克纳对美国南方社会的“地理环境超乎寻常的敏感，具有南方特有的

① Taylor Hagood, *Following Faulkner: The Critical Response to Yoknapatawpha's Architect*, Rochester: Camden House, 2017: 15.

② Thomas Dixon, *The Leoperd's Spots: A Romance of the White Man's Burden, 1865–1900*, Ridgewood: Gregg Press, 1967: 465.

地域性保守怀旧的历史感和沉重的悲剧意识”[①]，引发了他对全人类精神危机的深入思考。

克里斯默斯的故事与其他故事不是以融合而是在碰撞中引出的，作为一个种族歧视幻想的产物，他处于故事的中心却始终是边缘人物，他存在于不断切换的各类异质空间，这既能让人想起历史上白人奴隶主对其黑女奴的占有，也引发了黑种男人对白种女人构成威胁的恐惧。“小说中克里斯默斯和其所处社会群体的痛苦的身体结合，因为他强烈地渴望并实现了这种结合，然后又被以更强烈的方式拒绝”，“克里斯默斯的故事既和其他人的故事融合在一起，又……和他的人一样被孤立起来，赤裸裸的，不但无处栖身而且处处遭到追杀”。[②]所以说克里斯默斯就是他人的种族歧视幻想中的一个承载着历史渊源和现实恐惧的“容器”，通过这个容器，南方白人社会群体极端扭曲的种族偏见和仇恨得以宣泄，同时这个容器时时刻刻警醒着白人提防黑人所造成的威胁。作为一个既被恐惧、又被需要的南方社会群体的“他者”，克里斯默斯只能在各类异质空间里流浪，最后的结局只能是献祭，因为只有借助他的死亡成功宣泄南方社会群体那种强烈的种族情感，才有望解除南方社会集体的心理危机。

二、《押沙龙，押沙龙！》：家园空间与“黑白杂婚”

“无家可归，即丧失有稳定落脚地方的身份，是现代人阅历

---

① 葛纪红：《跨越时空的叙事：福克纳小说研究》，镇江：江苏大学出版社2015年版，导言第17页。

② 埃里克·桑德奎斯特：《破裂之屋》，隋刚等译，上海：上海外语教育出版社2013年版，第64页。

中一个普遍的主题。家的叙事是关于身份的叙事，这种身份历经时间、空间的变换，以及人与人的交往后，依然保持不变，家就是一个中心，一个焦点，而一个人的家庭生活或社会经历都围绕这个中心聚集”。[①]在《押沙龙，押沙龙！》中，最令人痛心疾首的故事就是查尔斯·邦回家的故事，他以生命作为代价，回到了被拒之门外的家。但是查尔斯的家族身份永远得不到承认，其根本原因就在于邦的那一丁点儿的黑人血液。

查尔斯·邦是《押沙龙，押沙龙！》中最渴望得到萨德本家族身份认同的萨德本。他与《八月之光》中的克里斯默斯不同：克里斯默斯是在“黑或白”或“黑与白”的种族身份不确定性中迷失了自己，他根本就没有一个属于自己的家。克里斯默斯所做的一切，就是想确立家的所在，从而确立自己的种族身份。而查尔斯·邦不但确信自己带有黑人血液，而且知道从出生起就被父亲托马斯·萨德本遗弃，他是一个情感和精神上的孤儿，在家族身份的迷失状态中一直追寻。但是邦并不是一个唯母命是从和没有自己独立思考判断能力的人。他听从母亲及其合伙人的安排接近萨德本家族，不是为了替母亲报复遗弃他们的父亲，而是为了得到父亲的承认。查尔斯·邦是托马斯·萨德本第一次婚姻中与海地的法国种植园主女儿尤拉莉亚所生，自从出生起就被其父萨德本认出带有黑人血统而拒绝接受。就是因为这丁点儿的血液问题，他遭到了父亲断然的抛弃，虽然萨德本在财产上做出了最大的让步。

人类个体的成长都必须经由母亲象征的自然状态过渡到由父亲象征的社会状态。特别是第二阶段，人类个体会逐渐认识到“父亲

---

① 马修·波泰格、杰米·普灵顿：《景观叙事：讲故事的设计实践》，张楠等译，北京：中国建筑工业出版社2015年版，第252页。

是社会法则的代言人，孩子通过父亲的认同得到自己在家庭和社会中的位置”。[①]查尔斯·邦始终认为“other children had been made by fathers and mothers where he had been created new when he began to remember...new again...new again...”。[②]三个new可以清楚地看出邦对于自己身份不确定性的笃定。查尔斯·邦出生在海地，成长在美国南部开放发达的国际化都市新奥尔良，在父亲缺失、母亲痛恨被弃的不安全的家庭环境中长大。他内心渴望得到萨德本家族承认的情结，始终驱使着他奔向比较偏远落后的萨德本百里地。任何地理空间的隔离，也挡不住邦对于萨德本家族的渴望。邦跟随母亲从海地岛迁居到美国的新奥尔良。当时的新奥尔良、杰弗生镇和萨德本百里地的区别就好比国际化大都市、小城镇和乡下的区别。即使成长在非常开放、生活优裕的新奥尔良，邦的内心始终指向遥远乡下的萨德本家族。在对萨德本家族身份极度渴望的追寻中，他的心智无法理智运行，他在精神上迷失了自我，做着自己并不想做的事情，比如到密西西比大学上学、故意接近同父异母的妹妹朱迪思以构成对父亲的威胁等等。查尔斯·邦在母亲及其律师的刻意安排下，也可以说是在自己内心的驱使之下，一步步计划缜密地靠近萨德本百里地。年龄偏大的他被安排在同父异母弟弟亨利·萨德本所在的密西西比大学就读法律专业。他用自己在新奥尔良高档社区养成的优雅与慵懒，征服了来自乡下的同父异母弟弟亨利，后者毫无抵抗地陷入了对他的迷恋，进而把他带回到乡下萨德本百里地的

---

① 王欣：《个人创伤和集体创伤：〈国王的人马〉中的历史叙事研究》，《国外文学》2013年第2期，第90页。

② William Faulkner, *Novels 1936–1940: Absalom, Absalom!/ The Unvanquished / If I Forget Thee / Jerusalem / The Hamlet*, eds. Joseph Blotner and Noel Polk, New York: The Library of America, 1990: 252.

家里。

查尔斯·邦一进入萨德本百里地的大宅，精明的托马斯·萨德本即刻感受到他的宏伟规划再次面临着严重的威胁。从此，托马斯·萨德本和查尔斯·邦这对父子之间没有硝烟的战争打响了。儿子渴望得到父亲的承认，哪怕是暗示也好，而父亲对自己宏伟规划的保卫决心始终毫不动摇。随着邦的步步紧逼，萨德本把亨利拉进了他的阵营，试图与亨利联手对付邦。在被告知与查尔斯的手足关系后，出于对邦的过度迷恋，不知详情的亨利断然与萨德本家族决裂。随后查尔斯和亨利一起出走，离开了萨德本百里地。随着内战的来临，萨德本家的三个男人都带着内心的煎熬走上了战场，辗转于南方和北方的阵地。相对于战争的残酷，萨德本们内心的痛苦有过之而无不及。托马斯·萨德本从少年时代就苦心经营的规划（此规划为“白色神话”的一部分）面临被解体的危险——他将失去那个理想中的自我，而那个来破坏他规划的却是他自己的儿子。他采取的唯一策略就是拒不相认，就像那个孩子出生时便决绝抛弃他一样；而邦接近三十岁，费尽苦心地接近父亲、接近萨德本百里地，别无他求，唯一目的就是要得到父亲的承认，父亲却一点暗示也没有，并且拉拢亨利来对付他，家族身份的缺失、亲人的无情，使得在战场上辗转的邦格外无助，倍感人生的凄凉。

似乎只有父亲托马斯·萨德本还有掌控局面的欲望，两个儿子似乎都有些听天由命的感觉。南北战争接近尾声时，托马斯·萨德本打出了家族战争中的王牌：他将邦带有黑人血统的真相告诉了亨利。如果说，以前亨利的纠结是出于对邦和朱迪思的兄妹乱伦有所顾忌和自己对于妹妹的迷恋，那么现在种族通婚是最大的禁忌，作为继承了萨德本家族姓氏的长子，种族通婚是对家族“白色神话”坚定信仰的摧毁，没有任何商量的余地。王牌摊开了，三个人都做出了自己的选择。查尔斯·邦随着部队的撤退，毅然回到了萨德本百里地的大宅。他这样做，无疑是在向父亲宣告他自己的存在，虽然他明白最后的结局只能是死，而这死刑是由父亲萨德本亲自判决，由同父异母的弟弟亨利亲自执行。果不其然，随后赶到的亨利在萨德本百里地大宅的家门口枪杀了同父异母的哥哥。查尔斯·邦最终在苦苦追寻的家园大门口倒下。死后的邦，被朱迪思埋葬在萨德本百里地，他的墓碑与家族其他成员的墓碑排列在一起，终于达成了回归萨德本家族的夙愿。查尔斯·邦活得痛苦，死得悲凄，他的回家之旅始于“黑白杂婚”，也终于“黑白杂婚”。但是邦选择以生命为代价，永远驻足萨德本百里地，不再漂流，无疑具有深刻的悲剧意义。

查尔斯·邦与黑人情人所生的儿子埃蒂尼也步了他的后尘。邦死后，朱迪思安排克莱蒂从新奥尔良把埃蒂尼带回到萨德本百里地抚养。埃蒂尼从拒绝再到回归，最后也是死在萨德本百里地并且葬在萨德本百里地的土地上。而埃蒂尼的智障儿子吉姆·邦德，在萨德本大宅被大火烧成灰烬后，仍然形影无踪地出没在萨德本百里地，用他的嚎叫替他自己，也替父亲埃蒂尼、祖父邦宣告对萨德本家族永不动摇的渴望，尽管他的姓氏并不是萨德本。在对萨德本家族身份极度渴望的四代人中，人生的悲剧一再上演，家族身份由于“白色神话”的阻挡变得可望而不可即。

萨德本家园空间的建立充满了无法回避的瑕疵：托马斯抛弃了有黑人血液的儿子，庄园的建成离不开他对黑人心安理得的剥削；更为重要的是，这个混血儿子以和同父异母妹妹朱迪思结婚作筹码来要挟萨德本承认他的家族身份。这几点足以说明萨德本家族奠基人忠实拥护和实施着南方社会根深蒂固的“白色神话”，而这个“神话”自行从内部解体。萨德本的四个孩子中，只有这个混血儿子与一个黑人女子有后代埃蒂尼，而埃蒂尼又娶了黑人女子生下了智障儿吉姆·邦德。萨德本大宅试图给他们提供一个合法的身份，但是这些后代所继承的身份是建立在巨大的谎言之上的。作为奠基者和创立者的托马斯·萨德本抛弃了自己的传统，也就是抛弃了他们真实的自我来迎合当时所谓的“南方神话”的说法，或者说萨德本一代人就是“南方神话”的编撰者。他们在自我否定的基础上重建自我，以至于萨德本后代都变成了幽灵般的、只有通过他们才能确认自己身份的影子。辛格认为福克纳采用了立体派的绘画模式来描绘整个萨德本家族：“filling his canvas with fragments of human figures, each inchoate and fluid in shape, that overlap and even interpenetrate in places but never come together to form well-defined, substantial persons”。[1]

查尔斯·邦从海地一路追寻到美国本土，从国际化的大城市新奥尔良到密西西比大学，一步步接近萨德本百里地，又经过南北战争中从南到北的战场考验，在不断切换的地理空间中，萨德本百里地就是其心中神圣、不可动摇的家园空间。但是邦由“黑白通婚”注定的出生以及回归家园空间所采用的“黑白通婚”威胁策略，始终阻挡了他回归家园的脚步。命中注定他的夙愿是无法实现的，四代萨德本同样都无法真正回归家园，无法真正拥有属于自己的家园空间。“白色神话”在萨德本百里地这个家园空间手足相残的悲剧中轰然破灭，萨德本家园空间的灾难性结局生动展示了深受其害的萨德本们的内心创伤，同时也增强了这部小说的悲剧力量。

---

① Daniel J. Singal, *William Faulkner: The Making of a Modernist*, Chapel Hill and London: University of North Carolina Press, 1997: 205.

三、《去吧，摩西》：庄园空间与“黑白乱伦”

《去吧，摩西》被普遍认为是福克纳创作鼎盛时期的最后一部小说，福克纳自己也将这部小说与《喧哗与骚动》和《我弥留之际》相提并论。这部小说由独立成篇的《话说当年》《灶火与炉床》《大黑傻子》《古老的部族》《熊》[①]《三角洲之秋》《去吧，摩西》七个中篇组成，涉及种族、生态等主题，但是该部小说最主要的特色就是这七个中篇都与麦卡斯林家族相关。麦卡斯林家族是“约克纳帕塔法”神话王国里几大庄园家族之一，位于约克纳帕塔法县的东北部。该家族的第一代老卡洛瑟斯·麦卡斯林用钱从土著印第安手里买过来一片土地。当时，“it was a wilderness of wild beasts and wilder men, and cleared it, translated it into something to bequeath to his children, worthy of bequeathment for his descendants' ease and security and pride and to perpetuate his name and accomplishments”。[②]从家族账簿上可以推断，麦卡斯林种植园始建于十九世纪初，并且通过奴隶交易，将这片自然荒野开垦为棉花种植园。老卡洛瑟斯生前致力于兴建麦卡斯林庄园大宅，但是大宅在他生前并未完工，是一所还没有建成就流产的大宅，连窗子和后门都没有安装。

老卡洛瑟斯育有一对双胞胎儿子和一个女儿，但是到了第三

① 《古老的部族》和《熊》这两部作品曾收录在1942年出版的《去吧，摩西》中，后来又收录进1955年出版的《大森林》中。《熊》还有最初发表在大众刊物上的压缩本。《去吧，摩西》中的《熊》与《大森林》中的《熊》区别在于前者还包含了对麦卡斯林祖辈“拷问”的内容，后者只选取了其中打猎的故事。

② William Faulkner, *Novels 1942–1954: Go down, Moses! / Intruder in the Dust/ Requiem for a Nun / A Fable*, eds. Joseph Blotner and Noel Polk, New York: The Library of America, 1994: 189.

代，直系后代只有唯一的男丁艾萨克。而旁系有两个，一个是老卡洛瑟斯女儿卡洛莱纳的后裔所属的爱德蒙兹家族，另一个是老卡洛瑟斯与黑奴尤妮丝所生的后代相关的布钱普家族。正是这第二个旁系的原因，直接导致了麦卡斯林家族空间的剧变。尤妮丝是老卡洛瑟斯远赴三百多英里之外的新奥尔良买回的黑人女奴，老卡洛瑟斯霸占并使之怀孕，又把她嫁给了黑奴图西德斯。尤妮丝生下的女儿托玛西娜竟也被其父老卡洛瑟斯霸占怀孕，种族和乱伦的双重压迫逼得尤妮丝溺水自尽，而托玛西娜也因难产而死。但是老卡洛瑟斯对与女儿托玛西娜乱伦的事毫不掩饰。老卡洛瑟斯死后，他的双胞胎儿子布克和布蒂就从寄托了父亲无限梦想和虚荣的大宅搬出去，住进了一间他们自己搭建的单间小木屋，后来又增建了几间屋子。尚未竣工的麦卡斯林大宅被布克和布蒂用来安置黑人，他们自力更生，不仅不奴役黑人，还主动解放了曾是奴仆的黑人，并且承担起照顾和管理黑人的责任。

可以看出，麦卡斯林家族的第二代布克和布蒂，就显示出了与家族历史决裂的迹象。虽然他们搬离还未竣工的庄园大宅，住进自给自足的小木屋，但是他们做得还不彻底，布克结婚后，他们搬回了尚未竣工的大宅，遣散了遗留下来的黑人。麦卡斯林家族的第三代、布克的儿子艾萨克从少年时期就一直跟随当地的望族，包括他姑妈的外孙麦卡斯林·爱德蒙兹到大森林里打猎，打猎的经历就是艾萨克的成长经历。在精神父亲、印第安头人与白人之子山姆·法泽斯的引导下，艾萨克对荒野空间的生存法则逐渐领悟，并对此充满无限敬畏。“老班”和“狮子”的殊死较量，山姆·法泽斯安眠于荒野，还有打猎传统的消失，无一不启发着艾萨克的智慧，促使他对自己家族重新审视。

麦卡斯林家族庄园的小铺是“一座正正方方的有门廊的木头建

筑，像个不祥之物似的蹲在田野的高处，田野上的劳动者仍然受到它的羁缚，不管有没有六五年的事情，这所木头房子外面贴满了各种广告，推销鼻烟、伤风药、软膏与药水，那是白人制造、白人销售的，目的就是把黑人的色素漂白、头发拉直……”[①]庄园小铺的外观显示出明显的种族主义迹象，带有特定时期或者说长期以来美国南方文化固有的毒瘤基因。除此之外，庄园小铺店内陈设的货品及其散发出的陈腐气味，无疑显示着庄园文化的农业特色。小店里最为突出的是家族账簿。正是通过这些家族账本，年满二十一、具有麦卡斯林庄园继承权的艾萨克终于厘清了麦卡斯林家族财产的来源以及麦卡斯林家族和布钱普家族、爱德蒙兹家族的恩恩怨怨，坐实了家族财产的罪恶性质。庄园小铺作为一个典型的建筑景观，不仅仅叙述着麦卡斯林家族的历史，更是诉说着几百年来白人与黑人的血泪斗争史。

庄园小铺容纳了麦卡斯林家族整整三代人的故事，族长老卡洛瑟斯买卖奴隶建立庄园，霸占女奴甚至霸占自己与女奴所生的亲生女儿，奴隶制的残暴、种族压迫特别是家族乱伦的阴影阴魂不散，始终充斥着整个麦卡斯林庄园。看清家族史的艾萨克在属于自己的地产上宣告放弃自己的全部家产，他认为所有的土地都不属于任何人。他到杰弗生镇上租了一间小屋，买了全套的木匠工具，像基督得道前一样，做木工养活自己和家人。麦卡斯林家族空间烙下了奴隶制、黑白乱伦等历史性的伤痛，成为所谓的“美国梦”得以实现的宏大叙事中最底层的机理；家族空间从有到无的切换贯穿了整个家族的发展史，也是解构“南方神话”的一个典型案例。

---

① 威廉·福克纳：《去吧，摩西》，李文俊译，上海：上海译文出版社2007年版，第221–222页。

福克纳作为美国南方乡绅的后代，南方文化中维多利亚时代的精神价值已然成为他内化继承的一部分，而现代主义时代的精神价值也不可避免地影响到他的表达。来自传统的一致性和稳定性要求与来自现代的多样性和变化性要求，它们之间产生的张力对福克纳的小说创作产生了极大的影响，因而其作品对于南方文化进行了多重和深刻的思考和反省。福克纳在南方文化的清教特别是加尔文教派的影响下，极力宣扬“同情、博爱、怜悯、牺牲”等精神力量的道德范式，而南方奴隶主庄园文化的优秀传统因子如“勇气、荣誉、希望、自豪”等精神品格也是福克纳努力倡导的。但是处于现代主义时代的福克纳在吸收这些传统菁华的同时，也意识到传统道德范式和精神品格的局限性和虚伪性甚至反人性的弊端。麦克法兰把现代主义文化发展分为三个阶段：反叛打碎；重新关联；澄清混杂和融合。第一阶段反叛打碎和建构的是基于理性思考基础之上的维多利亚时代人们追求的道德二元论等信仰；现代主义第二阶段对这些碎片进行重构和关联；第三阶段现代主义者在清算二元论的基础上进行整合，试图重建真实的人性。[①]现代主义的“真实”（包括心灵的意识和无意识）依赖于不间断的个人自我体验以及教训，所以必须借助强化感觉安排心理活动和扩展文化等新方式进行实验。现代主义“insists on confronting the ugly, the sordid, and the terrible, for that is where the most important lessons are to be found”。[②]所以在不断的尝试和反省之中，福克纳脱离了狭隘的南方作家的阵营，从宗教、性别、种族和阶级等不同维度开始对南方贵族虚构的“神话”

---

① *Modernism: A Guide to European Literature 1890–1930*, eds. Malcolm Bradbury and James McFarlane, New York: Penguin, 1976: 81–92.

② Daniel J. Singal, *William Faulkner: The Making of a Modernist*, Chapel Hill and London: University of North Carolina Press, 1997: 12.

进行激烈抨击。福克纳作品中体现出来的现代主义艺术手法摒弃了传统维多利亚时代的道德说教方式，而成为探索和创造意义的重要工具。福克纳的“约克纳帕塔法”神话王国通过空间建构，从各个层面对“南方神话”进行解构。如果说本书第三章通过地理空间特征描写了“南方神话”的破灭所造成的心理创伤，那么这一章就是对这些创伤背后的文化根源进行深入的剖析。

福克纳在众多前期和中期作品中呈现了“旧南方”在战后历史滚滚前进的车轮下逐渐被碾成碎片的缩影，他在后期作品中则不动声色地呈现了二十世纪上半叶历史转型期南方传统文明和价值观在北方工商业文明与物质力量的影响下逐渐瓦解的缓慢历程。1950年，瑞典文学院院士哈尔斯特隆在给福克纳颁奖时的演说辞中，将福克纳称为具有神奇想象力的“风景画家”和创作精确的“地志学家”，这与福克纳小说中地理空间建构所取得的艺术成就是分不开的。福克纳在后期作品中重新想象和建构了特定时期的历史和文化，以作家独特的方式捕捉了转型期社会跳动的脉搏，以隐晦的方式表现了两种文明的相遇和冲撞。从这个意义上而言，福克纳后期以贫穷白人形象为主的小说有着和前期作品不一样的氛围和基调，但同样是构成“约克纳帕塔法”体系小说的重要组成部分。

第五章　结　语

作为物质文化的重要组成部分，地理意象、景观和地方等地理空间表现形式是揭示特定历史时期文化和思想形态的有效切入口。在文学创作中，地理书写是作家向读者传达特定社会群体“情感结构”的有效策略。迈克·克朗在《文化地理学》中强调了文学作品中地理景观的意义，并且建议研究者应该重点关注地理景观的建构方式，注重挖掘文学作品中关于地理景观的描述是怎样“涵盖了对地区生活经历的分析”。在他看来，只注重文学作品是如何准确客观地描写世界是错误的；相反，文学中的地理景观应该被认为是文学与地理的融合，许多时候是“文学作品帮助创造了这些地方”。因此，在文学批评中，考察文本景观书写要注重研究这些景观在文本中的建构，即文学作品的“主观性”，这种主观性“关系到地理景观的社会文化意义”。[①]可见，文学地理学研究视角不但要将重点转向对文学作品中地理空间物质性的关注，而且还要强调其在文本中的建构方式和文化意义，这样才能更加深入地研究文学作品的艺术性和思想性。

从文学地理学的视域来解读福克纳长篇小说的艺术性和思想

① 迈克·克朗：《文化地理学》，杨淑华等译，南京：南京大学出版社2005年版，第44-58页。

性，地理空间建构研究无疑是不可或缺的。福克纳长篇小说中具体的地理空间建构呈现出作家独特的创作个性与独立的美学思想。在文学地理学批评语境中，地理意象、地理景观和地方是地理空间建构必不可少的元素。本书以地理空间为切入点，系统探讨福克纳的《喧哗与骚动》《我弥留之际》《八月之光》《押沙龙，押沙龙！》《圣殿》《大森林》《去吧，摩西》《没有被征服的》以及斯诺普斯三部曲等小说文本中，由地理意象、地理景观、地方形态等空间元素构成的地理空间。本书中所讨论的意象（image）和景观（landscape）不再是纯粹客观的自然现象，而是带上人类某种主观情感或思想的实体。它们由其客观存在和与人类文化活动的主观感受构成了一个主客观相互作用的动态系统。其中，意象不仅仅指传统意义上某种相对稳定单一的视觉性形象，也包括其他稳定单一的感官性形象，比如嗅觉意象、触觉意象等；而景观最突出的特征就是其视觉性。地方或域界（place），是指地理意象和景观发生或存在的具体场所，意象和景观在具体的地方得以呈现和显示其存在的价值。地方不仅仅是所有地理意象和地理景观的整合，还包括人们能够体验到这个地方所具有的超越物质和感官上的意义，以及使人们产生情感依恋的独特的地方精神等本质因素。小说通过由意象、景观和地方三者共同作用形成的地理空间来完成叙事，小说中人物在隐含意识形态和权力关系的空间中，产生地方认同、形成文化疆界、完成身份建构、改变空间地貌，形成新的人地关系。丰富的地理意象、景观和地方建构，使得福克纳长篇小说的叙事呈现出种种诗化的艺术效果，并具有独特审美趣味。除此之外，地理空间建构在人物心理刻画以及主题探索等方面也发挥了重要作用，彰显了福克纳长篇小说背后的诗性张力与文化意义，有助于进一步探究福克纳地理思想的来源以及小说创作的美学追求。这样从具体到一般，从形而下到形而上，立足于文本分析，上升到文学本体的研究思想与批评方法，从而可以更加深入地揭示福克纳长篇小说的艺术价值和思想价值。

一、福克纳独特的地理思想及其来源

福克纳长篇小说的艺术性和思想性因与“地理”密切关联而呈现出其创作的独特性。其中，思想性表现在各种空间形态赋予“地理”丰富的涵义。地理意象、地理景观和地方与历史、人物、文化等思想性的成分有机结合，成为折射思想观念的象征系统，其背后隐喻式的内涵拓展了小说思想性的深度和广度。艺术性具体体现在空间建构特征及具体方式上。福克纳长篇小说的地理空间具有流动性、封闭性、灾难性等特征，空间建构采用的变易、并置、切换等手段使叙事呈现出不确定性、断裂性甚至混乱性倾向。它们使福克纳的叙事艺术同时具有现实主义、现代主义甚至是后现代主义的多流派特征，这无疑体现了福克纳小说艺术价值的丰富性和前瞻性。地理空间叙事策略实现了福克纳长篇小说思想性和艺术性的同步提升，其独特的地理思想功不可没。

从福克纳“约克纳帕塔法”世系小说中不难看出，美国南方的土壤与环境基础，独特的森林、河流、气候以及地方风俗习性、地域经济发展，无不影响着福克纳的审美想象与审美表达。布鲁克斯认为“This sensitive apprehensive of the natural scene is everywhere in Faulker’s work”。[①]从地理空间的角度审视福克纳的长篇小说，可以发现极富美国南方特色的地理意象、地理景观和地方形态形塑了作

---

① Cleanth Brooks, *William Faulkner: The Yoknapatawpha Country*, Baton Rouge: Louisiana State University Press, 1990: 29.

者独立的人生观和世界观。在文本中反复出现的空间元素充分说明了它们对于福克纳审美经验的地理生成及其创作个性的地理生态症候、文学景观的地理构成、艺术表现的地理要素等所产生的影响。这些影响，具体体现在福克纳对于大自然以及人文景观独特的南方式理解。福克纳长篇小说中的深厚主题、真实复杂的人性展露以及具有革命性的叙事手段等，都可以从地理空间的建构来进行解读。在此意义上，本书也认同肖明翰先生的断言："南方生活是造成福克纳的思想意识及其身上的南方性的最根本因素。"[①]

在南方社会，传统农业文化的潜移默化，使每一个南方人充满了对于土地的热爱，比如康普生家族对于其家族地产的留恋、莉娜行走于大地上的永恒意象、克里斯默斯逃亡途中在土地的感召下终于达成了自我的和解、萨德本家族对于萨德本百里地的誓死捍卫等等，都说明了具有农业特征的南方地域文化对南方人不可忽视的影响。相对于海洋文化的外向型和征服性，农业文化具有稳定性和保守型的特点。因此，社区里人们之间的感情纽带相对牢固，对社区归属感非常认同。而家庭作为社区的基本单位，其重要性不言而喻。比如《喧哗与骚动》中小昆丁的命名，就反映了康普生家族对其所处的南方上流社会的集体记忆的自我认同；《没有被征服的》中的沙多里斯家族，约翰、巴耶德等名字的循环命名方式，实际上体现的是对沙多里斯家族荣耀的维护。穷白人本德伦家族的故事，则表明福克纳突破了固有的贵族阶级意识，试图对"南方神话"中贵族形象的重要性进行削弱，对南方世界进行较为完整的描绘，以增加其作品中对南方世界描绘的真实性和完整性。从精神层面来

① 肖明翰：《福克纳与美国南方》，《四川师范大学学报（社会科学版）》1998年第3期，第50页。

讲，本德伦家族所居住的断崖顶上的家，也是美国乡村的代言人，或者说是出于社会最底层的精神荒原的代表。从地理空间的物质性探索地理空间的精神性，充分显示出福克纳的地理思想从形而下到形而上的运动轨迹。小说中的空间总是一个综合性的存在，在福克纳的长篇小说中，一切空间都是以地理为基础的。没有对于南方所特有的地理意象的呈现、地理景观的描写、地理想象的传达，那所谓的艺术空间根本不可能建立起来。因此，以主要精力解剖其长篇小说中的地理空间形态、特征及建构途径，并探讨其地理叙事的功能及修辞意义，就是本书的一种必然选择。

时空关系的处理对于小说创作的重要性不言而喻。福克纳在其小说中特别注重空间的建构及其价值：他将所讲述的故事和人物，都置于特定的时代之中进行表述，同时更是置于特定的地理空间中进行呈现。这就是美国发生南北战争前后的美国南方，特别是以他邮票大的故乡及其扩展地域。库切认为“The territory on which Faulkner the novelist deployed his best resources was a South that bears a strong resemblance to the real South of his day”。[1]以空间表现时间，以地理空间中的人物和事件来表现南方的历史与文化，以地理空间为基础来创造小说的艺术审美时空，福克纳让读者总是沉浸在自己的小说世界中，遨游在他所建构起来的富有魅力的艺术时空中，正好体现了福克纳独到的艺术构思和美学选择。

对于福克纳及其长篇小说创作而言，美国南方是任何地方都不能代替的。“这片土地，对于福克纳来说，是一片意义深重的土地，那里生活着一群性格各异的约克纳帕塔法居民。福克纳永久地

---

① J. M. Coetzee, “William Faulkner and His Biographers”, *The Dixie Limited: Writers on William Faulkner and His Influence*, ed. M. Thomas Inge, Jackson: University Press of Mississippi, 2016: 298.

改变和扩充了这片土地，就像他用自己坚持不懈、不服管束、无可比拟的想象力和创造力改变和丰满了美国的文学”。[①]南方的一切，就是福克纳早年所接受的“本籍文化”，包括他在家乡打猎甚至他的童子军教练经历，“培育了他的基本的人生观、基本的价值观、基本的文化心理结构和基本的文化态度，这些东西构成了他这棵文学之树的‘根’与‘本’，构成了他生命的‘原色’”。[②]对于地理空间元素的选择，体现了福克纳的地理感知以及地理思想。福克纳对于生命的感性体验以及理性思考是显著并且具有重要意义的，他“既没有游离于大自然之外，更没有凌驾于大自然之上，而是作为大自然的一分子，在体验和思考人的生命状态、质量、价值和意义”。[③]

福克纳曾经到过很多国家，足迹遍布欧洲、亚洲、美洲，然而“客籍文化”的影响只能丰满、粗壮他的枝叶；唯独其家乡美国南方密西西比州的奥克斯福镇，始终牵引着福克纳走向回家的路。这就像福克纳对于“约克纳帕塔法”的命名所产生的意义一样，“约克纳帕塔法”本是密西西比州土著印第安人契卡索部落的语言，意指河水慢慢流过平坦的土地。艾肯根据福克纳小说中杰弗生镇的地理空间和奥克斯福的真实地貌，分别制作了拉菲耶特县和约克纳帕塔法县的简图。[④]比较一下两幅简图，不难发现流经“约克纳帕塔

① 杰伊·帕里尼：《福克纳传》，吴海云译，北京：中信出版社2007年版，第380页。

② 曾大兴：《理论品质的提升与理论体系的建立：文学地理学的几个基本问题》，《学术月刊》2012年10月，第105-106页。

③ 曾大兴：《气候、物候与文学：以文学家生命意识为路径》，北京：商务印书馆2016年版，第167页。

④ 参见Charles S. Aiken, *William Faulkner and the Southern Landscape*, Athens: The University of Georgia Press, 2009: 10, 19。

法”（Yoknapatawpha）神话王国南部的那条河流，实际上跟福克纳家乡南部一条河流的旧称约克纳帕塔法（Yocanapatafa）只有拼写上的出入。北边的那条河直接是借用了实际的河流名称（Tallahatchie River）。小说中的杰弗生镇（Jefferson），与福克纳所居住的奥克斯福镇（Oxford）的地理位置和城市布局基本相同。“他用几乎确切的地理信息来定义他的神话王国，可能意在提醒读者约克纳帕塔法并不完全是一个想象的王国”。[①]福克纳对于小说中虚实相接的地域命名，反映了他的南方情结，“这种对乡土的依恋包含着同样多的恨以及无意识的爱，它成了福克纳小说的中心创作灵感”。[②]“创造新名字作为有吸引力的设计隐喻，试图通过名字、再用现有名字、从一地到另一地移植名字，或重叠、删除和重新命名等来揭示一个场地的特征。以这种方式，名字就同创造、保持、揭示或改造场所特征的叙事联系起来”。[③]福克纳的家乡拉菲耶特县，和其作品中的约克纳帕塔法县之间的叙事关联性很明显。可以说，独特的南方环境与独有的南方生活，正是造成福克纳的思想意识及其身上的南方性的最根本原因。[④]

雷蒙德·威廉斯认为：“人们应打破以往乡村和城市二元对立的思维模式，乡村与城市不是彼此隔离的封闭空间，而是处于历史

---

① A. F. Beringause, “Faulkner’s Yoknapatawpha Register”, *Bucknell Review*, 1963, 11（May）: 81–82.

② 伊恩·乌斯比：《50部美国小说》，王问生等译，上海：上海译文出版社1991年版，第314页。

③ 马修·波泰格、杰米·普灵顿：《景观叙事：讲故事的设计实践》，张楠等译，北京：中国建筑工业出版社2015年版，第87页。

④ 肖明翰：《福克纳与美国南方》，《四川师范大学学报（社会科学版）》1998年第3期，第50页。

变化和关联中的开放世界”。[1]在福克纳长篇小说的整体地理空间建构中，乡村、种植庄园、荒野、废弃地带、杰弗生镇组成了一幅完整的南方县城画卷，而画卷之外的空间延展，使约克纳帕塔法处于既独立又融合和谐的开放发展状态。福克纳在其一系列小说中所建构的地理空间，特别是他在“约克纳帕塔法”世系中所构建的南方地理空间，体现了他的地理观念和地理思想，也体现了他的审美观念与艺术美学旨趣。从地理空间的角度进行文学创作，福克纳提供了一条寻找南方文化变迁规律的重要途径，捍卫了南方传统文化中的精华部分，在此层面上福克纳完成了作为一个南方作家的历史使命；更重要的是，福克纳将聚焦于美国南方的审视目光投向美国民族及整个人类世界，福克纳的地理书写丰富了美国的文学地理版图及世界文学的地理版图，有力推动了现代主义文学的发展。可以说，福克纳的地理思想既浓墨重彩地体现在南方地域精神上，也体现在美国文学进一步夯实民族性的时代诉求，更是体现在世界性的普世诉求中。福克纳小说中的地理空间建构体现出来的地域性、民族性以及世界性特征具有丰富的文学地理学价值和意义。

二、福克纳长篇小说空间建构的文化价值

人类生活在充满内涵的地理空间中，每个个体的成长地域是其具有历史意义和情感价值的精神母地。在福克纳的时代，“南方精神”，对于南方的个人、家庭乃至整个南方社区，都是不可动摇的精神支柱。福克纳在其长篇小说创作中，通过空间叙事的策略表达了他自己对于“南方精神”的认可以及独有的敬意。福克纳创造

---

① Raymond Williams, *The Country and the City*, New York: Oxford University Press, 1977: 4.

出“约克纳帕塔法”这个神话王国，为其小说中的人物提供安全感和身份认同的源泉，首先是他自己安全感和身份认同的源泉。杰弗生镇不仅仅是一个小说中人物交往与活动的空间，更是为人物提供心理意义的地方，是能让人产生依恋感和归属感的空间存在。它是动态的而非静止的，是开放的而非封闭的，是独特而非普遍的。当然，作者“恋地情结”的结构应该是多维的，有时甚至会以负面和消极型的情绪反应表现出对“此地”或“彼地”的高度热爱，就像歌颂故土的美是出于对故土的爱，鞭笞故土的丑恶同样也是出于对故土的热爱。福克纳知道自己对于那片土地的深情，并且明白那片土地对于自己创作的精神价值。从“约克纳帕塔法”中，福克纳发现了属于他自己的“个人和区域的根基所具有的价值：他学会了如何在普遍意义上使用区域性的素材；最重要的是，通过借用弗洛伊德理论中的比喻，他得以直接处理他在自己内心和南方发现的文化病症——对过去神话的依附和痴迷、对人的重要本能的压制、虚幻地和毁灭性地追求纯洁以及小团体的思想闭塞”。[①]从其第三部小说《沙多里斯》开始，福克纳重新审视“南方神话”中那些已经被固化的绅士和淑女形象，用他变幻多样的空间建构手法，把绅士、淑女们的创伤心理真实地展示出来。赫尔曼认为“心理创伤的核心经历是自主权的丧失（disempowerment）和与他人感情联系的中断（disconnection）”，她提出的创伤复原过程包括“建立安全感，还原创伤事件真相，修复幸存者与其社群之间的关联性”。[②]当然，这只是创伤复原的第一步，揭露真相、穿越集体创伤是为了诊断南方

① 丹尼尔·J. 辛格：《威廉·福克纳：成为一个现代主义者》，王东兴译，哈尔滨：黑龙江教育出版社2016年版，第184页。

② 朱迪思·赫尔曼：《创伤与复原》，施宏达等译，北京：机械工业出版社2015年版，第124，XII页。

人内心冲突的根源。

与同时代绝大多数南方作家相比，福克纳对于南方精神无疑有着更为清醒的认识。他们试图用“南方神话”来“掩盖美国的暴力遗产……使之不再具有威胁性”[①]，这种理想主义极力推崇和试图延续生命力渐失的南方传统。在福克纳看来，这是极端不明智、对南方精神极端不负责任的做法。福克纳清楚地看到南方精神中颓废落后的层面，并且敢以各种负面和消极型的情绪反应表现出对“美国南方的高度热恋与热爱：作为一个生活在奥克斯福的‘异乡客’、一个不希望家乡爆发战争的人、‘不顶事伯爵’、一个没有拿到大学文凭的学生，福克纳始终行走在他生活的世界的边缘”。[②]福克纳长篇小说的空间建构中，农耕传统、“淑女”价值体系和“白色神话”、贵族家庭的颓废、底层农民最基本信仰的丧失，无一不在解构着“南方神话”。福克纳审视的目光，从家庭创伤深入到个人的创伤，再延展到南方社区的集体创伤。在福克纳长篇小说中，乡村、种植庄园、荒野、废弃地带以及小镇杰弗生，加上北方的大城市芝加哥、纽约以及海外的海地和欧洲等地构成的地理空间，集自然与人文、微观与宏观、静态与动态于一体，作为一个集体创伤记忆的窗口，容纳了人物内心与外在世界的张力、物质存在与精神实质的错位以及南方的历史与现实的差距，更加凸显了人物个体和集体创伤的持久性和不可治愈性。

创伤叙事使孤独的个体为自己无法言说的内心痛苦找到了出

---

① Reginald Dyck, “Frontier Violence in the Garden of America”, *Desert, Garden, Margin, Range: Literature on the American Frontier*, ed. Eric Heyne, New York: Twayne Publishers, 1992: 57.

② 杰伊·帕里尼：《福克纳传》，吴海云译，北京：中信出版社2007年版，第327页。

处和定位。不管是封闭压抑的女人还是流浪突围的男人，不管是南方社会权贵家族的遗老遗少，还是社会底层养家糊口的佃农，不管是浸淫在宗教激情中无法自拔的牧师，还是心无所依被时代异化的变态人群，他们在各自不同境遇中的各种情感体验让不同时代的读者身临其境，感同身受。人生处境中的残酷、荒谬甚至无能为力虽然不可避免，但是这些人物从来没有停止前行的脚步。福克纳小说中人物的情感体验和人生选择对于所有的南方人，甚至对于所有后世的读者，就像一团消毒棉球，轻轻擦拭就可以使他们灵魂深处的伤口越发明显，反复擦拭，反复剧痛，直至愈合。个体创伤使那些人物获得活着的尊严和价值。不仅如此，个体的创伤体验具有症候群的特征，这样一来个体创伤就变成了集体创伤。一方面，个体创伤者，由孤独的个类，打开深锁自己的心门，走出去就可以找到同类。每个人物的故事不可避免带上时代风云投下的阴影，因此他们个人所经历的创伤经验不是孤立的，而是属于集体的共同经验；他们的痛苦、喜悦甚至幻想或期待，他人同样也有，因此个人的孤立的情感因由他人分享而产生个体对于集体或共同体的归属感。归属感不断强化，它使零散的、不同类型的各个小团体（比如“南方淑女”或“老南方”）找到情感联结，转型成精神相通、休戚与共、包含不同层级的共同体。

福克纳小说中的这些创伤叙事，与传承两千多年的希腊经典戏剧《俄狄浦斯》，延续千年的中国经典《四郎探母》，以及四百多年前的莎剧《李尔王》中的可谓一脉相承。俄狄浦斯弄瞎自己的双眼以惩自己娶母为妻的极端罪愆，杨四郎面对分别十五年的老母时的一句“千拜万拜，赎不过儿的罪来”的深情愧疚，李尔王面对前来解救自己却被亲生姐姐杀死的小女儿的无限悔恨，它们把本来孤立、个别的经验变成共同的、集体的经验，情感凝聚塑成经久不忘的公共记忆，从而增进了人与人之间相互的理解和接纳，情感的纽带将不同个体、不同小团体甚至不同民族之间的不同和争端悬置一边，无疑能够促进人类命运共同体的发展。读者，不管是与作者同时代的，还是后世的乃至将来的，体验过类似的情感，便有助于形成一个拥有共同情感而彼此体谅的社会。福克纳在其小说的创伤叙事中，不管是在南方共同体的层面，还是在美利坚合众国的民族共同体层面，甚至于在人类命运共同体层面，为读者提供了这样一种趋向与其他人、与其他民族，甚至与全人类加强了解、对话和和解的机会。

福克纳坚定地致力于提出真正重要的主题，这种思考就是源自南方历史和文化的问题。木兰花是美国南方的传统象征："此花如不受碰触，会美丽绽放；可是'如果你采摘它，就没了一点用处。触碰它，它就会在你手上变成棕色，而后会慢慢凋谢'"。[①]从福克纳早期到高峰期的作品中，"曾经的无所不在的上帝现在连存在都变成了垂死的或已死的社会退步了。真正的敌人无所不在：工业化、现代化、进步、社区生活的消失、个体的无常"。[②]在地理空间建构中，南方集体记忆的变奏一览无遗，读者可以明晰地发现"南方神话"在物质与精神层面被摧毁的历史轨迹。对福克纳来说，"南方神话"的脆弱在残酷的现实中不免有木兰花碎落成泥的悲伤结局，但是出于对南方这片土地深情的热爱，出于对南方强烈的历史责任感，福克纳在他的小说中粉碎了"南方神话"，重述了历史的真实，所讲的大部分都是残酷的创伤故事。或许福克纳仍然受制

① 丹尼尔·J. 辛格：《威廉·福克纳：成为一个现代主义者》，王东兴译，哈尔滨：黑龙江教育出版社2016年版，第113页。

② 弗莱德里克·R. 卡尔：《福克纳传》（上），陈永国等译，北京：商务印书馆2007年版，第244页。

于南方传统的某些束缚力量，比如对婚姻的忠诚，对重建家族大宅的渴望以及无所不在、无孔不入的宗教仪式等，但是他仍满怀对南方传统价值精华部分的忠诚，并对其腐朽部分进行抵制和鞭笞，以自己特有的战斗精神，宣告他对美国南方深深的热恋。相对于其他南方作家，福克纳在新旧两个南方之间游走，既可以回望“旧南方”，又可以跟得上“新南方”发展的步伐，所以他的立场和那些一心一意美化南方、拥护“南方神话”的作家相比较而言，超越了时代的局限性，因而其作品对于恢复南方人的文化自信、对于南方文化的重构，意义尤为重要。当然，福克纳没有彻底抛弃南方精神，那些具有永恒价值的部分比如荣誉、勇气、正义等，在他作品里依然是熠熠生辉，因为它们就是南方人引以为傲、始终不离不弃的精神力量。

福克纳的小说既揭示了南方传统文化中的沉疴，又对其充满自信。美国南方的集体创伤在福克纳长篇小说中得以减缓，南方人在回顾、哀悼逝去的辉煌时，努力学习与自己和解、与历史和解，重新确立新的使命；同时，南方人可以带着南方精神的遗产，继续前行。也许对于整个南方社会来讲，这是一个痛苦漫长的过程。福克纳把重生的希望给予了南方这片意义深重的土地，使这片土地犹如他小说中的大多数人物一样，终于在涅槃中重生，获得了新的生命力。“美国南方”在福克纳的作品中，已不仅仅是客观实在的地方，而是构成南方文化原型、承载南方集体记忆、表达南方存在的精神领地。福克纳的作品超越了同时代的南方作家，他的作品不仅仅是南方记忆的再现，而且是对于南方集体无意识的一次修正。“约克纳帕塔法”世系小说中的人地关系的互构，为现实中的南方文化提供了一种新的重建模式，南方文化则为福克纳创作“约克纳帕塔法”提供了丰富的创作题材和源源不断的想象力；福克纳继承了南方文化的精神力量，在其小说中地理空间的建构过程中，剖析了“南方神话”中挥之不去的毒瘤，并且开出了治愈南方文化创伤的良方，这正是他对于“邮票般大小的故乡”的热爱。“约克纳帕塔法”这个神话空间，不只是一个以物质实体为导向的空间生产的结果，更是容纳了多种多样社会性空间实践的仪式过程。因此可以说，“约克纳帕塔法”世系小说因南方而生，而南方也因为有了“约克纳帕塔法”而熠熠生辉，并且获得了重生的力量。而地理空间所具有的独特南方地域性，则是福克纳在意识形态上，对现代化进程中的同质化进行的挑战，它使南方集体记忆得以保存和更新。福克纳长篇小说独特的空间建构，实现了他对于南方集体创伤的恢复治疗，体现了作者对南方文化高度的历史责任感。

“约克纳帕塔法”世系小说中，充满着福克纳对于美国南方文化的自信，而这种自信源自南方传统与现代文化资源，以及福克纳自身个体生命的定力。这首先体现于福克纳地理书写的个性上，而这种个性又与人类内心创伤的经验、南方精神集体意识的存在同构于小说之中。个性中的一个重要维度，体现于由空间建构所带来的感性生命解放，所显现的是回到生命本身的诗性哲学。张力之中，地理空间的审美价值提升，对南方精神的重构，对人性的深度挖掘，无疑有着强大的动力。福克纳对南方敏锐的地理感知，使他调动一切感官机能与这个世界对话，在“约克纳帕塔法”的神话王国里，以自己多角度、多层面的感觉来体味周围的一切，以博大的人类情怀与宇宙视野透视人类的历史、现实与人生。可以说，福克纳的地域素材融合了更广阔世界的现实：传统社区的逐渐消亡、荒野空间的逐步萎缩、资本主义的贪婪狡诈、种族歧视的恐怖残忍、男女关系的复杂多变、战争的虚无与破坏性等等。福克纳只是借用美国南方这个镜头，他的“约克纳帕塔法”世系小说所能企及的文化价值和思想价值，远远超越了同时代南方小说狭隘的地域性。

三、福克纳长篇小说的美学思想及其对后世文学所产生的影响

本书所分析的福克纳长篇小说绝大多数属于“约克纳帕塔法”世系，构成了一个完整的、典型的南方社区——“约克纳帕塔法”神话王国。福克纳曾亲手绘制约克纳帕塔法的地图，附在小说《押沙龙，押沙龙！》之后，作为其“约克纳帕塔法”世系小说的压卷之作。在该地图上，福克纳标注了其主要小说（包括长篇、中篇和短篇）故事发生的地方以及对相关小说的简要说明。可以直观地看出，杰弗生镇是整个约克纳帕塔法的核心空间，是故事密集度最高的地方。各种各样的人地关系，在杰弗生镇得到生动的展示。杰弗生镇西北乡下的《押沙龙，押沙龙！》、东南偏远地区的《我弥留之际》以及镇中心的《喧哗与骚动》和《八月之光》，都是很明确地以杰弗生镇为核心向四周扩散。整个约克纳帕塔法的地理空间并不限于此，结语部分最后所附地图只是约克纳帕塔法的核心区域。[①]约克纳帕塔法地理空间，既有乡村空间也有城镇空间，既有战前的家园空间又有战后的家园空间，既有种植园贵族的空间也有穷白人、黑人等底层阶级的空间，每一个具体的地理空间中充满着视觉性极强的意象、景观等。图7就是约克纳帕塔法县的大致整体布局图。

① 福克纳自己曾亲手绘制约克纳帕塔法地图一张，本书第五章的插图据此改绘而成，参见William Faulkner, *Novels 1936–1940: Absalom, Absalom!/ The Unvanquished / If I Forget Thee / Jerusalem / The Hamlet*, eds. Joseph Blotner and Noel Polk, New York: The Library of America, 1990。

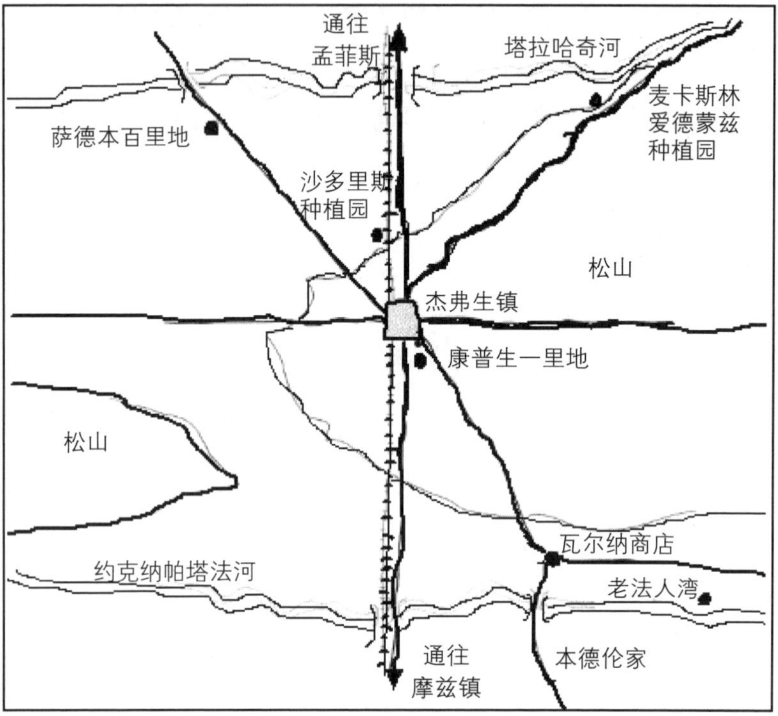

图7　约克纳帕塔法县简图

“约克纳帕塔法”神话王国不仅仅只有以杰弗生为中心的核心空间，它也有外延空间。昆丁在《喧哗与骚动》中的故事空间和《押沙龙，押沙龙！》中的叙事空间，就在远离南方的新英格兰地区。《押沙龙，押沙龙！》中的萨德本和邦，在海地岛和新奥尔良都有过重要的经历，它们超出了狭隘的南方地域限制，使故事投向了更为广阔的空间。这些异于南方的地理空间，增强了福克纳小说的历史维度，展现了南方文化与非南方世界的关联。

福克纳以地理意象、家族建筑、老法人湾及杰弗生镇等为元素，完成了整个“约克纳帕塔法”世系小说的空间建构。以空间元素标识叙事时间、景观变迁构成叙事的内在逻辑、融合了静态和动态空间的地方建构推动了叙事的发展进程。福克纳长篇小说的空间叙事，挑战了传统的线性叙事固守的一对一的因果关系，地理空间叙事是对传统的因果线性叙事手法的挑战，后者显然由于其根深蒂固、约定俗成的定见，桎梏了文学创作的发展，不利于文学的创新。地理空间建构作为叙事手段，具有非线性叙事的特征，因为空间叙事描述的是整个世界真实和复杂的混沌状态，克服了传统小说中线性叙事的简单性、虚假性和独断性，使叙事显得更为可信与真实。相对于时间叙事的线性和逻辑性，空间叙事具有视觉性、持续性和立体性，这为读者提供了更多的想象和体验空间。诉诸视觉的空间性元素，比如地理意象、地理景观、地方形态等具备形象鲜活的特点，更能激发读者在阅读过程中的参与，因而空间叙事比传统的时间线性叙事具有更大的优势。读者可以游走于不断变幻的地理空间，停留或是观赏或是重新进入。在传统小说中，作者、文本和读者之间的关系完全由作者的时间线性叙事所掌控，而地理空间叙事赋予读者丰富体验，它彻底改变了传统小说中作者文本和读者之间的关系。“空间叙事更多的是‘展示’，并把掌控权转让给观赏者（读者），因此他们必须整合序列事件、填补空缺和解释意义”。[①]读者的积极参与是对文本的再创造，都是由于小说中地理空间背后的诗性张力带来的再生产效果。从读者接受的角度来看，福克纳长篇小说的地理空间建构，更能够显示其长篇小说的诗性魅力与审美意蕴。正是这样，福克纳的“约克纳帕塔法”神话王国，才能成为世界文学中的瑰宝。

福克纳是继库珀和霍桑之后，着力创建美国本土性的作家之一，在他的“约克纳帕塔法”神话王国中，采用类似于艾略特和乔

---

① Seymour Chatman, “What Novels Can Do That Films Can’t（and Vice Versa）”, *Narrative*, ed. W. J. T. Mitchell, Chicago: University of Chicago Press, 1981: 117–136.

伊斯的现代主义手法，利用地理空间建构“美国南方”这一类似国家概念的空间。虽地处美国南方，福克纳笔下的“约克纳帕塔法”超越了纯粹的地域空间概念。他坐拥杰弗生小镇而心怀宇宙，因此，“约克纳帕塔法”成了作家精神的落脚点。“福克纳认为自己是一个伟大进程的参与者，他在历史中穿行，同时，用一种有趣的方式创造着属于自己的历史”。[①]整个“约克纳帕塔法”世系小说的建筑空间之美，从叙事形式到主题多样化再到人物性格复杂化（人与自身、人与他者、人与社会、人与自然），从家园空间再到人类命运的终极追问，福克纳从具体到抽象、从形而下到形而上，在他的地理空间建构中展开了执着的、大胆的思想与艺术追寻。整体来讲，从空间建构的角度出发，可以看出福克纳在其长篇小说的创作初期和后期，叙事特征趋向于传统的现实主义风格；而在早期至巅峰时期（结合本书所采用的分析文本，应为创作《喧哗与骚动》至《押沙龙，押沙龙！》期间），无论是在小说艺术手法，还是人物塑造和主题探索方面，都展现出充满了混杂性、分裂性和惊悚性的集现代主义和后现代主义于一体的美学特征。这一时期的创作最能体现出福克纳的创作美学特色。美国南方的历史，在福克纳长篇小说中被阐释为一堆废墟，后人对于废墟的处理方式只能是拼凑，因而呈现出一种错误或者说残缺的杂糅历史画卷。无法彻底解决的各种问题得到探索，比如现实与历史的矛盾、男人与女人的距离、肉体与精神的分离等等。这些不同层面所形成的巨大张力，成为南方体验中非常重要的组成部分。张力之下，充满了沉重的压力和梦魇般的缥缈，因而激情与颓废、灿烂与阴郁始终缠绕在一起，构成一

① 杰伊·帕里尼：《福克纳传》，吴海云译，北京：中信出版社2007年版，第3页。

种一半是火焰一半是海水的固定模式，呈现出的却是一种永恒的、不确定的模糊画面。不确定性反映了福克纳自身对于南方文化的一种真实体验，以及他对于南方文化重构的一种态度。福克纳自己的态度就像其作品中的昆丁、班博一样，始终处于一种to be or not to be的状态。这一点正是体现了福克纳创作的现代性和后现代创作特征，他竭力从中抽离自身对于作品的干预权，利用空间建构的手段激发读者的想象力，赋予作品更多更为开放的阐释空间。

福克纳小说中的地理空间建构，在艺术上是对宏大叙事线性特质的挑战。福克纳小说艺术绝对可与同时代的欧洲文学家们相媲美。福克纳卓越的文学创新性、主题表达以及创作思想的前瞻性、开创性，主要归功于其小说中显著的现代主义因子和前瞻性的后现代主义因子：首先，他在人物塑造方面具有鲜明的内倾性，通过想象和意识流表现人物心灵和精神领域的幽暗层面。与同时代的海明威一样，福克纳实践的“不再是社会的、客观层面的真实，而是个人的、主观层面的真实”①，这体现了其追求主观真实的创作理念。其次，福克纳小说人物心理状态的分裂、压抑、绝望等特性通过地理空间的建构，通过人物的个体经验扩展到丰富的隐喻或象征层面，表现出了人类在现代生活中的异化和生命无主体经验感，达到对人性探索的新高度。斯诺普斯们不择手段、唯利是图、丧失基本人性的功利与欺诈，昆丁和海托华们不堪重负、无视现实的无能与纠结，尼娜、迪尔西们切实行动、实现自我救赎的勇气和韧劲，这些人性探索有对立甚至矛盾的特点，正是这些矛盾体现了福克纳对于复杂、真实人性的洞察。再次，通过空间建构的各种手段，福克

① 李维屏、张琳等：《美国文学思想史》，上海：上海外语教育出版社2017年版，第595页。

纳小说在形式上得到了创新，比如空间叙事的非连续性取得了类似于电影蒙太奇以及绘画立体派的效果，彻底摆脱了传统小说线性叙事的刻板和霸权。在某种程度上可以说，福克纳的文学成就打破了欧洲文学一统天下的局面，不仅对于美国文学的崛起，而且对于美国民族自信的树立都起到了巨大作用。除此之外，从福克纳创作的历时维度看，其小说的“地方主义”倾向无疑是美国现代主义文学中浓墨重彩的华章，但是在其小说中，福克纳对于作为轴心的“约克纳帕塔法”神话王国做了适度的延展和偏离，增强了其现代主义创作思想的内在活力以及张力，充分体现了其个性意识对地方文化以及民族文化心理的超越。可以说，福克纳小说不仅反映了美国现代主义小说所具有的兼容并蓄的文化特征，也体现了福克纳作为一个现代主义和后现代主义作家的审美意识和价值取向。

即使在国内不受重视，福克纳也在其获诺奖之前就已赢得了美国高校研究者们和文学爱好者的青睐，他的小说被当做大学小说创作课程的教科书。罗伯特·佩恩·沃伦认为福克纳对于南方小说做出了最大的贡献：“他告诉我们如何在这些素材上创造文学，他的力量太强大了”。[①]直接受到影响的南方作家有谢比·富特（Shelby Foote）、奥朵拉·威尔蒂（Eudora Welty）、拉尔夫·艾莉森（Ralph Ellison）、杜鲁门·卡波特、弗兰纳里·奥康纳（Flannery O'Connor）、马克·麦卡锡以及拉里·布朗等人。谢比·富特和奥朵拉·威尔蒂都是来自密西西比州，富特把福克纳当做是家乡的英雄，对外人不能理解福克纳的作品感到遗憾：“在密西西比，没有谁比我们更能享受阅读福克纳作品的乐趣了……他就是为我们而写

① 杰伊·帕里尼：《福克纳传》，吴海云译，北京：中信出版社2007年版，第385页。

作的”。[1]富特在其早期小说*Shiloh*中借鉴了福克纳多重叙事的艺术手法，描写了内战期间的重要战役。富特大多数的创作聚焦于一个特定的虚构的地方——约旦县（Jordan County），这与福克纳的约克纳帕塔法县的构思如出一辙。福特后来凭借内战三部曲奠定了他的文学地位，福克纳的文学创作艺术和思想对他的影响不容忽视。威尔蒂来自密西西比州的首府杰克逊而非福克纳的家乡奥克斯福镇，因此她对奥克斯福人羡慕不已。她自己创作小说，也是小说批评家，她是与福克纳几乎齐名的文学界名人。她曾这样评价福克纳的《坟墓的闯入者》（*Intruder in the Dust*）：“很纯粹，是可以分析的，就像树上的一只负鼠：批评者看到树上是纯粹的亮光；非批评者看到的则是树上一片纯黑”。[2]拉尔夫·埃里森是非裔美国作家，以《隐形人》（*Invisible Man*）这部小说闻名于当时的文坛。他公开宣称自己是福克纳的粉丝，认为福克纳对于黑人问题的探讨很是成功，而他的《隐形人》正是探讨了二十世纪中叶美国的黑人问题。另外，在路易斯·埃德里希和弗兰克·莫舍等作家的作品中，可以发现类似于福克纳作品中的地方以及生活在那个地方的人；诺贝尔文学奖得主托尼·莫里森关于种族主题的探索，也可以看到福克纳作品的影子。

福克纳的“约克纳帕塔法”神话王国的构建，为世界上很多小说家和文学评论家提供了取之不尽的灵感和启发。基于其故乡“邮票般大小”的神话王国的建构，福克纳将约克纳帕塔法居民的创伤心理体验与南方社会的历史和现实相勾连，实现了文学作品人

---

① M. Thomas Inge, *Conversations with William Faulkner*, Jackson: University Press of Mississippi, 1999: 288–289.

② *The Critical Heritage*: *William Faulkner*, ed. John Bassett, London: Routledge and Kegan Paul, 1975: 342.

地关系互构的探索。人地关系的揭示是福克纳长篇小说中地理叙事的主要目的，大量的地理空间使其长篇小说获得了空间性这一本质特征。福克纳长篇小说中的“约克纳帕塔法”不仅仅是地理书写的对象，更是实现作者思想表达和艺术追求的载体。这些“地理”从特殊性走向普适性，成为文学创作的典范。在这个层面上，福克纳的长篇小说对于拉丁美洲文学的繁荣起到了不容忽视的作用。加西亚·马尔克斯、奥内蒂等人，都承认福克纳是他们的偶像；马里奥·略萨认为福克纳作品所取得的艺术成就，可以帮助他们更好地理解自己的国家和描写他们自己生活的土地。法国的萨特、波伏娃、加缪、马尔龙和1985年诺贝尔文学奖得主克洛德·西蒙等人，对福克纳的作品一直都是欣赏有加。意大利的阿尔贝托·莫拉维亚认为福克纳小说的多种可能性，扩大了他们的视野。中国的莫言深受福克纳形式创新的启发，他创作的“高密”系列小说甚至可以和福克纳的“约克纳帕塔法”相媲美；余华的南方小镇、苏童的风杨树等不同形态的空间建构元素，使得他们的作品具有深厚的历史意识，他们小说中的地理空间建构也有助于对人性的深度挖掘。

在“约克纳帕塔法”这个地理空间中，福克纳小说中的一个个人物鲜活起来，一个个故事显示出真正的意义。“约克纳帕塔法”既有有形的物理边界，也有无形的情感、精神边界。作为物理边界，它是稳固的；作为无形边界，外面的异质很容易渗透进来。这个空间以杰弗生镇中心广场的法院大楼为中心。中心附近布满了不同来路、不同阶层的大小老旧家宅，远处散落着种植园主大宅及棉田，辉煌茂盛或荒凉凋敝。更有外围的老法人湾、孟菲斯的红灯区，甚至风格迥异的大都市芝加哥、纽约以及域外的海地等，它们与“约克纳帕塔法”相隔甚远，显得有些虚化，但是它们与这个核心空间遥相呼应，完美实现了福克纳艺术表现与思想传达的创作追求。福克纳创作的“约克纳帕塔法”世系小说所具有的文学地理学意义和价值，对于当今世界的读者和批评家们来讲，无疑具有历久弥新、无法割舍的强大魅力。

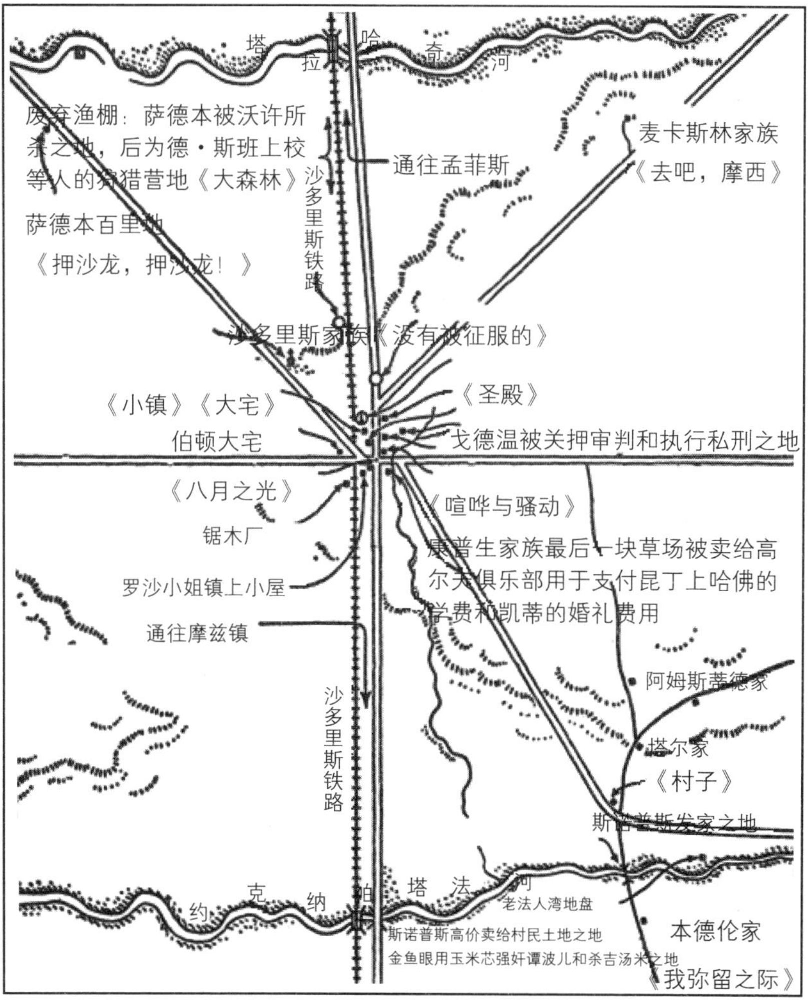

图8 “约克纳帕塔法”神话王国

参考文献

一、威廉·福克纳作品（以出版时间后先为序）

[1] 威廉·福克纳. 村子 [M]. 张月译. 北京：北京燕山出版社，2015.

[2] 威廉·福克纳. 大森林 [M]. 李文俊译. 北京：北京燕山出版社，2015.

[3] 威廉·福克纳. 密西西比 [M]. 李文俊译. 广州：花城出版社，2014.

[4] 威廉·福克纳. 喧哗与骚动 [M]. 李文俊译. 北京：中央编译出版社，2014.

[5] William Faulkner. Essays, Speeches & Public Letters [C]. ed James B Merither. New York: The Modern Library, 2004.

[6] William Faulkner. Novels 1957–1962: The Town / The Mansion / The Reivers [C]. eds Joseph Blotner and Noel Polk. New York: The Library of America, 1999.

[7] William Faulkner. Novels 1942–1954: Go down，Moses! / Intruder in the Dust/ Requiem for a Nun/ A Fable [C]. eds Joseph Blotner and Noel Polk. New York: The Library of America, 1994.

[8] William Faulkner. Novels 1936–1940: Absalom, Absalom!/ The Unvanquished / If I Forget Thee / Jerusalem / The Hamlet [C]. eds Joseph

Blotner and Noel Polk. New York: The Library of America, 1990.

[9] William Faulkner. Novels 1930–1935: As I Lay Dying / Sanctuary / Light in August / Pylon [C]. eds Joseph Blotner and Noel Polk. New York: The Library of America, 1985.

[10] William Faulkner . Lion in the Garden: Interviews with William Faulkner, 1926–1962 [C]. eds James B Meriwether and Michael Millgate. New York: Random House, 1968.

[11] The Portable Faulkner [C]. ed Maclcolm Cowley. New York: Viking, 1946.

二、中文文献（以出版时间后先为序）

（一）著作

[1] 罗伯特·韦恩·韩布林. 我和我的世界：威廉·福克纳传[M]. 李方木译. 青岛：中国海洋大学出版社，2020.

[2] 菲利普·韦恩斯坦. 成为福克纳：威廉·福克纳的艺术与生活[M]. 晏向阳译. 南京：南京大学出版社，2018.

[3] 马克斯·韦伯. 新教伦理与资本主义精神[M]. 郁喆隽选译. 杭州：浙江大学出版社，2018.

[4] 曾大兴. 文学地理学概论[M]. 北京：商务印书馆，2017.

[5] 段义孚. 空间与地方：经验的视角[M]. 王志标译. 北京：中国人民大学出版社，2017.

[6] 李维屏，张琳等. 美国文学思想史[M]. 上海：上海外语教育出版社，2017.

[7] 梅新林，葛永海. 文学地理学原理[M]. 北京：中国社会科学出版社，2017.

[8] 张曦. 威廉·福克纳小说叙事艺术研究[M]. 北京：中国社会科学出版社，2017.

[9] 丹尼尔·J. 辛格. 威廉·福克纳：成为一个现代主义者[M].

王东兴译. 哈尔滨：黑龙江教育出版社，2016.

[10] 曾大兴. 气候、物候与文学：以文学家生命意识为路径 [M]. 北京：商务印书馆，2016.

[11] 曾大兴，夏汉宁，海村惟一主编. 文学地理学：中国文学地理学学会第五届年会论文集 [C]. 广州：中山大学出版社，2016.

[12] 李杨. 欧洲元素对美国“南方文艺复兴”本土特色的构建 [M]. 上海：同济大学出版社，2015.

[13] 朱迪思·赫尔曼. 创伤与复原. 施宏达等译. 北京：机械工业出版社，2015.

[14] 杜雪琴. 易卜生戏剧地理空间研究 [M]. 武汉：武汉大学出版社，2015.

[15] 葛纪红. 跨越时空的叙事：福克纳小说研究 [M]. 镇江：江苏大学出版社，2015.

[16] 李常磊，王秀梅. 镜像视野下威廉·福克纳时间艺术研究 [M]. 北京：外语教学与研究出版社，2015.

[17] 马修·波泰格，杰米·普灵顿. 景观叙事：讲故事的设计实践 [M]. 张楠等译. 北京：中国建筑工业出版社，2015.

[18] 朱振武. 福克纳的创作流变及其在中国的接受和影响 [M]. 北京：人民文学出版社，2015.

[19] 龙迪勇. 空间叙事学 [M]. 北京：生活·读书·新知三联书店，2015.

[20] 张伟然. 中古文学的地理意象 [M]. 北京：中华书局，2014.

[21] 代晓丽. 福克纳小说叙事修辞研究 [M]. 北京：中国社会科学出版社，2014.

[22] 邹建军. 江山之助：邹建军教授讲文学地理学 [M]. 北京：中央编译出版社，2014.

［23］陶洁．福克纳研究［M］．上海：上海外语教育出版社，2013.

［24］王钢．文化诗学视阈下的福克纳小说人学观［M］．天津：南开大学出版社，2013.

［25］武月明．爱与欲的南方：福克纳小说的文学伦理学批评［M］．南京：南京大学出版社，2013.

［26］杨义．文学地理学会通［M］．北京：中国社会科学出版社，2013.

［27］埃里克·桑德奎斯特．破裂之屋［M］．隋刚等译．上海：上海外语教育出版社，2013.

［28］加斯东·巴什拉．空间的诗学［M］．张逸婧译．上海：上海译文出版社，2013.

［29］蔡勇庆．生态神学视野下的福克纳研究［M］．北京：中国社会科学出版社，2012.

［30］曾大兴．文学地理学研究［M］．北京：商务印书馆，2012.

［31］利奥·马克斯．花园里的机器：美国的技术与田园理想［M］，马海良等译．北京：北京大学出版社，2011.

［32］海德格尔．海德格尔谈诗意地栖居［M］．丹明子译．北京：中国工人出版社，2011.

［33］萨拉·L 霍洛韦，斯蒂芬·P 赖斯，吉尔·瓦伦丁编．当代地理学要义：概念、思维与方法［M］．黄润华等译．北京：商务印书馆，2011.

［34］李常磊，王秀梅．传统与现代的对话：威廉·福克纳创作艺术研究［M］．北京：外语教学与研究出版社，2010.

［35］申丹，王丽亚．西方叙事学：经典与后经典［M］．北京：北京大学出版社，2010.

［36］李萌羽．多维视野中的沈从文和福克纳小说［M］．济南：

齐鲁书社，2009.

[37] 萨克文·伯克维奇主编．剑桥美国文学史（第六卷）[M]．张宏杰等译．北京：中央编译出版社，2009.

[38] 凯·安德森，莫娜·多莫什，史蒂夫·派尔，奈杰尔·思里夫特主编．文化地理学手册 [M]．李蕾蕾等译．北京：商务印书馆，2009.

[39] 范铭如．文学地理：台湾小说的空间阅读 [M]．台北：麦田出版社，2008.

[40] 鲍忠明．最辉煌的失败：福克纳对黑人群体的探索 [M]．北京：北京理工大学出版社，2008.

[41] 李文俊编．福克纳的神话 [M]．上海：上海译文出版社，2008.

[42] 杰伊·帕里尼．福克纳传 [M]．吴海云译．北京：中信出版社，2007.

[43] 弗莱德里克·R 卡尔．福克纳传 [M]．陈永国等译．北京：商务印书馆，2007.

[44] 朱宾忠．跨越时空的对话：福克纳与莫言比较研究 [M]．武汉：武汉大学出版社，2006.

[45] 王蒙．红楼启示录 [M]．北京：生活·读书·新知三联书店，2005.

[46] 迈克·克朗．文化地理学 [M]．杨淑华等译．南京：南京大学出版社，2005.

[47] 朱振武．在心理美学的平面上：威廉·福克纳小说创作论 [M]．上海：学林出版社，2004.

[48] 爱德华·W 苏贾．后现代地理学：重申批判社会理论中的空间 [M]．王文斌译．北京：商务印书馆，2004.

[49] 莫里斯·布朗肖．文学空间 [M]．顾嘉琛译．北京：商务

印书馆，2003.

[50] 杨瑞仁．沈从文·福克纳·哈代比较论［M］．北京：中国文联出版社，2002.

[51] 刘建华．文本与他者：福克纳解读［M］．北京：北京大学出版社，2002.

[52] R J 约翰斯顿．地理学与地理学家［M］．唐晓峰译．北京：商务印书馆，1999.

[53] 肖明翰．威廉·福克纳：骚动的灵魂［M］．成都：四川人民出版社，1999.

[54] 肖明翰．威廉·福克纳研究［M］．北京：外语教学与研究出版社，1997.

[55] 鲁·阿恩海姆．艺术心理学新论［M］．郭小平等译．北京：商务印书馆，1994.

[56] 约瑟夫·弗兰克等．现代小说中的空间形式［M］．秦林芳编译．北京：北京大学出版社，1991.

[57] 曾大兴．柳永和他的词［M］．广州：中山大学出版社，1990.

[58] 黄晖撰．论衡校释［M］．北京：中华书局，1990.

[59] 伊利尔·沙里宁．形式的探索：一条处理艺术问题的基本途径［M］．顾启源译．北京：中国建筑工业出版社，1989.

[60] H J 德伯里．文化地理：文化、社会与空间［M］．王民等译．北京：北京师范大学出版社，1988.

[61] 欧阳光伟．现代哲学人类学［M］．沈阳：辽宁人民出版社，1987.

[62] 李文俊编．福克纳评论集［C］．北京：中国社会科学出版社，1980.

[63] 丹纳．艺术哲学［M］．傅雷译．北京：人民文学出版社，1963.

［64］刘勰著，范文澜注．文心雕龙注［M］．北京：人民文学出版社，1958.

（二）论文

［1］曾大兴．中国文学地理研究与学科建设［OL］．中国社会科学网，2020-9-7.

［2］刘浩然，关晶晶．威廉·福克纳小说的空间叙事呈现［J］．现代交际，2017，（14）．

［3］祝勇．大江东去［N］．新华日报，2017-9-29（18）．

［4］曾大兴．文学地理学的研究方法［J］．人文杂志，2016，（5）．

［5］邹建军，张三夕．简论文学地理学对现有文学起源论的修正［C］// 曾大兴，夏汉宁，海村惟一主编．文学地理学：中国文学地理学会第五届年会论文集．广州：中山大学出版社，2016.

［6］杜华平．地理意象研究刍议［C］// 曾大兴，夏汉宁，海村惟一主编．文学地理学：中国文学地理学会第五届年会论文集．广州：中山大学出版社，2016.

［7］杜华平．文学地理学的多面相与学科融合［C］// 中国文学地理学会第六届年会暨首届硕博论坛论文集（上）．2016.

［8］张琪瑛．论福克纳小说的空间叙事模式［J］．山东农业工程学院学报，2015，（7）．

［9］韩启群．近五年国外威廉·福克纳研究述评［J］．当代外国文学，2015，（3）．

［10］颜红菲．薇拉·凯瑟长篇小说地理叙事研究［D］．武汉：华中师范大学，2015.

［11］邹建军．文学地理学批评的十个关键理论术语［J］．内江师范学院学报，2015，（1）．

［12］邹建军．文学作品中的地理叙事问题［M］// 江山之助：邹建

军教授讲文学地理学. 北京：中央编译出版社，2014.

[13] 庞玉厚. 空间与叙事：《献给爱米丽的玫瑰》的空间诗学[J]. 杭州师范大学学报（哲学社会科学版），2014，(3).

[14] 蓝仁哲.《八月之光》的光谱[M] // 威廉·福克纳. 八月之光. 蓝仁哲译. 上海：上海译文出版社，2013.

[15] 张晓梅，吴瑾瑾. 南方文学、地域特征与文化神话：美国南方“重农派”文学运动研究[J]. 东岳论丛，2013，(6).

[16] 张海榕.小说叙事空间的多重维度与刘易斯的文化空间想象[J]. 浙江工商大学学报，2013，(5).

[17] 王欣. 美国南方创伤小说研究[J]. 西南民族大学学报（人文社会科学版），2013，(5).

[18] 周文娟. 福克纳作品异质空间叙事解读[J]. 当代外国文学，2013，(3).

[19] 邹建军. 我们应当如何开展文学地理学研究[J]. 江汉论坛，2013，(3).

[20] 王欣. 个人创伤和集体创伤：《国王的人马》中的历史叙事研究[J]. 国外文学，2013，(2).

[21] 邹建军. 文学批评方法原创性的基点问题[J]. 中外文化与文论，2012，21.

[22] 曾大兴. 理论品质的提升与理论体系的建立：文学地理学的几个基本问题[J]. 学术月刊，2012，(10).

[23] 王欣. 从重农主义到新批评：美国南方知识分子的话语演变[J]. 四川师范大学学报（社会科学版），2012，(6).

[24] 高红霞. 美国“南方文艺复兴”文学主题在后现代的断裂与延续[J]. 青海社会科学，2012，(1).

[25] 朱婷婷. 西方小说空间符号功能研究[D]. 南京：南京师范大学，2012.

[26] 李常磊，王秀梅．当代美国南方文学的现实性回归 [J]．当代外国文学，2011，（ 1 ）.

[27] 隋刚．福克纳的五维文学空间及其显现方式 [J]．外国文学研究，2011，（ 3 ）.

[28] 周尚意．文化地理学研究方法及学科影响 [J]．中国科学院院刊，2011，26（ 4 ）.

[29] 曾大兴．建设与“文学史学”双峰并峙的“文学地理学” [N]．中国社会科学报，2011-4-19.

[30] 邹建军．文学地理学批评的十个关键词 [J]．安徽大学学报（哲学社会科学版），2010，（ 2 ）.

[31] 聂珍钊．文学伦理学批评：基本理论和术语 [J]．外国文学研究，2010，（ 1 ）.

[32] 朱桃香．论叙事空间结构 [J]．湘潭大学学报（哲学社会科学版），2010，（ 1 ）.

[33] 朱新福．美国文学上荒野描写的生态意义述略 [J]．外国语文，2009，（ 3 ）.

[34] 朱新福．经典重读：也谈小说《熊》的生态启示 [J]．苏州大学学报（哲学社会科学版），2008，（ 4 ）.

[35] 陶洁．福克纳在中国 [C] // 李文俊编．福克纳的神话．上海：上海译文出版社，2008.

[36] 埃尔斯 · 杜斯瓦 · 林德．《押沙龙，押沙龙！》的构思及意义 [C]．陆谷孙译 // 李文俊编．福克纳的神话．上海：上海译文出版社，2008.

[37] 鲁乃进．文学地理学研究：前沿意识与创新意义 [N]．文艺报，2007-8-14.

[38] 葛永海．中国文学地理学：理论奠基与体系建构 [N]．光明日报，2007-7-5.

[39] 王欣，石坚. 时间主题的空间形式：福克纳叙事的空间解读 [J]. 外国文学研究，2007，(5).

[40] 龙迪勇. 时间性叙事媒介的空间表现 [J]. 江西社会科学，2007，(4).

[41] 刘道全. 论福克纳小说的空间形式 [J]. 国外文学，2007，(2).

[42] 武月明. 论福克纳的生态主义伦理观 [J]. 四川外语学院学报，2006，(3).

[43] 程锡麟. 献给爱米莉的玫瑰在哪里？：《献给爱米莉的玫瑰》叙事策略分析 [J]. 外国文学评论，2005，(3).

[44] 朱振武. 威廉·福克纳小说的建筑理念 [J]. 四川外语学院学报，2005，(3).

[45] 管建明. 福克纳叙事艺术中的时间和空间形式 [J]. 外语教学，2003，(4).

[46] 孙宏. 美国文学对地域之情的关注 [J]. 外国文学评论，2001，(4).

[47] 龙迪勇. 寻找失去的时间：试论叙事的本质 [J]. 江西社会科学，2000，(9).

[48] M 巴赫金. 小说的时间形式和时空体形式：历史诗学概述 [M] // 巴赫金全集（第三卷）. 白春仁等译. 石家庄：河北教育出版社，1998.

[49] 钱满素. 美国“南方淑女”的消亡 [M] // 飞出笼子去唱. 北京：作家出版社，1998.

[50] 肖明翰. 福克纳与美国南方 [J]. 四川师范大学学报（社会科学版），1998，(3).

[51] 钟仕伦. 福克纳和沈从文的启示 [J]. 当代文坛，1991，(3).

［52］珀西·卢伯克. 小说技巧［M］// 中国社会科学院外国文学研究所等编. 小说美学经典三种. 方土人等译. 上海：上海文艺出版社，1990.

［53］孔耕蕻. “人间喜剧”与“约克纳帕塔法世系”：论福克纳与巴尔扎克［J］. 外国文学评论，1988，（12）.

［54］金克木. 文艺的地域学研究设想［J］. 读书，1986，（4）.

［55］李文俊. 约克纳帕塔法的心脏：福克纳六部重要作品辨析［J］. 国外文学，1985，（12）.

［56］韩海燕. 威廉·福克纳和曹雪芹作品中的年轻女性［J］. 求是学刊，1985，（2）.

［57］程光炜，王丽丽. 沈从文与福克纳创作视角比较［J］. 信阳师范学院学报（哲学社会科学版），1985，（1）.

三、英文文献（以出版时间后先为序）

（一）著作

［1］Taylor Hagood. Following Faulkner: The Critical Response to Yoknapatawpha's Architect［M］. Rochester: Camden House, 2017.

［2］Robert T Tally Jr and Battista M Christine, eds. Ecocriticism and Geocriticism: Overlapping Territories in Environmental and Spatial Literary Studies［C］. New York: Palgrave Macmillan, 2016.

［3］M Thomas Inge, ed. The Dixie Limited: Writers on William Faulkner and His Influence［C］. Jackson: University Press of Mississippi, 2016.

［4］Jay Watson and Ann J Abadie, ed. Faulkner's Geographies［C］. Jackson: University of Mississippi, 2015.

［5］Annette Trefzer and Ann J Abadie, ed. Faulkner and Mystery: Faulkner and Yoknapatawpha, 2009［C］. Jackson: University of Mississippi, 2014.

［6］Robert T Tally Jr, ed. Literary Cartographies: Spatiality,

Representation, and Narrative [M] . New York: Palgrave Macmillan, 2014.

[7] Biljana Oklopcic. Faulkner and the Native Keystone: Reading (Beyond) the American South [M] . Springer: Springer-Verlag Berlin Heidelberg, 2014.

[8] Robert Tally. Spatiality [M]. London and New York: Routledge, 2013.

[9] Bertrand Westphal. Geocriticism: Real and Fictional Spaces [M]. Robert Tally, trans. New York: Palgrave Macmillan, 2011.

[10] Robert T Tally Jr, ed. Geocritical Explorations: Space, Place and Mapping in Literary and Cultural Studies [C]. New York: Palgrave Macmillan, 2011.

[11] Gregory D, Johnston R, Pratt G, Watts M and Whatmore S. The Dictionary of Human Geography (5th Edition) [M]. West Sussex (UK) : Wiley-Blackwell, 2009.

[12] Charles S Aiken. William Faulkner and the Southern Landscape [M]. Athens: The University of Georgia Press, 2009.

[13] Taylor Hagood. Faulkner's Imperialism: Space, Place, and the Materiality of Myth [M]. Baton Rouge: Louisiana State University Press, 2008.

[14] Noel Polk and Ann J Abadie, eds. Faulkner and War: Faulkner and Yoknapatawpha Works [M]. Jackson: University Press of Mississippi, 2004.

[15] Wesley A Kort. Place and Space in Modern Fiction [M]. Florida: University Press of Florida, 2004.

[16] Harold Bloom. Genius: A Mosaic of One Hundred Exemplary Creative Minds [M]. New York: Grand Central Publishing, 2002.

[17] Maurice Merleau-Ponty. Phenomenology of Perception [M]. Colin Smith, trans. London: Routledge, 2002.

[18] Bettina Entzminger. The Belle Gone Bad: White Southern Women

Writers and the Dark Seductress [M]. Baton Rouge: Louisiana Sate University Press, 2002.

[19] J E Malpas. Place and Experience: A Philosophical Topography [M]. Cambridge: Cambridge University Press, 1999.

[20] Carl Rollyson. Uses of the Past in the Novels of William Faulkner [M]. London: International Scholars Publications, 1998.

[21] Robert W Hamblin and Charles A Peck, eds. A William Faulkner Encyclopedia [M]. Westport: Greenwood Publishing Group, 1999.

[22] M Thomas Inge. Conversations with William Faulkner [M]. Jackson: University Press of Mississippi, 1999.

[23] Michael Millgate. Faulkner's Place [M]. Athens: The University of Georgia Press, 1997.

[24] Jhan Huizinga. The Autumn of the Middle Ages [M]. Chicago: University of Chicago Press, 1997.

[25] Daniel J Singal. William Faulkner: The Making of a Modernist [M]. Chapel Hill and London: University of North Carolina Press, 1997.

[26] Doreen Fowler. Faulkner: The Return of the Repressed [M]. Charlottesville and London: University Press of Virginia, 1997.

[27] Cathy Caruth, Unclaimed Experience: Trauma, Narrative, and History [M]. Baltimore and London: The Johns Hopkins University Press, 1996.

[28] Cathy Caruth, ed. Trauma: Explorations in Memory [C]. Baltimore and London: The Johns Hopkins University Press, 1995.

[29] Cleanth Brooks. Community, Religion, and Literature [M]. Columbia and London: University of Missouri Press, 1995.

[30] Robert O Stephens. The Family Saga in the South: Generations and Destinies [M]. Baton Rouge and London: Louisiana State University Press, 1995.

[31] Paul Rodaway. Sensuous Geographies: Body, Sense, and Place [M]. London: Routledge, 1994.

[32] Leland Ryken. Words of Delight: A Literary Introduction to the Bible [M]. Grand Rapids: Baker Book House, 1992.

[33] Frederick Turner. Spirit of Place: The Making of an American Literary Landscape [M]. New York: Random House, 1990.

[34] S L Bartky. Femininity and Domination [M]. New York: Routledge, 1990.

[35] Cleanth Brooks. William Faulkner: The Yoknapatawpha Country [M]. Baton Rouge: Louisiana State University Press, 1990.

[36] Ray Lewis White. Winesburg, Ohio: An Exploration [M]. Boston: Twayne Publishers, 1990.

[37] Olga W Vickery. The Novels of William Faulkner: A Critical Interpretation by Olga W Vickery [M]. Baton Rouge: Louisiana State University Press, 1986.

[38] Elizabeth M Kerr. William Faulkner's Yoknapatawpha: "A Kind of Keystone in the Universe" [M]. New York: Fordham University Press, 1985.

[39] Eric Sundquist. Faulkner: The House Divided [M]. Baltimore and London: Johns Hopkins University Press, 1983.

[40] Jan Joost Baak. The Place of Space in Narration: A Semiotic Approach to the Problem of Literary Space [M]. Amsterdam: Rodopi, 1983.

[41] Michael Millgate. The Achievement of William Faulkner [M]. Lincoln: University Press of Nebraska, 1978.

[42] Estella Schoenberg. Old Tales and Talking: Quentin Compson in William Faulkner's "Absalom, Absalom!" and Related Works [M]. Jackson: University Press of Mississippi, 1977.

[43] Raymond Williams. The Country and the City [M]. New York: Oxford University Press, 1977.

[44] Andre Bleikstan. The Most Splendid Failure: Faulkner's "The Sound and the Fury" [M]. Bloomington: Indiana University Press, 1976.

[45] Malcolm Bradbury and James McFarlane, eds. Modernism: A Guide to European Literature 1890–1930 [M]. New York: Penguin, 1976.

[46] John Bassett, ed. The Critical Heritage: William Faulkner [C]. London: Routledge and Kegan Paul, 1975.

[47] Joseph Blotner. Faulkner: A Biography [M]. New York: Random House, 1974.

[48] Enrico Garzilli. Circles Without Center: Paths to the Discovery and Creation of Self in Modern Literature [M]. Cambridge: Harvard University Press, 1972.

[49] Robert Penn Warren. Homage to Theodore Dreiser, August 27, 1871–December 28, 1945, on the Centennial of His Birth [M]. New York: Random House, 1971.

[50] Flannery O'Connor. Mystery and Manners: Occasional Prose [M]. Sally and Robert Fitzgerald, eds. New York: Farr, Straus, and Giroux, 1969.

[51] William Faulkner. Lion in the Garden: Interviews with William Faulkner, 1926–1962 [M]. James B Meriwether and Michael Millgate, eds. New York: Random House, 1968.

[52] James G Watson. The Snopes Dilemma: Faulkner's Trilogy [M]. Coral Gables: University of Miami Press, 1968.

[53] Thomas Dixon. The Leopard's Spots: A Romance of the White Man's Burden, 1865–1900 [M]. Ridgewood: Gregg Press, 1967.

[54] Michael Millgate. The Achievements of William Faulkner [M]. New York: Random House, 1966.

[55] Olga Vickery. The Novels of William Faulkner [M]. Baton Rouge and London: Louisiana State University Press, 1964.

[56] Cleanth Brooks. William Faulkner: The Yoknapatawpha Country [M]. Baton Rouge: Louisiana State University Press, 1963.

[57] Don E Fehrenbacher. Prelude to Greatness: Lincoln in the 1850s [M]. Stanford: Stanford University Press, 1962.

[58] Olga Vickery. The Novels of William Faulkner: A Critical Interpretation [M]. Baton Rouge and London: Louisiana State University Press, 1959.

[59] Frederick L Gwynn and Joseph L Blotner, eds. Faulkner in the University: Class Conferences at the University of Virginia, 1957–1958 [M]. Charlottesville: University of Virginia Press, 1959.

[60] Harry S Ashmore. An Epitaph for Dixie [M]. New York: W W Norton & Company, 1958.

[61] Irving Howe. William Faulkner: A Critical Study [M]. Chicago: University Press of Chicago, 1951.

（二）论文

[1] Hsuan L Hsu. Naturalist Smellscapes and Environmental Justice [J]. American Literature, 2016, 88（4）.

[2] J M Coetzee. William Faulkner and His Biographers [C]// The Dixie Limited: Writers on William Faulkner and His Influence. M Thomas Inge, ed. Jackson: University Press of Mississippi, 2016.

[3] Kita Douglas. Jamestown and Jimson Weed: Charting the Autochonous Claim of Willaim Faulkner's The Sound and the Fury [C]// Faulkner's Geographies. Jay Watson and Ann J Abadie, eds. Jackson: University of Mississippi, 2015.

[4] Sten Pultz Moslund. The Presencing of Place in Literature: Toward

an Embodied Topopoetic Mode of Reading [C]// Geocritical Explorations: Space, Place and Mapping in Literary and Cultural Studies. Robert T Tally Jr, ed. New York: Palgrave Macmillan, 2011.

[5] Eric Prieto. Geocriticism, Geopolitics, and Geophilosophy and Beyond [C]// Geocritical Explorations: Space, Place and Mapping in Literary and Cultural Studies. Robert T Tally Jr, ed. New York: Palgrave Macmillan, 2011.

[6] William Faulkner. Address upon Receiving the Nobel Prize for Literature [M]// Essays, Speeches & Public Letters. James B Merither, ed. New York: The Modern Library, 2004.

[7] Jim Drobnick. Toposmia: Art, Scent, and Interrogations of Spatiality [J]. Angelaki, 2002, 7（1）.

[8] Fred Hobson. The History of the Southern Gothic Sensibility [J]. The Oxford American, 1996,（October/November）.

[9] Sonja Basic.Vampir Povijesti: Joyce, Faulkner i Krleza [J]. Republika, 1996,（5–6）.

[10] Mauri Skinfill. Reconstruction Class in Faulkner's Late Novels: The Hamlet and the Discovery of Capital Studies [J]. Studies in American Fiction, 1996, 24（2）.

[11] Kai Erikson. Notes on Trauma and Community [C]// Trauma: Explorations in Memory. Cathy Caruth, ed. Baltimore and London: The Johns Hopkins University Press, 1995.

[12] Jules David Prown. The Truth of Material Culture: History of Fiction? [C]// History from Things: Essays on Material Culture. Steven Lubar and W David Kingery, eds. Washington D.C.: Smithsonian Institution Press, 1993.

[13] Reginald Dyck. Frontier Violence in the Garden of America [C] //

Desert, Garden, Margin, Range: Literature on the American Frontier. Eric Heyne, ed. New York: Twayne Publishers, 1992.

[14] Don H Doyle. The Mississippi Frontier in Faulkner's Fiction and in Fact [J]. Southern Quarterly, 1991, 29.

[15] Richard Pillsbury. Cultural Landscape [C]// Encyclopedia of Southern Culture. Charles Reagan Wilson and William Farris, eds. Chapel Hill: University of North Carolina Press, 1989.

[16] Donald M Kartiganer. The Sound and The Fury and the Dislocation of Form [C]// William Faulkner's The Sound and The Fury. Harold Bloom, ed. New York: Chelsea House Publishers, 1988.

[17] Gail L Mortimer. Precarious Coherence: Objects through Time [C]// William Faulkner's The Sound and The Fury. Harold Bloom, ed. New York: Chelsea House Publishers, 1988.

[18] Susan Hayes Tully. Joanna Burden: "It's the Dead Folk That Do Him the Damage" [J]. Mississippi Quarterly, 1987, 40.

[19] Carl N Degler. Thesis, Antithesis, Synthesis: The South, the North and the Nation [J]. The Journal of Southern History, 1987, 53 (1) .

[20] John J Windberry, "Lest We Forget" : The Confederate Monument and the Southern Townscape [J]. Southeastern Geographer, 1983, 59 (May) .

[21] Loren F Schmidtberger. Absalom, Absalom!: What Clytie Knew [J]. Mississippi Quarterly, 1982, 35.

[22] Seymour Chatman. What Novels Can Do That Films Can't (and Vice Versa) [C]// On Narrative. W J T Mitchell, ed. Chicago: University of Chicago Press, 1981.

[23] Mikhail Bakhtin. Forms of Time and of the Chronotope in the Novel [C]// The Dialogic Imagination: Four Essays by M M Bakhtin. Michael Holquist, ed, Caryl Emerson and Michael Holquist, trans. Austin: University of

Texas Press, 1981.

[24] Charles H Nilon. Cooper, Faulkner and the American Venture [C]// A Cosmos of My Own. Doreen Fowler and Ann J Abadie, eds. Jackson: University Press of Mississippi, 1981.

[25] Eric S Rabkin. Spatial Form and Plot [C]// Spatial Form in Narrative, Jeffrey R Smitten and Ann Daghistany, eds. Ithaca: Cornell University Press, 1981.

[26] Richard Godden. "Call Me Nigger!" : Race and Speech in Faulkner's Light in August [J]. Journal of American Studies, 1980, 14.

[27] Lisa Paddock. Contrapuntal in Integration: A Study of Three Faulkner Short Story Volumes [D]. Toronto: University of Toronto, 1979.

[28] Isadore Traschen. The Magic Form of The Sound and the Fury [J]. Southern Review, 1976, 12.

[29] William Faulkner. Sherwood Anderson: An Appreciation [C] // Sherwood Anderson : A Collection of Critical Essays. Walter B Rideout, ed. Englewood Cliffs: Prentice Hall Inc, 1974.

[30] Phillip C Muehrcke and Juliana O Muehrcke. Maps in Literature [J]. Geographical Review, 1974, 64 (July) .

[31] R G Collins. Light in August: Faulkner's Stained Glass Triptych [J]. Mosaic, 1973, 7 (1) .

[32] Cleanth Brooks. Faulkner and History [J]. The Mississippi Quarterly Spring Supplement, 1972.

[33] Michael Millgate. The Firmament of Man's History: Faulkner's Treatment of the Past [J]. The Mississippi Quarterly, 1972, 25.

[34] John L Longley. Joe Christmas: The Hero in the Modern World [C]// Faulkner: A Collection of Critical Essay. Robert Penn Warren, ed. Eaglewood Cliffs: Prentice Hall, 1966.

[35] Jesse Gatlin. Of Time and Character in The Sound and the Fury [J].The Humanities Association Bulletin, 1966, 18 (2) .

[36] A F Beringause. Faulkner's Yoknapatawpha Register [J]. Bucknell Review, 1963, 11 (May) .

[37] Calvin S Brown Jr. Faulkner's Geography and Topography [J]. Publications of the Modern Languages Association, 1962, 78.

[38] Stanley L Elkin. Religious Themes and Symbolism in the Novels of William Faulkner [D]. Urbana-Champaign: University of Illinois, 1961.

[39] Jean Stein. William Faulkner [M]// Writers at Work: The Paris Review Interviews. Malcolm Cowly, ed. New York: Viking Press, 1958.

附录一　地理空间的流动与人物心理状态的关系研究

——以福克纳《八月之光》中的克里斯默斯为例

王海燕

摘　要：在现代主义叙事文本中，地理空间超越了只为人物提供活动空间和为事件提供背景的传统局限性；建构地理空间成为观照人物心理状态的最佳途径之一。在福克纳长篇小说《八月之光》里，主要人物克里斯默斯所处的地理空间具有明显的流动性特征。这些流动性的地理空间利用片段性的叙事形式把克里斯默斯的“分裂与绝望”等心理状态一步步形象地刻画出来，表达了克里斯默斯在抗争个人命运的悲剧中承载着来自种族、性别、宗教三个维度的巨大创伤，因此具有悲剧的强大力量。地理空间在不断的流动性中呈现出的差异性建构表现出作者福克纳对美国南方敏锐的地理感知及其悲剧意识，引发了对全人类精神危机的深入思考。地理空间与心理状态的相辅相成实现了福克纳小说创作中形式与内容的完美统一，人物内心的形象刻画无疑提升了地理空间的审美意义。

关键词：地理空间；流动；心理状态；分裂；绝望

文学地理学批评视域下的地理空间是指“存在于作品中的由情感、思想、景观（或称地景）、实物、人物、事件等诸多要素构成的具体可感的审美空间”。[①]因其具有鲜明的视觉性和丰富象征性特征，除了承担故事背景的功能，它们还承担着审美功能，本身就是一种修辞手段。人与空间最为本质的关系是定居，它是指人类在与世界的交往中不断寻找自己的家园，而不是被抛入无边无际的虚空之中，就像海德格尔说的“人栖息在大地上”。本文关注的人地关系不是文学家创作或文学作品对现实地理环境的干预层面，而是指作品中的人地关系，即作品中的人物和其所处的地理空间之间的关系。人物与其所处地理空间交互影响，地理空间赋予人物特色，揭示人物的内心状态，人物的空间实践在本质上形塑和改造着地理空间。小说发展到现代主义阶段出现了片段性和向内转的两大特征。“从历史层面看，现代主义强调作品的不连贯性和破碎性，过去的价值与艺术形式等等都必须经过现代作家重新整修，纳入现代形式体系之中。从个人层面看，现代主义强调个人的孤立性，个人的经验乃是由不相连的片段组成的，人与人的沟通极为困难，人处于相当绝望的困境中”。[②]片段性既指作品的形式又指作品的内容，即小说的艺术手段和小说主题表达。艺术形式要求现代主义作家打破传统的线性时间性叙事模式，叙事情节相对淡化，意识流、内心独白、多角度叙事和意象并置等是常常被实验的艺术传达手段；而内心的“疏离与绝望”是现代主义作品中常见的主题，这些主题常常也是通过主人公个人的片段、非连续性的个人经验组合起来。“向内转”是指作品的表现对象“由外部客观的物质世界转向内心主观的精神世界。一定时期的社会存在不是通过外在客观事物和人物肖像和行动的描绘，而是通过人物内心对外部事物各种各样的反应、

① 曾大兴：《文学地理学概论》，北京：商务印书馆2017年版，第143页。

② 朱立民、颜元叔主编：《西洋文学导读》，台北：巨流图书公司，北京：世界图书出版公司1993年版，第981–982页。

感受、经验、联想而得到表现的”。[①]福克纳的小说《八月之光》具有片段性和向内转的两大现代主义特征，而从地理空间的流动性来解读无疑是很好的途径，因为地理空间的流动利用片段性的叙事形式把人物内在的“疏离与绝望”一步步形象地展现出来。

一、地理空间的流动性与叙事的片段性

R. G. 柯林斯认为福克纳在《八月之光》中，开始以心理和社会的视角，关注小说中人物的自我身份与社会身份的复杂关系。[②]该小说中男性主人公克里斯默斯的故事与女性人物莉娜的故事构成了叙事的两条主线，虽然两个人物都是在路上，但是明显不同的是，莉娜带着一种坚定不移的信念前行，因而她的地理叙事空间呈现出一种单向前行的模式，而克里斯默斯的地理空间则呈现出时空交错、不断变换的流动性特点。克里斯默斯一生都以这种方式行走在路上，这与他的身份自我认定息息相关。克里斯默斯出生于南方的阿肯色州，其母为一家锯木厂工头尤菲斯·海因斯的女儿，出生时母亲难产而死，其父身份不太确定，可能是带有黑人血统的墨西哥人。单从外表来看，克里斯默斯并不具有明显的黑人特征，所以一般人都把他当白人看待。但是他出生后不久，具有狂热种族情结的外祖父海因斯，煞费苦心在田纳西州的孟菲斯孤儿院谋得一份差事，并且刻意在圣诞节那天把他遗弃在该孤儿院门口，这也是克里斯默斯姓氏的由来（克里斯默斯是英文Christmas圣诞节的音译）。所

① 管建明：《福克纳叙事艺术中的时间和空间形式》，《外语教学》2003年第4期，第73页。

② R. G. Collins, “Light in August: Faulkner’s Stained Glass Triptych”, *Mosaic*, 1973, 7（1）: 97–157.

以说从出生到幼儿时期，克里斯默斯对于自己的身份都处于一种不确定的认证状态。他迷失在黑与白的迷宫——永远没有出路的迷宫中。他的一生奔走在以下不同的地方：阿肯色州、田纳西州的孟菲斯孤儿院、养父母麦克依琴夫妇家、路上逃亡十五年（跨越数州，从南到北再回到南方）、密西西比州的杰弗生镇、摩兹镇、密西西比州的杰弗生镇。

克里斯默斯的一生都是在流动的地理空间展开，当然流动空间包含了相对静止固定的一些特定的建筑意象空间，比如孟菲斯孤儿院、麦克依琴家、妓院、各种木材加工厂以及伯顿小姐大宅和下面的小木屋等等。这些相对来讲比较固定的建筑意象中间穿插着流动变化的路线“街道”，构成一幅流动的地理空间，串起了克里斯默斯的一生。如果按照故事时序，克里斯默斯在地理空间的流动大致如下：克里斯默斯出生于美国南方阿肯色州的一个锯木厂，后被外祖父有意遗弃在田纳西州的孟菲斯孤儿院，五岁时由孤儿院安排给乡下的麦克依琴夫妇收养，成年后的克里斯默斯砸死养父一直奔波在逃亡的“街道”上，在这期间克里斯默斯跨越数州纵横南北，十五年后落脚在密西西比州的杰弗生镇，杀死伯顿小姐后逃窜到二十英里外的摩兹镇，最后主动落网被押回杰弗生镇，在那里被种族极端分子施以私刑。但是小说中，这些地理空间的出现并不是按照这样的线性时序安排的。小说第一章伯顿大宅纵火案把克里斯默斯寄居的小木屋呈现在读者面前，但是克里斯默斯本人并未出场；第二章地理空间切换到刨木厂时，克里斯默斯才出现；可是第三、四章讲的是海托华的故事；直到第五章时，克里斯默斯又重新出现在伯顿小姐大宅下面的小木屋，那是他在杀死伯顿小姐前一晚的游离。他从小木屋游荡到街上的黑人居住区后赶紧逃向白人居住区，紧接着回到小木屋附近隐藏在伯顿大宅的草丛里。故事到了第六章，福克纳按下了时间的暂停键，用了整整六章的篇幅，把地理空间切换到克里斯默斯幼儿时住过的孟菲斯孤儿院以及乡下养父母麦克依琴家里；第十章杀掉养父之后的克里斯默斯逃亡在无数条荒凉孤寂的“街道”上；直到第十一章小木屋再现了克里斯默斯和伯顿小姐的初次相遇；第十二章里，小木屋、厨房以及伯顿大宅见证了克里斯默斯与伯顿小姐的纠葛；第十三章故事情节回到小说开头的纵火案，克里斯默斯暂居过的小木屋引起众人的关注；十四章转到克里斯默斯的逃亡之旅以及他主动落网的摩兹镇，在摩兹镇克里斯默斯的外祖母和外祖父揭开了他的身世之谜，地理空间转回到他出生的锯木厂；第十九章克里斯默斯在杰弗生镇上被处以私刑。

从叙事的角度来看，这些地理空间的流动和转换都是在时光交错中实现的，既不是线性时间，也不是倒叙时间，顺叙与倒叙交叉并行，并且每个地理空间出现的频率也不一样，小木屋是其中出现频率最高的空间。福克纳通过地理空间意象的并置和流转等空间建构手段，相对淡化了故事情节，而突出了克里斯默斯个人的片段、非连续性的个人经验，从而使克里斯默斯内心的迷失、疏离与绝望得到强化。这些地理空间没有哪一个能够安放克里斯默斯的身体和灵魂，他的一生都在路上，流动性是其一生中最为突出的特点。地理空间的流动实际上就是他人生的流动，这种片段性的叙事方式使克里斯默斯的“内在自我”与“外在自我”随着地理空间的流动一步步得到证实和加强，这也引发了克里斯默斯与他人的相互作用以及他与这些地方关系的深刻重塑。在此小说中，地理空间不仅仅是传统的故事背景和人物活动的场所，地理空间本身也实现了叙事形式和内容的高度统一。

二、流动空间的异质性与人物内心的分裂性

克里斯默斯的出生地是美国南方阿肯色州的一个锯木厂，锯木厂充满强烈阉割的象征意义，似乎暗示着克里斯默斯与生俱来并且伴随终生的焦虑感。五岁之前的他在田纳西州的孟菲斯孤儿院度过。孤儿院的“红砖墙已被它的烟囱，更多的是它四周的烟囱，熏得污黑暗淡；户外空地铺满炉渣，寸草不生；这幢房屋困在煤烟直冒的工厂中间，还被一道十英尺高的铁丝网包围起来，活像一座监狱或一个动物园”。[①]阴冷的墙壁、无遮无蔽的窗户以及滚滚下流的黑色烟灰雨水是成年后的克里斯默斯记忆里挥之不去的空间元素。在这样缺乏人性关怀的地理空间里，在那个工业新兴发达的“新南方”时期，在孤儿院长大的克里斯默斯内心极度缺乏安全感，他经常在午休时分潜伏在孤儿院女营养师的房间偷吃其牙膏。不仅如此，克里斯默斯一直处于海因斯的监控之下，他煽动其他孩子叫克里斯默斯“黑鬼”。克里斯默斯无意窥见女营养师偷情后，在孤儿院也不能容身，随后他被孤儿院安排给乡下的麦克依琴夫妇收养。福克纳通过孤儿院这一片段性的叙事展现了克里斯默斯内心的真实状态，完成了人物形象的初步构建，奠定了其分裂心理状态的基调。同时孤儿院也暗示他在以后的人生道路上将会在自我身份认知上充满艰辛与困惑。从此他“被放逐进持久要实现心理平衡的现实中，不停地体验不同的身份碎片组合，努力整合一个统一的自我意识”[②]。

---

① 威廉·福克纳：《八月之光》，蓝仁哲译，上海：上海译文出版社2010年版，第83页。

② *Faulkner in the University*, eds. Frederick L. Gwynn and Joseph L. Blotner, New York: Vintage Books, 1965: 242.

克里斯默斯从孟菲斯孤儿院来到了乡下养父母麦克依琴家后，严谨刻板的加尔文教徒麦克依琴先生要求年幼的克里斯默斯背诵教义，背不出来就会带到马厩进行鞭笞，但是克里斯默斯内心的自我封闭将麦克依琴先生的严酷施压拒于心门之外，即使被打昏，他还是拒绝祷告和背诵《教义问答手册》。克里斯默斯住在麦克依琴家顶层的阁楼里，是名副其实的斗室，与下面的起居室和主要的功能区都有一定的距离。空间的距离实际上是心理上的距离。他在自己的阁楼上，能通过狭窄的楼梯传来的脚步声判断是谁上楼，或者根据楼下的动静来判断家人的动向。虽然养母麦克依琴太太对克里斯默斯关爱有加，但是孤儿院女营养师的报复使克里斯默斯始终对女性保持一种本能的防范与抗拒。在这样封闭窒息的空间里，克里斯默斯和僵化顽固的养父以及被他漠视存在的养母一起生活了十几年，种族身份的困惑以及对女人和清教思想的抗拒随着年岁的增长也在不断发酵。成年后的克里斯默斯每次与情人约会时，不会光明正大地从室内的楼梯下去，而是把绳子一段结好套在窗户的里面，自己从阁楼的窗户溜下去。最后一次约会，他穿上了自己偷偷新买的衣服，走出马厩后回望："房舍蹲伏在月光里，黑魆魆的神秘莫测；房舍仿佛在月光下获得了个性，充满威胁，是个陷阱"。[①]生活了十多年的养父母家对克里斯默斯来说犹如陷阱一般，加剧了他内心的分裂感。

出于对养父管束的不满和彻底反叛，克里斯默斯杀死养父之后"勇敢地走上街道，从此踏上了一条将要延伸十五年的街道"。[②]里

① 威廉·福克纳：《八月之光》，蓝仁哲译，上海：上海译文出版社2010年版，第119页。

② 威廉·福克纳：《八月之光》，蓝仁哲译，上海：上海译文出版社2010年版，第156页。

贾纳·法迪曼认为那是“一条充满了性和暴力、寻找惩罚、逃避自我和追求自我的街道。但是始终是一条充满多极化色彩的街道”。[①]他流浪的十五年到过许多地方，先到西边的俄克拉荷马州和密苏里州，然后到南方的墨西哥州，又一路向北到达芝加哥和底特律，后又南下到达密西西比州。他在城市、农村甚至荒野之间辗转，从事过形形色色的工作如挖石油、割麦子、勘矿物、卖马票、服兵役等等，他睡过妓院的女人，也睡过街头、蹲过监狱。在种族歧视比较宽容的北方，如芝加哥和底特律，他选择与黑人待在一起，甚至与一个酷似乌檀木般黑的女人像夫妻般地生活时，他“竭力往体内吸进黑人的气味，吸进幽深莫测的黑人的思想和气质；然后又从体内着意呼出白人的血、白人的思想和白人的气质”。但是他无法融入真正的黑人圈子；在南方，他告诉别人他是黑人却没有人相信他。因此这条街“直往前延伸，无声无息地伸去，在他眼里一个地方与另一个地方一模一样，没有一处能够使他得到安宁”。[②]所以他只能选择不断地在异质空间里流动，不断地否认又不断地追寻，内心的分裂与绝望仿佛成了他生命中挥之不去的阴影。

克里斯默斯的流浪生活终止在密西西比州的杰弗生镇——这是一个种族主义遍地盛行的地方。但是他得到了废奴主义者、单身白人伯顿小姐的接纳，得以在其大宅下面的小木屋里安身。小木屋在战前一般是黑奴居住的地方，附近的居民也都是黑人。此后三年时间，小木屋、厨房和伯顿小姐的卧室是克里斯默斯辗转出入的空间范围。两个人彼此试探接近对方，从肉体到感情再到灵魂的较

① Regina K. Fadiman, *Faulkner's Light in August: A Description and Interpretation of the Revisions*, Charlottesville: University of Virginia Press, 1962: 102.

② 威廉·福克纳：《八月之光》，蓝仁哲译，上海：上海译文出版社2010年版，第158页。

量，克里斯默斯和伯顿小姐“都在奋力寻找某种手段开辟一个生存的自由和自我界定的领域，无论这个领域是多么地狭小”。[①]但是越是靠近，双方越是不约而同地感受到了某种内在的危险。黑人的自卑与男人自尊的丧失像幽灵一样缠绕着克里斯默斯的内心，所以他在处理与伯顿小姐的关系上面表现出无比纠结和矛盾的心态。他从来没有享受过一个稳定安宁的家，长达十五年在“街道”上的流浪没有给他任何肯定自己黑人身份的可能。但是在伯顿小姐的住宅范围内，他有洗涤干净熨烫整洁的衣物和可口的食物，有安稳的地方居住，还有稳定的性生活，似乎可以尽情地接受和展示他的黑人自我，从而更快地朝着“一体性”的最终目标迈进。但是当克里斯默斯得到允许进入大宅里面伯顿小姐卧室的时候，“他感到自己像个贼，像个强盗，甚至当他上楼去她正等候他的卧室的时候也是一样。一年后他还有同样的感觉，每一次都像是偷偷摸摸地去窃取她的童贞。每个夜晚他都面临着重新盗窃他曾经窃取过的东西——也许他从未窃取到，而且永远也不会窃取到”。[②]他试图摆脱伯顿小姐，拒绝她提供的食物，而自己去刨木厂挣钱养活自己。因为在他的人生经验中，接受女人给予的食物，就是承认他黑人的身份（如前面提到过的，伯顿小姐为他准备的食物都是黑人惯常的食物）和男人气概的丧失，接受女人的摆弄和控制。下班后的克里斯默斯会身着白衬衫和黑裤子的标志性打扮去镇上吃饭，说明他从内心还是有着黑与白的强烈认同感，但是从另一方面来说这是遵从白人的社交礼仪，这些细节无一不说明了他内心的分裂。

---

① 丹尼尔·J. 辛格：《威廉·福克纳：成为一个现代主义者》，王东兴译，哈尔滨：黑龙江教育出版社2016年版，第289页。

② 威廉·福克纳：《八月之光》，蓝仁哲译，上海：上海译文出版社2010年版，第164页。

三、人物与地理空间的相互建构

克里斯默斯在孤儿院这一特定的地理空间里，自我身份的无根性、黑人身份的困惑和对女性的厌恶使他的“内在自我”充满着封闭、分裂、破碎、孤独等心理状态；而他的“外在自我”则呈现出与他人和外在空间的疏离、对立的关系。当养父尾随克里斯默斯试图阻止他在舞会上寻欢作乐时，他终于出手用椅子把他砸死。克里斯默斯这种疯狂的报复行为不仅仅是简单地对陷阱般的养父母家的抗拒，而且是对自己过去十三年在这个南方乡下的“家”中生活的否定。在乡下麦克依琴家这个宗教氛围浓厚的空间里，他既是这个空间的牺牲品又这个空间的摧毁者。黑与白的不确定的种族纠结情结，加上男人身份的无效确立使得克里斯默斯的内心犹如他走过的路、走过的街道，纠缠不休无止无尽，永远没有尽头，永远没有出路。所有这些地方没有一个能让他安定下来，只有一处例外，那就是城市某个偏远角落的红灯区，就像以前他奔向当妓女的情人博比寻求慰藉一样。红灯区是主流社会竭力避免涉足和留恋的地方，是道德之光无法照耀的地方，因此在红灯区里谋生的人和客人都是一些跟克里斯默斯一样被边缘化和无根的人。一般来讲，心理不正常的人在正常的社区中会感到不自在，只有在不正常的社区中，这种人与他人和社会的疏离感才会减轻一些。他渴望与伯顿小姐有肌肤之亲，但是又不愿接受黑人的身份处置和不愿接受男人气概遭到瓦解的风险。克里斯默斯内心时不时提醒自己这种家庭模式的生活“只是一条沉寂的路，崎岖而又凄凉”，“我最好离开，最好离开这儿”。[①]最后当伯顿小姐的要求从种族、性别和宗教三个维度都触

① 威廉·福克纳：《八月之光》，蓝仁哲译，上海：上海译文出版社2010年版，第184页。

及克里斯默斯心理承受的底线时，克里斯默斯的内心无比分裂，只有选择杀死伯顿小姐并且纵火焚烧了伯顿大宅。在逃亡途中的摩兹镇，克里斯默斯接受自己被光明正大地称为“白皮肤的黑鬼”，在种族这个维度完成了“内在自我”的调和。

但是克里斯默斯的“外在自我”即他与他人和外在世界的疏离、对立的关系根本不可能扭转。对于当时南方社会的人们来说，克里斯默斯就是一个黑人，哪怕他的外表与白人无异，哪怕他的黑人血液只有那么一丁点，他就被定性为黑人。在整部小说中，读者无法找出克里斯默斯是黑人的确凿证据，但是小说中所有的人物，包括克里斯默斯自己都认定他就是黑人。克里斯默斯在接受格里姆对他的枪杀甚至阉割时，他的“黑色血液”和“苍白的躯体”为世人提供了一幅用于献祭的“黑基督”的形象。而他自己黑白一体的“内在自我”的认同，在将其构建为“黑基督”社会认同面前显得那么脆弱无力、不堪一击。克里斯默斯用他自身的悲剧体现了个人存在的价值——个人的悲剧存在拯救了堕落中的世人。在《八月之光》中，福克纳通过流动地理空间的异质性把克里斯默斯的创伤做了一个历时性的展示。从他婴幼儿时期被弃在孤儿院的悲惨生活开始，个人创伤和集体创伤以叠加的形式累积在他的内心世界：家庭创伤、种族创伤、性别创伤以及宗教创伤一步步地体现了克里斯默斯对于悲剧性空间的形塑作用。在罗伯特·佩恩·沃伦的小说《国王的人马》中，同样遭受个人创伤和集体创伤的杰克利用“大睡眠”和“大抽搐”的方式来消极对抗这种创伤；但是乔·克里斯默斯却是用一种更为主动和破坏性的方式来对抗创伤。因此人物与地理空间的相互建构得以完成。“创伤主角在创伤小说中担任一个重要的作用，在他或她所展示的创伤经历背后，往往隐藏着更多人的集体记忆，因而具有普遍意义”。[1]但是福克纳作品的伟大并不仅仅在于表现或展示，作为一个有着强烈历史责任感的南方作家，他的最终目的在于对于这种集体创伤的积极治疗。创伤治疗专家赫尔曼认为“心理创伤的核心经历是自主权的丧失（disempowerment）和与他人感情联系的中断（disconnection）”，她提出的创伤复原过程包括“建立安全感，还原创伤事件真相，修复幸存者与其社群之间的关联性”。[2]不像前期的“南方神话”小说给南方人开出的安慰剂，福克纳的作品就像一剂苦涩难咽的良药。在地理空间建构中，小说人物内心世界的挣扎与外在世界的挑战充满了张力，因此人物和空间之间形成了一种相互构建的关系。这也是创伤重复生产的具体表现。历史创伤的代际传递及其重复生产就像时间流一样，汇入到美国南方的集体记忆。

四、结语

小说对于每一个地理空间的处理，都是把克里斯默斯从一个空间的重重黑暗中拉出来，把他塞进另一个空间，那些空间起初看似充满一线重生生机，但是在每一空间中，不管是孤儿院、麦克依琴家、色情场所、流动的“街道”还是伯顿小姐的宅子，最后克里斯默斯的内心都处于一种极端的分裂、愤怒和绝望的状态，结局无一例外都是他与他人人际关系的破裂与中断。这种地理空间的流动性集中体现了“片段性”的叙事特点以及“向内转”的叙事诉求。克

① 王欣：《美国南方创伤小说研究》，《西南民族大学学报（人文社会科学版）》2013年第5期，第191页。

② 朱迪思·赫尔曼：《创伤与复原》，北京：机械工业出版社2015年版，第124，XII页。

里斯默斯的身份在地理空间的流转中一次次地被自己和他人否定，他“内在自我”的分裂与绝望一步步升级，他的“外在自我”与他人的疏离与对抗也随之升级。这样一来作为叙事形式的地理空间与人物主体的自我构建之间形成了有机的联系，“内在自我”与“外在自我”之间的张力愈趋紧张，当最后“内在自我”的分裂与绝望完全消融，而“外在自我”与他人的对抗冲突则达到巅峰。福克纳摒弃了传统的时间线性的整体性叙事模式，消解了传统叙事的连续性和完整性，他利用地理空间的再现与变换等片段性的叙事手段把人物内心的疏离与绝望等淋漓尽致地表达出来。克里斯默斯的精神危机和其所处的地理空间相互构建，并从地理空间获得意义。在流动的、不断变换的空间里，克里斯默斯的精神痛苦更胜于遭受到的肉体摧残，这种极端的心理感受为读者呈现出一个清晰的异化形象以及造成异化的深层根源。真正优秀的作品则必然通过描述人物内心世界的丰富与矛盾揭示虚构人物与现实人物之间的类比关系，也只有这样的小说才能将读者的好奇心提升到审美层面的艺术欣赏。[①]在克里斯默斯生命的最后，他的“内在自我”得到调和，但是他的“外在自我”在“黑基督”的强势高压下，即使暂且把性别压力和宗教枷锁悬置一边，也注定他无法改变与他人和这个社会的疏离与对抗关系；不是因为他自己不愿意，而是因为他人和这个社会不允许。克里斯默斯被建构的“黑基督”的宿命在流动和转换的地理空间里得以完整演示，他抗争命运的个人悲剧在不断流动变换的地理空间中，虚实相应，克里斯默斯承载着来自种族、性别、宗教三个维度的双重痛苦，因此具有悲剧的强大力量。克里斯默斯的精神危

① 申丹、王丽亚：《西方叙事学：经典与后经典》，北京：北京大学出版社2010年版，第56页。

机在人为干预色彩浓郁的地理空间里无法得到化解，只有在旷野、在远离他人的大地上，克里斯默斯的内心才能真正得到安宁，“内在自我”才能和解，这种在流动性地理空间呈现出的差异性建构，表现出作者福克纳对美国南方社会的“地理环境超乎寻常的敏感，具有南方特有的地域性保守怀旧的历史感和沉重的悲剧意识”[①]，引发了对全人类精神危机的深入思考。

参考文献

［1］曾大兴．文学地理学概论［M］．北京：商务印书馆，2017.

［2］朱立民，颜元叔主编．西洋文学导读［M］．台北：巨流图书公司，北京：世界图书出版公司，1993.

［3］管建明．福克纳叙事艺术中的时间和空间形式［J］．外语教学，2003，（4）.

［4］R G Collins. Light in August: Faulkner's Stained Glass Triptych［J］. Mosaic, 1973, 7（1）.

［5］威廉·福克纳．八月之光［M］．蓝仁哲译．上海：上海译文出版社，2010.

［6］Frederick L Gwynn and Joseph L Blotner, eds. Faulkner in the University［M］. New York: Vintage Books, 1965.

［7］Regina K Fadiman. Faulkner's Light in August: A Description and Interpretation of the Revisions［M］. Charlottesville: University of Virginia Press, 1962.

［8］丹尼尔·J 辛格．威廉·福克纳：成为一个现代主义者［M］. 王东兴译．哈尔滨：黑龙江教育出版社，2016.

［9］王欣．美国南方创伤小说研究［J］. 西南民族大学学报（人文社会科学版），2013，（5）.

① 葛纪红：《跨越时空的叙事：福克纳小说研究》，镇江：江苏大学出版社2015年版，第17页。

［10］朱迪思·赫尔曼．创伤与复原［M］．北京：机械工业出版社，2015.

［11］申丹，王丽亚．西方叙事学：经典与后经典［M］．北京：北京大学出版社，2010.

［12］葛纪红．跨越时空的叙事：福克纳小说研究［M］．镇江：江苏大学出版社，2015.

原载《南京工程学院学报（社会社学版）》2018年第1期

附录二　文学地理意象与身份建构

——以福克纳《八月之光》中的建筑意象为例

王海燕

摘　要：建筑具有鲜明的视觉可视性和丰富的象征性特点，当其作为一种凝视对象时就是一种地理意象，建筑地理意象通过参与有效的空间建构准确传达出人地之间关系，常常和历史、记忆、身份等意识形态联系在一起。福克纳《八月之光》中的孟菲斯孤儿院、麦克依琴家、低等妓院、木材加工厂以及小木屋等具有边缘特征的建筑意象是人物克里斯默斯身份建构过程当中的标识物：在种族、性别和宗教三个维度上，克里斯默斯这一生唯一可以确信无疑的就是它们的不确定性。克里斯默斯身份建构的无效性展开了对人生价值的终极追问，地理的审美意义通过这些建筑意象所传达的人地关系得以有效实现。

关键词：建筑；地理意象；身份建构；不确定性

地理意象，顾名思义是由两部分构成：“地理”和“意象”。“意象”这一术语在汉语言文学中具有悠久的历史，最早可以追溯到《周易》中的“立象以尽意”这句话。东汉学者王充在《论衡·乱龙》首次使用合体的“意象”一词：“天子射熊，诸侯射麋，卿大夫射虎豹，士射鹿豖，示服猛也。名布为侯，示射无道诸侯也。夫画布为熊、麋之象，名布为侯，礼贵意象，示义取名也。”此意象具有明显的象征意义，根据箭靶上所绘图案就可以看出射箭者的身份级别和地位高低。《辞源》对于意象的解释简单明了：意思和形象。当代学者袁行霈认为“意象”是“意中之象”，陈伯海则认为是“表象之意”。虽然两者说法侧重点不同，但是两位学者对于意象的构成要素却具有共识：外在的“象”与内在的“意”。在外国文学批评体系中，最著名的莫过于美国新诗运动中独领风骚的意象派。意象主义的基本思想就是认为“形象语言可以直接表现事物”[1]，其关注的焦点在于直接呈现而非再现的物象本身，这一物象与具体经验（或者说情感体验）相结合才能产生“意象”。随着文化地理学的发展，“地理意象”这一概念首先是由人文地理学家凯文·林奇在其《城市意象》中提出来的。此概念逐渐在历史地理学界得到认可和广泛使用，比如中国的历史地理学者张伟然认为“地理意象就是对地理客体的主观感知”。[2]虽说地理意象在文学作品中常见，但是作为一个文学批评概念在中国最早是由袁行霈在1983年提出来的，他把地理意象列为中国古典诗歌意象之一。后来袁行霈把意象细分为“物象”与“意象”，着重强调意象所特有的主观性特征。作为分支的“地理意象”理所当然地具有了文学家对于地理意象的主观情怀与审美观照。随着文学地理学在中国的蓬勃发展，一些文学地理学学者对“地理意象”这一概念进行界定和研究。比如杜华平将地理意象做了分层界定：“一是基础层：文学文本中一切对地理客体所做的描述、指称、隐喻。二是创

① 赵毅衡：《诗神远游：中国如何改变了美国现代诗》，成都：四川文艺出版社2013年版，第258页。

② 张伟然：《中古文学的地理意象》，北京：中华书局2014年版，第13页。

造层：文学家所创造的地理形象”。[①]他的这一界定既立足于文学文本关于地理意象的虚构性，又强调了地理意象的客体存在特征。曾大兴认为地理意象是“可以被文学家一再书写、被文学读者一再感知的地理意象，它们既有清晰的、可感知的形象，也有丰富而独特的意蕴”。[②]他把地理意象具体分为实体性和虚拟性两种：实体性地理意象是指客观存在的并且被文学家一再书写过的地理意象，具体而言包括区域意象（如塞北、江南等）、地名意象（如长安、汨罗等）、地景意象（如黄鹤楼、桃花源等）和动植物意象（如陇头梅、西湖荷花等）；虚拟性地理意象则是指客观上并不存在的纯属文学虚构的地理意象（如《红楼梦》中的太虚幻境、《百年孤独》的马孔多镇等）。曾大兴认为地理意象是文学作品的空间要素，并且提倡把地理意象研究法作为文学地理学研究方法之一。本文仅以福克纳长篇小说《八月之光》中与主人公乔·克里斯默斯有关的建筑地理意象作为对象来进行研究。建筑地理意象是叙事文本中作者虚构出的具有地理特征的建筑意象，一方面它们具有鲜明的可视性，并且以其主观性和形象性特点成为地理空间叙事中最为活跃、最为基本的因素；另一方面，当“建筑地理意象”作为一种凝视对象时，已然成为一种地理景观，通过参与有效的空间建构准确传达出人地之间关系，常常和历史、记忆、地方感、共同体、身份等意识形态联系在一起。

福克纳长篇小说《八月之光》中的主要人物之一克里斯默斯短暂的一生中，几近一半的时间是逃亡在路上，其余时间都长期或短暂辗转于不同的空间，其中最突出的地理元素就是建筑意象。这

---

① 杜华平：《地理意象研究刍议》，《文学地理学：中国文学地理学会第五届年会论文集》，广州：中山大学出版社2016年版，第57页。

② 曾大兴：《文学地理学概论》，北京：商务印书馆2017年版，第326页。

些建筑意象相对来讲比较固定，它们与流动变化的路线一起构成一幅流动的地理空间，串起了克里斯默斯的一生。如果按照克里斯默斯的生平，地理空间的流动大致如下：阿肯色州—田纳西州的孟菲斯孤儿院—养父母麦克依琴夫妇家—路上逃亡十五年（跨越数州，从南到北再回到南方）—密西西比州的杰弗生镇—摩兹镇—密西西比州的杰弗生镇。在整个流动的地理空间中，建筑意象作为地理空间的要素之一，不论在小说叙事还是在塑造人物和主题表达方面，都起到了不可估量的作用。朱振武认为在福克纳的小说中，“房子和建筑意象常用来表意，也常喻指小说的形式和地域”。[①]其中最具有地域特色的建筑意象包括：孟菲斯孤儿院，麦克依琴家，低等妓院，木材加工厂以及伯顿小姐祖宅楼下的小木屋等。乔·克里斯默斯在这些建筑意象中或长或短时间地停留或寄居，人地关系的生成及变化实际上也是克里斯默斯对其身份进行自我确认或者构建的过程。

孟菲斯孤儿院是克里斯默斯人生当中所寄居的第一个比较明确的建筑意象。克里斯默斯出生于南方的阿肯色州，其母为一家锯木厂工头尤菲斯·海因的女儿。他出生时白人母亲难产而死，其父身份不太确定，可能是带有黑人血统的墨西哥人。单从外表来看，克里斯默斯并不具有明显的黑人特征，所以一般人都把他当白人看待。但是他出生后不久，具有狂热种族情结的外祖父海因斯煞费苦心在田纳西州的孟菲斯孤儿院谋得一份差事，并且刻意在圣诞节那天把他遗弃在该孤儿院门口，这也是克里斯默斯姓氏的由来（克里斯默斯是由英文Christmas圣诞节音译过来）。“这幢楼房的红砖墙已

① 朱振武：《威廉·福克纳小说的建筑理念》，《四川外语学院学报》2005年第3期，第5页。

被它的烟囱，更多的是它四周的烟囱，熏得污黑暗淡；户外空地铺满炉渣，寸草不生；这幢房屋困在煤烟直冒的工厂中间，还被一道十英尺高的铁丝网包围起来，活像一座监狱或一个动物园”。[①]显然在当时那个工业经济新兴发达的“新南方”，孤儿院注定是被时代和社会遗忘或忽略的角落。克里斯默斯记忆里那些穿着清一色粗棉布蓝制服的孤儿们总是和阴冷的墙壁、无遮无蔽的窗户以及滚滚下流的黑色烟灰雨水联系在一起。克里斯默斯最深刻的印象停留在那楼房里的一条长廊，因为他往往会在正午之后的清静时刻，神不知鬼不觉出没在走廊里钻进孤儿院女营养师的房间。从小生活在这样缺乏人性关怀的环境里，克里斯默斯把藏身于女营养师屋内偷吃其牙膏当成一件满足口欲以获得心理安全感的乐事。但是克里斯默斯的外祖父海因斯自幻为上帝使者，其职责就是把黑人身份的种子根深蒂固地种在幼年克里斯默斯的心里，他煽动其他孩子叫克里斯默斯“黑鬼”。女营养师与实习医生的偷情被克里斯默斯无意看见，她非常害怕东窗事发，在海因斯极力怂恿之下，女营养师说服孤儿院女总管把克里斯默斯送给麦克依琴夫妇收养。女营养师的报复行为让克里斯默斯对女性产生了一种本能的并且持续终身的抗拒和厌恶。同时，海因斯的“植黑”招数在克里斯默斯身上很是奏效，虽然他在孤儿院只待了五年，但他一直到死都始终坚信自己身上真的有黑人血液。孤儿院这一建筑意象不仅仅是为故事提供了一个叙事的场景，而且开启了主题发展的方向：一方面孤儿院暗示了克里斯默斯的无根性，另一方面暗示他在以后的人生道路上将会在自我身份建构上必须面临的两个维度——种族和性别的挣扎，注定是一场充满艰

① 威廉·福克纳：《八月之光》，蓝仁哲译，上海：上海译文出版社2010年版，第83页。

辛痛苦之旅。也可以这么说，孟菲斯孤儿院五年的生活开启了克里斯默斯自我身份建构的漫漫长路。斯图亚特·霍尔认为“应该把身份视作一种‘生产’，它永不完结，永远处在过程之中”。[①]从出生到死的短暂一生中，克里斯默斯“被放逐进持久要实现心理平衡的现实中，不停地体验不同的身份碎片组合，努力整合一个统一的自我意识”。[②]

克里斯默斯五岁时被西蒙·麦克依琴收养，离开孟菲斯孤儿院来到乡下麦克依琴夫妇家。麦克依琴先生是一个极端顽固的加尔文派清教徒：行事刻板、冷酷无情、毫不宽容。所以麦克依琴的家有着强烈的宗教色彩：起居室里的桌上“摆了一部巨型的《圣经》，佩着黄铜的书夹钩、铰链和锁扣”和一本长老派教会的《教义问答手册》。这室内描写浓重的宗教氛围与室外鲜活的风景形成鲜明的对比：“窗边，微风轻轻吹拂着干净的打着补丁的帘子，送进新翻的泥土和野生苹果的气息。”[③]麦克依琴先生从早上八点开始要求八岁的克里斯默斯背诵教义，但是克里斯默斯“坐在桌边，瞒着头，木然不动，脸上毫无表情；充满春意的阵阵清风，徐徐吹进整洁简陋的房间”[④]；再给他一个小时，克里斯默斯仍是毫无进展。于是继父将他带进马厩，慢条斯理地抽了克里斯默斯十鞭，“皮鞭落在身上，他不畏缩，脸上也没有丝毫的颤动。他直视前方，凝神屏气，

---

① 王先霈、王又平主编：《文学理论批评术语汇释》，北京：高等教育出版社2006年版，第746页。

② *Faulkner in the University*, eds. Frederick L. Gwynn and Joseph L. Blotner, New York: Vintage Books, 1965: 242.

③ 威廉·福克纳：《八月之光》，蓝仁哲译，上海：上海译文出版社2010年版，第102页。

④ 威廉·福克纳：《八月之光》，蓝仁哲译，上海：上海译文出版社2010年版，第103页。

像画面里的和尚”。[①]在马厩里的克里斯默斯对教义根本就不上心，他只闻得到氨酸和干草的气味，听得到“不时传来牲畜的喷鼻息响声和扑通扑通的蹄子跺地声响”[②]，再抽十鞭仍无起色。还没吃早饭的克里斯默斯终于倒地不能动弹，之后他才被弄进阁楼间自己的房间里。克里斯默斯醒来后，在昏暗的斗室里被麦克依琴强迫着一起祷告后接着背诵《教义问答手册》。当夜晚来临麦克依琴外出后，孤身一人的克里斯默斯“能感到窗户外边一片漆黑，能闻到春天和泥土的气息”。[③]克里斯默斯自己的房间是在顶层的阁楼里，是名副其实的斗室，与下面的起居室和主要的功能区都有一定的距离。物理空间的距离实际上是心理上的距离。他在自己的阁楼上，能通过狭窄的楼梯传来的脚步声判断是谁上楼，或者根据楼下的动静来判断家人的动向。一般人的视觉是最发达的，但是他更多利用的是听觉、嗅觉、触觉、味觉来感知周围的一切，因为背诵《教义问答手册》是要利用视觉功能的，这是他对麦克依琴先生最无声最有效的反抗。在这个宗教氛围狂热的家里，养母麦克依琴太太就像不存在似的，尽管她对克里斯默斯很关爱很信任。在这样封闭窒息的空间里，克里斯默斯和僵化顽固的养父一起生活了十几年，就像他被强迫在室内背诵教义一样，不管是在起居室还是在他的阁楼里，他都是身处室内，心在室外。成年后的克里斯默斯每次与情人约会时，不会光明正大地从室内的楼梯下去，而是把绳子一段结好套在

① 威廉·福克纳：《八月之光》，蓝仁哲译，上海：上海译文出版社2010年版，第104页。

② 威廉·福克纳：《八月之光》，蓝仁哲译，上海：上海译文出版社2010年版，第105页。

③ 威廉·福克纳：《八月之光》，蓝仁哲译，上海：上海译文出版社2010年版，第103页。

窗户的里面，自己从阁楼的窗户溜下去。最后一次约会他穿上了自己偷偷新买的衣服，走出马厩后回望，“房舍蹲伏在月光里，黑魆魆的神秘莫测；房舍仿佛在月光下获得了个性，充满威胁，是个陷阱”。[①]生活了十多年的麦克依琴家对克里斯默斯来说犹如陷阱一般，这不能不说是他个人生活的悲剧。在陷阱一般的家里，无论是在宗教气息的起居室里，还是在受惩戒的马厩以及狭小无处可逃的阁楼里，黑与白的种族身份纠缠、对女人的憎恶，以及麦克依琴的宗教迫害，无一不时时刻刻困扰着克里斯默斯的身心。尽管克里斯默斯这一姓氏充满了讽刺意味，也并不是他的真姓，然而他始终拒绝麦克依琴的姓氏而在内心里坚信自己是克里斯默斯。在自我身份追寻的道路上，克里斯默斯的精神负担越来越重，除了孤儿院时期就有的种族性别维度，在麦克依琴家的宗教压力的增加虽说增强了自我身份确认的意识，但还是显得无能为力。

由于家庭生活的封闭刻板和压抑窒息以及自我意识的觉醒，克里斯默斯把目光投向了外面的世界。十七岁的他抓住进城的机会认识了博比·艾伦。博比是镇上背街一家小餐馆的女招待兼妓女，住在离街角处还有一英里远的漂泊者聚居的城边地带。她身材矮小、眼睛无神，或许是她的瘦小使得克里斯默斯克服了对女人的憎恶，而对她一见倾心。这次恋爱使得他真诚地向外人坦露他所面临的种族困境，即别人都认为他是白人，但是他自己坚信自己拥有黑人血液。当养父尾随克里斯默斯，在乡下一所小学里举行的舞会上出现时，克里斯默斯终于出手用椅子砸死了他，打算与情人潜逃。可是博比害怕卷进杀人事故，她公开了克里斯默斯带有黑人血液的事实，并且决绝地离开了被她的朋友打昏过去的克里斯默斯。头脑清

① 威廉·福克纳：《八月之光》，蓝仁哲译，上海：上海译文出版社2010年版，第119页。

醒过来后的克里斯默斯只想离开那“一片沉寂、破败不堪”，“听任人们在里面廉价地酗酒纵欲，野蛮地消磨夜晚”的屋子。“他从黑暗的门廊走进户外的月光，头上带着血，空腹里威士忌在火辣辣地翻腾躁动，他勇敢地走上街道，从此踏上了一条将要延伸十五年的街道”。[①]里贾纳·法迪曼认为那是“一条充满了性和暴力、寻找惩罚、逃避自我和追求自我的街道。但是始终是一条充满多极化色彩的街道。”[②]因此这条街“直往前延伸，无声无息地伸去，在他眼里一个地方与另一个地方一模一样，没有一处能够使他得到安宁”。[③]逃亡路上，他流浪在不同的地理空间里想求证他的身份——黑人或者白人，但没有哪一种取得完全的胜利。黑与白的不确定的种族纠结，加上男人身份的无效确立使得克里斯默斯的内心犹如他走过的路、走过的街道，纠缠不休，无止无尽，永远没有尽头，永远没有出路。他流浪的十五年到过许多地方，从南方到北方，又从北方回到南方，在城市农村间甚至荒野之间辗转，从事过形形色色的工作。但是这些地方没有一处能让他安定下来，只有一处例外，那就是城市某个偏远角落的红灯区。红灯区是主流社会竭力避免涉足和留恋的地方，是道德之光无法照耀的地方，因此在红灯区里谋生的人和客人都是一些跟克里斯默斯一样被边缘化和无根的人。一般来讲，心理不正常的人在正常的社区中会感到不自在，只有在不正常的社区中，这种人与他人与社会的疏离感才会减轻一些。在流

---

① 威廉·福克纳：《八月之光》，蓝仁哲译，上海：上海译文出版社2010年版，第156页。

② Regina K. Fadiman, *Faulkner's "Light in August" : A Description and Interpretation of the Revisions*, Charlottesville: University of Virginia Press, 1962: 102.

③ 威廉·福克纳：《八月之光》，蓝仁哲译，上海：上海译文出版社2010年版，第158页。

浪期间，克里斯默斯总是穿着白衬衫和黑裤子，黑与白的强烈对比，无不时时刻刻在提醒他的黑白不清或者说二元种族的身份。他的着装很清楚地反映出了他内心痛苦的张力，他躲不过也逃不脱。其实导致他身份自我认定纠结的根本原因在于他还是按照白人社会的那套规则来，如果他自我认同为白人，那么自小根植于他内心的黑人血液就会澎湃起来激烈反抗；如果他自我认同为黑人，和他接触的人，不管是白人还是黑人却都认为他是白人。他找不到任何的归属感和来自他人的认同感，所以在这两种极端的非黑非白的选择下，他无疑受着精神上的折磨与痛楚。这种折磨与痛楚无人能与之分享，只有在红灯区这种特殊的空间里，就像当初和妓女博比的交往一样，克里斯默斯的痛楚才能得到舒缓或发泄。所以这段时期的克里斯默斯辗转于不同的低级色情场所，比如博比城边地带用来接客的小破屋或者城市偏远地方的红灯区。这些非常边缘化的建筑意象加剧了重压之下克里斯默斯内心的痛苦，确证了他自我身份构建过程中的不可能性。

另一个非常特别的建筑意象是当时美国南方社会比较常见的木材加工厂。南北战争中南方被北方打败，南方传统的农业种植产业遭到重创，工业反而是一派欣欣向荣的景象。工业发展的最为形象的代言人就是这些木材加工厂。因此重建时期和“新南方”时期的美国南部有很多木材加工厂，有伐木场、锯木厂、刨木厂等。这些工厂具有一个共同的特征，就是生产过程中都会使用到锯子。克里斯默斯出生在阿肯色州的一个锯木厂。成年后的克里斯默斯受同龄人之邀在锯木厂参加所谓的成年仪式，与一个黑人女孩在锯木厂里面的厂棚里交媾。只有在与黑人女孩发生性关系的时候克里斯默斯才第一次从心底真正意识到自己的黑人身份，于是处于两难境地的克里斯默斯殴打了那个黑女孩，这引发了他与同伴们的剧烈身体对抗。锯木厂的殴斗事件第一次使克里斯默斯意识到了自己的力量，因为他不仅一人对抗跟他年龄相仿的四人，而且回家后麦克依琴并没有因为他的晚归像往常一样用鞭子抽他。“他感到自己像只山鹰：结实，有能耐，有潜力，无可悔恨，坚强不屈”；但同时他也意识到“正如一只山鹰，不仅周围的环境，而且他自己的躯体都仍然像牢笼般地束缚着他”。[①]锯木厂成人仪式无疑暗示了克里斯默斯的心理进一步成熟，但同时身份尚未确立的焦虑感日益增强。小说中第三次出现的木材加工厂是逃亡十五年后的克里斯默斯在杰弗生落脚做工的地方，也是克里斯默斯与南方社区正面接触的空间。他利用锯木厂的工作养活自己，后来独自一人贩卖私酒或与伯奇一同贩卖私酒，克里斯默斯都没有辞掉刨木厂的工作。“他在小木屋与刨木厂之间踩出了一条独自行走的小道。这条道几乎笔直，避开一切住宅，穿入树林直走；随着路径日益熟悉，他可以准确无误地到达他干活的木屑堆前。每当五点三十分吹口哨下班时，他沿着小道返回小木屋，换上白衬衫和有折痕的黑色裤子，再走两英里进城用餐”。[②]白衬衫和黑裤子是克里斯默斯标志性的打扮，说明他还是有着黑与白的强烈认同感，但是他按照白人的社交礼仪，穿整齐的衣服去吃饭，这些细节无一不说明了他内心的分裂。纵观克里斯默斯的一生，他遭受的真正痛苦是白人社会掌控的持续的心理阉割。而这些典型性的建筑意象比如他出生时的伐木场、经历成年仪式事件的锯木厂以及落脚杰弗生镇之后工作的刨木厂，都是这种遭到心理阉割的焦虑状态最佳的象征性暗示。克里斯默斯个人身份的建构

① 威廉·福克纳：《八月之光》，蓝仁哲译，上海：上海译文出版社2010年版，第112页。

② 威廉·福克纳：《八月之光》，蓝仁哲译，上海：上海译文出版社2010年版，第168页。

之路充满着最底层最坚实的障碍，并且这种心理遭阉割的焦虑持续发酵，在这种状况下，克里斯默斯自我身份绝对不可能得到有效的确立。

最后一个也是最重要的建筑意象是伯顿小姐祖宅楼下的小木屋。相比较而言，小木屋是所有建筑意象中最突出的一个。克里斯默斯的流浪生活持续了十五年后，他偶然来到美国南部的密西西比州的杰弗生镇，这是一个种族主义遍地盛行的地方。在一条行人不少的乡村大道上，“他看见有几家黑人住的小木屋散落在道路两旁；接着在半英里远的地方，他看见了一幢大宅。这所大宅隐蔽在一丛树林中间，显然曾是一度惹人注目的地方。可是现在，树木需要修剪，房屋已经多年没有油漆过”。[①]通过打听，克里斯默斯知道乔安娜·伯顿小姐居住在这幢殖民时期祖传下来的房子里，并且跟她来往的人大多数也是黑人，连为她处理法律事务的也是黑人律师。所以当夜里她发现翻窗潜进厨房的克里斯默斯以后，不仅为他提供了食物，还允许他住在她楼房下边的一个小木屋里。小木屋在战前一般是黑奴居住的地方，这一建筑意象无疑是在暗示克里斯默斯的黑人身份。后来，“他感到自己像个贼，像个强盗，甚至当他上楼去她正等候他的卧室的时候也是一样。一年后他还有同样的感觉，每一次都像是偷偷摸摸地去窃取她的童贞。每个夜晚他都面临着重新盗窃他曾经窃取过的东西——也许他从未窃取到，而且永远也不会窃取到”。[②]黑人的自卑与男人自尊的丧失像幽灵一样紧紧跟随着克里斯默斯，绞杀了他萌生的脆弱的生命意识，以至于他在和

---

① 威廉·福克纳：《八月之光》，蓝仁哲译，上海：上海译文出版社2010年版，第158页。

② 威廉·福克纳：《八月之光》，蓝仁哲译，上海：上海译文出版社2010年版，第164页。

伯顿小姐有过性接触后坚决拒绝她提供的食物，因为在他的人生经验中，接受女人给予的食物，就是承认他的黑人身份（如前面提到过的，伯顿小姐为他准备的食物都是黑人惯常的食物）和男人气概的丧失，接受女人的摆弄和控制。他把那些食物和盘子一起掷向厨房的墙壁，第二天他就到刨木厂干活去了。他接连三天没有吃饭，直到周六拿到工钱后才到城里去吃了饭。此后六个月，克里斯默斯和伯顿小姐没有任何接触，他只是住在她家楼下的小木屋里。渴望与伯顿小姐有肌肤之亲，但是又不愿接受黑人的身份处置和不愿接受男人气概遭到瓦解的风险，直到伯顿小姐主动示弱，他才恢复了他们之间的性关系。克里斯默斯在伯顿小姐大宅的厨房里享用她提供的可口晚餐，晚上睡在距离主宅不远的位于树林中的小木屋里。两个人进行着从肉体到感情再到灵魂的较量，越是靠近，克里斯默斯越是感受到某种即将到来的危险。每一次跨越小木屋的边界进入伯顿小姐的主宅，对于克里斯默斯来讲都是一种挑战，因为进入她的空间领域，必须在精神上或者灵魂上屈从于她。寄居在小木屋的三年多时间里，克里斯默斯夜里进进出出伯顿小姐的主宅多次，黑与白的传统、男人与女人的界限之间的挑战与屈从交织并行。伯顿小姐的房子见证了历史传统与现实悲剧，见证了黑人与白人之间纠缠不清的历史关系，也见证了男女之间肉体和灵魂之间的较量。在这样一个包容性极强的空间里，克里斯默斯好像自觉自愿地认同了他的黑人角色：他犹如战前的黑奴一样住在主宅大楼下面的小木屋里，吃着主人提供的带有传统特色的食品，甚至还被要求像黑人一样从打开的窗户溜进白人的房间“强奸”伯顿小姐。以前长达十五年在“街道”上的流浪没有给他任何肯定自己黑人身份的可能，但是在伯顿小姐的住宅范围内，他可以尽情自由地接受和展示他的黑人自我，从而更快地朝着“一体性”的最终目标迈进。但是每当他的白人自我或者黑人自我无论哪一方占据了优势，他就会意志坚定地抵制这种倾向。也就是说克里斯默斯真正渴望认同的不是黑人或者白人的自我（black or white），而是黑白融为一体的自我（black and white）：他既要承认自己的白，也要保留自己的黑，他要在黑白之间整合一个完整的自我。就像辛格说的那样："他能够建构支配一切认同的唯一真正的基础就是多元性，因为哪一个种族的人格都不会拥有有效的支配地位"。[①]但是对于当时南方社会的人们来说，这无疑是痴人说梦，要么是白要么是黑，只要你的血液里带有一丁点黑人血液你就被定性为黑人；然而凭克里斯默斯的外表，人们根本就无法把他划归为黑人。他拒绝把自己认同为纯粹的白人，也无法接受自己是个纯种的黑人。同样，他无法抛弃自己的白人成分，也无法抛弃自己的黑人血液。所以从这方面来看，当伯顿小姐执意要把他定性为黑人并按照黑人的模式来教育培养他时，他的白人成分就起来反抗了，再加上伯顿小姐清教徒激情的回归以及男女情欲的无望纠葛，处于三重重压之下的克里斯默斯选择极端的手段，杀死伯顿小姐以保自己的模糊身份不受破坏。从这个意义上来讲，伯顿小姐为他提供的空间威胁到了他的自我体认，一旦这个空间超出了他的承受范围，他只有选择逃离。小木屋这个建筑意象作为一个地景，是该地理空间的不可或缺的组成部分。"如果没有这一要素，人物的活动就没有具体的场所，故事发生也没有具体的地点，情节的展开和推动也没有具体的中心、路线和边界"。[②]小木屋一方面推动故事情节的不断发展，也把人物克里斯默斯的身份生产过程的痛苦淋漓尽致地表达出来。小木屋是克里斯默斯心理承载的安

① 丹尼尔·J. 辛格：《威廉·福克纳：成为一个现代主义者》，王东兴译，哈尔滨：黑龙江教育出版社2016年版，第289页。

② 曾大兴：《文学地理学概论》，北京：商务印书馆2017年版，第155页。

全阈值，在小木屋里，他尚能保全自己身份的模糊性不至于受到威胁；一旦超出或跨出边界，这种模糊性就会消解，这是克里斯默斯无法负担的重负，结局只有逃离小木屋，但是逃离后的结局也只能是毁灭。

上述建筑意象如孤儿院、麦克依琴家、红灯区、木材加工厂、小木屋等，无一不是克里斯默斯身份认知过程当中的标识。这些建筑意象具有一些共同的特点：边缘性以及高度象征性。建筑意象的边缘性意味着克里斯默斯的个人身份的边缘性，他无法确定自己的种族身份，作为一个男人也无法与女人进行正常的交流，他抗拒宗教的力量而宗教的力量在他的生命中无时不在，所以他注定只能是一个边缘人。但是克里斯默斯对于自己身份的不确定性始终有着不可释怀的情怀。克里斯默斯从出生到死亡，一路行走一路彷徨，一路建构自己的身份，找不到自己的来路，似乎也不清楚自己的去路，所以他辗转于不同的地方短暂停留，似乎漂泊奔波就是他的宿命，渴望确认自己人生的圆环，结果却是玦，带有缺口永远不可圆满的玦，一旦想停止脚步他就失去了生存的意义。而这些建筑地理意象只不过是他人生旅途之中的驿站，没有哪一处能为他提供安放其身体、感情和灵魂的永许之地。无处容身的人不仅意味着在时空中居无定所，也表示他没有自我。如果说基督穷其一生在调和其人性与神性之间的冲突，那么克里斯默斯则是在三个维度上——白与黑的冲突，男人与女人的冲突，皈依宗教与背弃宗教的冲突——调和自己。两者的结局都是不可避免的失败，这个被监视在“黑屋子”里的灵魂最终还是死于监视者之手。克里斯默斯个人身份确立的失败，宣告了“白色神话”的幻灭。因为克里斯默斯本身就是“白色神话”幻想下的产物，他究竟是白人还是黑人根本没有定论。“一个最逼真的将真实升华到虚幻的方面就是建筑、自然风景和物质文化”。[①]福克纳利用这些建筑意象来承载黑人和白人的双重痛苦，它不仅仅是黑人的悲剧，也是白人的悲剧；同样它不仅仅是男人的悲剧，也是女人的悲剧；不仅仅是清教徒的悲剧，也是非清教徒的悲剧。克里斯默斯的悲剧超越了种族、性别、宗教的维度，在此基础上也可以说他的个人身份构建过程具有强大的悲剧力量，不仅仅是美国的悲剧，也是全世界的悲剧，从而超越了地域的维度。作者福克纳通过建构这些地理建筑意象，极大地提升了地理的审美意义。

参考文献：

[1] 赵毅衡．诗神远游：中国如何改变了美国现代诗 [M]．成都：四川文艺出版社，2013.

[2] 张伟然．中古文学的地理意象 [M]．北京：中华书局，2014.

[3] 杜华平．地理意象研究刍议 [C]// 曾大兴，夏汉宁，海村惟一主编．文学地理学：中国文学地理学会第五届年会论文集．广州：中山大学出版社，2016.

[4] 曾大兴．文学地理学概论 [M]．北京：商务印书馆，2017.

[5] 朱振武．威廉·福克纳小说的建筑理念 [J]．四川外语学院学报，2005，（3）.

[6] 威廉·福克纳．八月之光 [M]．蓝仁哲译．上海：上海译文出版社，2010.

[7] 王先霈，王又平主编．文学理论批评术语汇释 [M]．北京：高等教育出版社，2006.

[8] Frederick L Gwynn and Joseph L Blotner, eds. Faulkner in the University [M]. New York: Vintage Books, 1965.

---

① Thomas S. Hines, *William Faulkner and the Tangible Past*, Berkeley: University of California Press, 1996: 15.

［9］ Regina K Fadiman. Faulkner's "Light in August": A Description and Interpretation of the Revisions［M］. Charlottesville: University of Virginia Press, 1962.

［10］ 丹尼尔·J 辛格. 威廉·福克纳：成为一个现代主义者［M］. 王东兴译. 哈尔滨：黑龙江教育出版社，2016.

［11］曾大兴. 文学地理学概论［M］. 北京：商务印书馆，2017.

［12］ Thomas S Hines. William Faulkner and the Tangible Past［M］. Berkeley: University of California Press, 1996.

原载《海南师范大学学报》2019年第4期

致　谢

本书是我2018年教育部人文社科基金项目的结项成果，由博士论文修改而成。原以为易事一件，却延至三年之久才完稿。博士论文的完成毕竟面临毕业的刚性压力，不可久拖，必然带有仓促粗糙之感。项目研究期间再读，为自己的才疏学陋深感羞愧。然而新冠疫情期间经历颇多，深知生命的脆弱与可贵。能有幸再续科研前缘，乃觉是上苍眷顾。虽说知无涯学无涯，科研之路漫漫，一心求索心无旁骛。因为一路爱相伴，苦不觉，甘自来。

首先要感谢的是同一项目组的成员曾大兴、何新敏、张瑛三位老师。曾大兴教授在课题申报方面给我提供了宝贵的修改意见，在写作期间给予了有关文学地理学研究方面的理论指导，还提供了大量文学地理学研究方面的资料。同样，何新敏教授在课题申报时多次帮我修改申报书，大到专著章节的设置，小到遣词造句的推敲，令我感动不已。张瑛在项目申报和在研期间多次帮助解决技术难题，审稿校对时没有丝毫倦怠。感谢他们的高效合作和无私奉献，很难想象没有他们三位提供的帮助，本书会在规定的期限内顺利完成。

我的感谢还要献给致力于文学地理学和美国文学研究的同行们和学院的领导们。文学地理学作为一门学科的蓬勃发展，文学地理学批评作为一种文学批评方法的广泛实践，凝聚了无数国内外同行的心血。在此我要特别感谢邹建军、曾大兴、罗伯特·塔利、海村惟一等国内外学者在文学地理学研究方面做出的开拓性贡献。正是他们对于文学地理学研究的开拓和实践，给我的写作提供了无数的灵感，增强了我的学术信心。我还要感谢同行们给我提供大量的研究资料，他们的无私分享让我倍感学术研究的人文关怀。在此我要特别感谢甘文平、颜红菲、李仲凡、李方木、高卫红等教授们，他们高深的学术涵养和无私奉献的人格，让我感受到学术研究的无穷魅力！各级领导的关心和支持一直是我科研得以坚持的不懈动力，感激之情长驻心间！

我还要感谢的是始终关心我的亲友们。在飞得高不高和飞得累不累之间，他们始终关心我飞得累不累。特别感谢儿子陪我一起走过这三年的时光。封城日久，他申请国外高校，在TOFEL和SAT考试上坚持不懈，终于拿到心仪学校的offer。母子同心，携手并行。感谢我强大的亲友团在生活和精神上的关心和鼓励，血脉亲情，地久天长。远在天南地北的邹丽宏、陈海燕，近在眼前的张瑛、李小芳、舒静、吴琳、刘芬，还有故乡的张卉云、翟秀琼、张淑华、张燕等闺蜜始终给予我最温馨的心理按摩，友谊历久弥“馨”，唯有继续前行方能不负。

本书出版还得到中南民族大学基本科研业务费专项资金项目“福克纳小说中封闭空间的创伤叙事研究”（CSY19074）以及外语学院学科建设经费的资助。感谢广东人民出版社王俊辉老师和李展鹏老师为本书出版所做的一切。

此书是我学术研究的起点，希望它不会是我学术研究的终点，因为对学术研究始终有爱，有深爱。有爱加持，山不觉高，路不知远！

王海燕

辛丑　南湖　小满